정·용·운·수·필·집

공원 의자

한솜미디어

▲ 묵향에 젖어 있는 필자의 작품들.

밝은사회 희망찬 내일

우리 나라

서도용 먹물

▲ 어깨동무 — 아이들 세상.

목차

Part 3. 도둑고양이

Part 4. 청풍명월

Part 5. 구름이 머물다 간 자리

大雄寶殿

머리말

세상이 하도 어수선하여 필자의 정신을 냉혹하게 만들고 있다. 지천에 널려 있는 풍부한 소재들이 가슴 저리게 파고들어서 첫 시집으로 『해산하는 도토리』를 내놓으면서 적지 않은 호응을 받아 새로운 간회로 정진하여 제2시집으로 『도라지꽃 피는 언덕』을 노속석으로 묘사하여 세상에 발표했었다. 천성이 소박하고 누구엔가 인정을 펴주고 싶은 감동을 참을 수 없어서 삶을 풍자諷刺하여 나누고 싶었다.

이번에 발표하는 수필집은 주변에서 일어나는 모든 사건들을 그대로 방치하기에는 너무도 아까워 원고지를 채웠고, 그 속에서 스스로 달래줌을 느낌으로써 재미와 호기심으로 글을 쓰면서 도덕과 윤리 그리고 정치, 경제, 사회, 문화의 옆면에서 문단을 서성거리며 사람을 사랑하는 법을 터득했다.

구름 속에 달 지나듯이 흘러간 과거를 회구하면서 생활 속에 생생하게 숨은 스토리를 묶어 세법 수필로 행세하며 쓴 작품들이다. 수필문학은 가족의 평화와 기쁨, 그리고 안정 속에서 쓰고 싶고 읽고 싶은 속성을 지니고 있다.

해방 이후 혼란기와 6.25전쟁 중에도 소설과 시문학 활동이 활발했던 반면, 수필문학은 그렇지 못했다는 비판론자들도 있지만 회고 수필이 문단을 열기도 한다.

가슴속 깊이 찐하게 풍기는 어버이 냄새를 잃어버린 자들은 주변 사람들을 속이며 자기 욕구를 충족시키려 한다. 하지만 영원히 내 가슴속에 숨어 있는 부모님의 따듯한 사랑이 아직도 그대로 살아있어서 『공원 의자』로 제목을 짓고 5부로 나누었다. 되도록 내용이 비슷한 것끼리 묶으려 어림잡고 했지만 뜨거운 물을 마시다가 찬물을 먹는 격이 될까 우려된다.

독자님들의 질책을 바라며 수고하신 한솜미디어 직원분들께 감사를 드리며, 황혼의 뒤안길에서 보람을 느끼고 싶다.

정용운

Part. 1

어버이 은혜

자식이 훌륭한 사람이 되길 바라며
장독대에 물 떠놓고 기도하신 어버이 은혜를 어찌 잊을 수 있겠는가?
요즘 같으면 어버이날이 정해져 있고 또 수시로 찾아보며
맛있는 음식도 사드리면서 태산 같은 은혜를 갚아드리고 싶지만
오래전에 돌아가신 부모를 어찌하면 좋을지 답답하기만 하다.

어버이 은혜 · 01

봄이 오는 길목 —매화를 바라보며

옷소매를 파고 들어오는 바람이 쌀쌀하다. 어둑어둑한 하늘 속에서 하얀 눈이 펑펑 내려와 높고 낮음을 가리지 않고 지저분한 곳까지 깨끗이 덮어주며 가는 겨울을 못내 아쉬워하는 모양이다. 매화는 서릿바람 속에서도 서슴없이 아름다운 꽃을 피워 생동하는 봄의 길목을 화려하게 만들며 끈질긴 생명력을 과시하고 있다.

잎이 떨어져 앙상했던 나무들도 해동解凍이 되면서 물이 오르고 새롭게 뿔 같은 눈이 트고 있음을 본다.

얼었던 땅이 녹고 도랑물이 졸졸졸 굴러가면 연분홍 진달래꽃도 피고 지는데, 하물며 인간이야 이승에서 자취를 감춘다 한들 저승에서 다른 무엇으론가 살아나지 않겠는가 싶은 생각이 든다.

죽어도 그 혼백이 돌아다니고 영혼이 있어 식물처럼 다시 살아난다면 얼마나 영광스럽고 다행스러운 일이겠는가?

인간의 죽음은 영원히 없어지는 것으로서 대단히 슬픈 일이다. 그리고 억울할 것이리라. 그래서 다시 부활한다는 종교인들의 신앙심을 믿으며 기대해 봄직도 하다.

어린 시절 음력 2월 초하룻날도 설 명절처럼 놀았다. 집집마다 집안 식구 나이대로 송편을 해 먹으면서 널뛰기를 즐기고 남의 집 머슴들은 썩은 새끼로 목을 매어 죽는 날이라고 하면서 쟁기를 다듬고 농기구를 손질하며 봄을 준비했다. 왜냐하면 음력 2월

초하루를 기점으로 농한기를 보내고 논과 밭으로 나가 씨 뿌리며 쉴 틈 없이 일을 해야 먹을거리를 만들기 때문에 일꾼들은 봄이 오는 것을 반기지 않았다.

잿빛하늘 밑으로 펄펄 날리는 눈발이 살아있기에 썰렁하다. 봄눈은 겨울눈처럼 오래 가질 않고 아무리 눈이 온다 해도 오는 대로 녹아내려 아스팔트길은 물이 철철 흘러내린다.

사람들은 추우니 더우니 해도 봄이 오는 길목에는 노란 개나리가 예쁘게 피어 웃으며 인사를 한다. 버들강아지는 실개울 어귀에서 왕방울 같은 눈을 뜨고 있으며 양지바른 언덕에서 돋아나는 난초가 새 희망을 불어넣고 있다.

이와 같이 대자연은 윤회輪廻의 법칙에 따라 움직이고 있고 인간은 자연과 더불어 생명을 유지하면서 살고 있다.

온갖 식물들도 나름대로의 역사를 만들기 위해 매서운 바람에 버티고 있다가 다시 새싹이 올라오고 꽃과 잎을 피운다. 그리고 열매를 맺고 씨를 만들어 자손을 번식한다. 이것은 결코 우연한 일이 아니며 대우주의 변혁과 자연의 순리에 따라 움직이고 있는 것이다.

변화하는 기후 속에서 사물은 어려운 역경을 참아내고 새로운 희망의 꿈을 안고 다시 소생을 한다. 그런가 하면 개구리들도 고래실논에서 첨벙거리며 애처로운 소리로 짝을 찾아 사랑을 고백한다. 그리고 그 대가로 새끼를 친다.

구름 같은 벚꽃이 남에서 북으로 전진을 하는데, 할미꽃은 소리 없이 곱게 피어 꼬부라져 있고, 산수유는 마을의 상징인 양 화사하게 피어서 환희에 잠들었다.

민들레꽃은 벌과 나비를 불러들여 꿀사냥을 시키며 한가롭고

달콤한 봄을 맞이한다. 새로운 생명이 솟아나는 들판은 온통 푸르고 종달새는 보리밭골에 앉았다 떴다 하면서 지지굴댄다.

하지만 대개의 사람들은 자연의 아름다움을 보고 느낌도 없이 돈에 홀리고 악에 부딪혀서 아름다운 정서를 알지 못한다.

해가 지면 달과 별이 어둠을 가시게 하고 날이 밝으면 천지조화의 태양이 있어 삶이 있고 생활이 있는데, 인간들은 우주의 역할에 고마움을 모르고 산다. 뿐만 아니라 창문만 열어도 쏟아져 들어오는 햇살과 상큼하고 맑은 공기를 마실 수 있어 그만큼 자연의 혜택을 받고 산다.

저 언덕 너머 아지랑이 아롱아롱 춤을 추고 양지 바른 언덕에 나물 캐는 아낙들의 웃음소리 피지는 흐뭇한 시골 풍경이 한눈에 들어온다.

인간은 세월이 가고 세상이 몇 차례 바뀔 때마다 잔주름과 하얀 머리카락을 봄바람에 휘날려야만 한다. 해마다 찾아오는 봄은 새로운 삶의 가치관을 터득하여 열심히 살아야 한다는 감회가 든다.

어머니의 품속 같은 포근한 햇빛 아래 삼라만상이 요동치고 무럭무럭 자라나는 운치를 조용히 앉아 보노라면 까치들까지도 힘들게 재목 물어다 새집을 지으면서 출발하는 봄을 놓치지 않으려고 안간힘을 쓴다.

꿈에 부풀었던 삼월도 지나가고 열매 맺는 사오월이 오면 더욱 더 활기찬 생활이 열릴 것이고 희망과 포부가 결실을 맺어 뜻을 이루리라 다짐해 본다.

봄은 사람의 마음을 사로잡으며 피어나는 계절이다. 식물이나 동물이나 봄은 새로운 기운을 내는 계절인 모양이다.

'이 나이에 나무는 심어 무슨 수확을 볼까?' 하면서 매화나무

두어 그루를 심었다. 그런데 매화는 봄마다 화려하게 꽃이 피어 아름다움을 과시한다. 때늦게 심은 나무이지만 요즈음은 푸짐한 열매를 거둔다.

역시 인간은 나이 많다고 모든 것을 포기할 것이 아니라 열심히 움직이며 스스로 자라나는 나무를 심어 크는 모양을 바라보며 살아야 한다는 진리를 터득했다.

그러나 일제강점기에는 굶주림으로 인해 그런 안락한 생각이나 자연에 대한 감정을 가질 수가 없었다. 왜냐하면 왜놈들을 살리기 위해 징용으로 끌려가 죽어야 했고, 그들을 먹이기 위해 농사지은 것을 공출로 바치고 우리는 굶어야 했다.

힘없는 식민지 생활에서 봄이 되면 보릿고개를 넘기기 위해 나물죽으로 끼니를 때우며 목숨을 연명했다. 지긋지긋한 노무에 끌려가 노예생활을 하며 소나무 송진 긁어다가 전쟁의 소유물로 바치느라고 곡식을 키우는 것은 뒷전으로 돌리고 목화를 심어 모조리 왜놈들에게 바쳐야 했다. 그래서 굶는 봄과 빼앗기는 가을을 겪은 나는 봄과 가을이 싫다. 어려웠던 어린 시절이 뼈저리도록 사무쳐서 그렇다.

초근목피草根木皮로 목숨을 부지하고 참다못해 토해 내는 한숨소리만 났으며 희생을 당하면서도 살기 위해 벙어리가 되어야만 했다. 봄이 오는 길목에서 어려웠던 과거가 자꾸만 떠오른다.

어버이 은혜 · 02

아카시아 꽃술

종달새가 지지굴거리며 보리밭골에 앉았다. 벼슬 붉은 장닭은 무너진 돌담 위에 올라서서 아랫마을 바라보며 힘차게 홰를 치고 토실토실한 강아지는 싸리문간에서 잠을 자고 있는데, 꼬부라진 할멈이 호미 들고 지팡이를 질질 끌며 동구 밖으로 나간다.

창문도 열지 않았는데 문틈으로 새 들이온 아카시아 꽃향기가 진동한다. 그야말로 짜릿한 봄의 냄새다.

시골집 뒤와 옆으로 아카시아 나무가 우거져 있는데, 겨울 동안 벌벌 떨며 찬바람과 눈 속에서 싸늘하게 버티고 서 있었다. 꽃 피는 따스한 봄날이 돌아오자 앙상했던 나뭇가지에 물이 오르고 진초록 빛을 담기 시작하더니 푸른 잎이 어우러지면서 새들이 찾아왔다. 둥지를 틀며 새끼를 쳐서 한동안 소란하더니 어미는 새끼를 데리고 멀리 달아나 버렸고, 하얀 아카시아꽃만 구름같이 피었다.

오늘은 어린 초등학생들이 네다섯 명씩 짝을 지어 걸어가다가 너무나 화려하고 짜릿한 향기에 노취되어 발길을 멈추고 망보듯이 바라보다가 한 아이가 아카시아 숲 속으로 들어가니 전부 달려들어 꽃을 따기 시작한다.

"동구 밖 과수원길 아카시아꽃이 활짝 피었네~"

오동통한 초등학생 아이가 친구들 앞에서 지휘를 하면서 음악

선생이나 된 듯이 잘 부르라고 고성을 지른다. 참 재미스러운 아이들의 세상이다. 꾀꼬리 같은 목소리로 신나게 노래를 부르며 꽃술에 입을 대고 홀짝홀짝 달콤한 꿀을 빨아먹으며 깔깔 웃어댄다.

뿐만 아니라 벌을 치는 사람들은 벌통으로 한 동네를 형성해 놓고 수백만 마리의 벌 군사를 거느리고 아카시아꿀을 따느라 정신이 없다. 그리고 가만히 앉아서 벌이 가져온 꿀을 제멋대로 빼앗아 먹으며 맛이 있느니 없느니 하며 퍼먹어 대는 변덕스러운 사람들이다.

아내는 짜릿한 봄 향기에 취해 동산에 올라 벌에게 꿀을 다 뺏기기 전에 따야겠다며 아카시아꽃을 따다가 예쁜 유리 항아리에 넣고 황설탕을 푸짐하게 넣어 꽃술을 담갔다.

술이 익어 꽃을 건져내면 노란 국물이 꿀인데 알코올과 혼합되어 그야말로 술 잘 먹는 사람들은 틈틈이 찾아와서 아카시아꽃술을 내놓으라고 지근덕거리기도 한다.

물론 향기는 그대로 남아 있다. 봄에 담근 술이라서 여름만 지나면 아주 잘 익은 술이 되기에 가을이나 겨울에 먹기에는 대단히 좋고 술향기에 빠지게 마련이다.

아내가 술을 걸러 깨끗한 유리 항아리에 담아 냉장고에 보관해 둔 채 서울로 유학간 아들한테 가는 바람에 혼자 있게 된 적이 있다. 그런데 마침 눈이 펑펑 쏟아지고 온 세상은 고요히 잠들어 있는 밤에 직장 동료 한 사람이 통조림 한 통을 들고 집으로 왔다.

그는 다짜고짜 "오늘 아주머니도 안 계신다니 아카시아 꽃술 맛 좀 봅시다!" 하며 자기가 뒤져서 방 한복판에 술상을 차려 놓았다. 다행이 식구가 해놓은 닭볶음탕이 있어서 그런 대로 안주는 되었고 그 시절에는 한참 젊었을 때라 술 몇 잔 먹고도 잘 견

딜 수 있었기에 맞대결이 벌어졌다.

컵도 없이 국자로 한 국자 떠서 내가 마시면 친구 또한 국자로 떠서 마시곤 했다. 예쁜 술잔이 찬장 안에 그득 담겨 있었는데 참으로 무식하게도 술을 마셨다.

이렇게 먹다 보니 술기운은 머리끝까지 오르고 밤은 깊었는데, 친구는 벌떡 일어나서 집으로 가야겠다며 마당으로 나갔다.

그리고는 이륜차를 붙들고 이리 넘어지고 저리 넘어지며 "이 오토바이가 말을 안 들어!" 하며 발로 오토바이를 차다가 자기 발이 아파서 한 발을 들고 깡충깡충 뛰었다.

그래도 나는 덜 취했는지 이륜차를 바로 세우고 발동을 걸었으니 영 기질 않았다. 당연한 것이 발동을 걸었으면 기어를 넣어야 하는데 안 넣고 고장이라고 야단을 떨었다. 그러니 이웃인들 조용했겠는가 싶다.

친구와 같이 밤이 새는지 날이 가는지 상관없이 마냥 행복했다. 그런데 누워 있는 얼굴에 눈이 떨어져서 조금씩 차가워짐을 느껴져서 정신을 차려 보니 눈 내린 마당에 둘이서 나란히 누워 있는 것이 아닌가!

술은 독약이다. 좋은 술이 따로 어디 있으며, 먹고 취하지 않는 술이 있겠는가 싶다. 사람도 너무 예쁘면 성질이 고약한 법이고, 꽃도 너무 아름답고 진한 향기를 내뿜으면 알지 못하는 독이 있다는데, 아카시아 꽃술이 몸을 가누지 못할 정도로 독하고 사람을 고주망태기로 만들 줄은 몰랐다.

술이 달기 때문에 술 못 먹는 사람이 한 잔 먹어도 별일 없으려니 했지만 역시 아카시아 꽃술이 좋다고는 하지만 함부로 남에게 권장할 술은 못 되는 모양이다.

어버이 은혜 · 03

밤꽃 향기

밤나무 아래만 가면 어머니 생각이 난다. 단풍이 빨갛게 물들어 온 산천을 불태우면 서리는 밤새 몰래 와서 잔디 위에 반짝이고 선들선들 가을바람이 밤나무가지에 올라앉아 기름진 알밤을 뒤흔들어 떨어트린다.

고슴도치같이 바늘 옷을 입은 밤송이가 따사로운 햇살 뒤집어쓰고 저절로 웃음이 터져 입이 쩍 벌어지면 반질반질한 아들 삼형제를 해산解産하는데, 천지를 진동하며 땅위 풀숲에 툭탁 떨어지는 알밤소리가 신비롭고 한가롭게 들린다.

광목 앞치마를 동여매고 밤나무 밑에서 한 톨 두 톨 주워 모으시던 어머님 생각이 자구만 떠오른다.

밤은 우리나라 고유 과실 중의 하나이며 밤나무는 어떤 곳이든지 잘 자라고 자유롭게 하늘로 치솟아 큰다. 알맹이를 보호하는 외피가 바늘 침이고, 열매 역시 맛이 독특하여 조상 대대로 제사상에 올리는 귀중한 과일이다.

깊은 가을이 되면 무성했던 나뭇잎을 전부 떨어트리고 알몸으로 한겨울을 묵묵히 지나고 나면 밤꽃을 피우는데 향기가 가슴을 파고들 듯이 짜릿하다.

마치 그 냄새는 어머니 젖가슴에서 구수하게 풍기는 향기 같고 꿀을 저장하고 있어서 꿀벌들이 파고들어 밤꿀을 따가기 때문에

밤꽃이 필 때면 벌 치는 사람들이 벌통을 밤나무 아래 벌여놓고 밤꿀 모으기에 정신이 없다.

그들은 야전천막을 치고 기거하면서 수많은 벌 병사들을 밤나무로 보내 알뜰하게 꿀을 따다가 벌통에 저장한다. 그래도 벌이 교배시킨 덕분에 밤송이가 익으면서 가을 햇빛 아래 결실을 기다리고 있는 것이다.

몹시도 궁했던 시절에 태어났기 때문에 먹을거리가 없어서 어머니가 알밤을 밥에 익혀서 수저로 비벼 젖 대신 먹였다는데 밤살이 올라 오동통하게 살이 찌기도 했었다니 더할 나위 없이 귀중한 양식이 되기도 했던 모양이다.

아버지가 장대를 들고 밤 따러 가자고 하면 왜 그렇게 신명이 났는지 모른다. 가을 햇빛이 산등을 넘어가면 땅에 떨어진 알밤이 잘 보이지 않기 때문에 서둘러 주워야 하므로 온 가족이 다 함께 밤을 따러 갈 때 강아지도 앞장을 섰었다.

아버지가 밤나무에 올라가 툭툭 털면 밤송이와 알밤 떨어지는 소리가 후두둑 하며 산천을 울렸고 마음은 빈 광을 채우듯이 흐뭇했다. 떨어지는 밤송이에 머리를 맞아 아픈데도 밤 줍는 재미로 꾹꾹 참았다.

밤송이를 따다가 한곳에 무지를 해놓고 헌 멍석으로 덮어 그 위에 물을 뿌려두면 고슴도치 같은 밤송이가 흙빛으로 변한다.

가시 같은 밤송이가 무느럽게 삭으면 그 속에 기름 발라 놓은 듯한 자주색 알밤이 한 송이에 세 톨씩 들어 있다. 그래서 밤을 삼정승이라고 했나 보다.

제사 지낼 때는 반드시 밤이 있어야 한다. 제사는 돌아가신 날짜를 기억함과 동시에 조상님의 은덕을 기리고 예의를 갖주는 한

행사로서 전통예절이라고 본다. 옛날부터 현재에 이르기까지 자기들 가족 중에서 나라의 중요 요직에 올라앉아 있기를 소원한다.

시월 시제 때는 많은 밤이 있어야 하는데 밤의 겉껍질을 까고 속껍질을 보기 좋게 까서 고였는데, 공들여 상차림을 해야만 시제 지내는 사람들로부터 칭찬을 받기 때문이다.

밤송이를 산같이 싸놓고 둘러앉아 구수한 이야기들을 하며 밤을 까면 알밤이 두어 가마쯤 되었다. 장날에 내다 팔면 그런 대로 돈이 되어 쏠쏠하게 살림에 보탬이 되기도 했다.

지금은 밤나무를 집단 재배하여 관리를 하고 있다. 그래서 남이 못 따가게 지키며 과수원과 같이 취급하면서 소독을 하여 정성으로 가꾼다. 그러나 과거에는 소독은커녕 거름도 한 번 주지 않은 채 제 멋대로 컸고 잡나무 숲 속에서 자연적으로 밤이 열려 아무나 손쉽게 따먹어도 말리는 사람이 없었다.

과거에는 화로에 불이 없으면 추운 겨울을 의지할 수 없어서 항상 화로에 불씨를 유지해야 하기 때문에 할머니는 화롯불에 관심을 많이 두고 있었다.

그러던 어느 날, 나는 밤을 까지도 않은 채 그냥 화롯불에 묻어 두었는데 그것이 화근이었다. 밤이 구워지다가 펑 하고 터지면서 온 방안이 불바다가 되어 된통 혼난 적이 있다.

한겨울 길거리에서 군밤 장사들이 굽는 밤이 모두 다 폭발을 한다면 어떻게 장사를 하겠는가?

밤은 반드시 겉껍질을 까서, 그것도 곱게 한쪽 머리만 보기 좋게 까가지고 먹음직스럽게 구워내야 한다. 그러면 구수한 밤 냄새에 끌려 군밤 한 봉지 사서 외투 깃을 세우고 골목을 들어오는 신사 숙녀들이 많았다. 눈 내리는 추운 날 따끈한 군밤 한 봉지로

도 충분히 가슴을 데워 주었다.

나의 시집에 적어 놓았던 어머니 생각을 해본다.

어머니 냄새는 밤꽃 향기
송이송이 숨겼다가
알밤 낳는다.
어머니 가슴에 젖도랑 흘러
너, 나, 할 것 없이
그 냄새 빨아먹고 장성했노라.

어버이 은혜 · 04

사랑과 효심孝心

이른 저녁에 따르릉 전화벨이 울렸다. 고요하기 그지없는 거실 공간을 요란하게 울려대는 소리에 누구에게서 온 사연인지 호기심으로 수화기를 들었다. “할아버지 안녕하세요? 밥은 잡수셨어요? 아픈 곳은 없어요? 운동 하세요?”

떠듬떠듬 말하는 손녀의 명랑한 목소리에 반가움과 기특함이 내 마음을 흔들어 놓는다. 이제 겨우 다섯 살 먹은 녀석이 어른스럽게 말해서 곁에 있다면 안아주고 싶었다.

이러한 효자 교훈은 정성이 담긴 며느리의 지극한 효심이리라. 눈코 뜰 새 없이 바쁘고 어려운 생활을 할 것인데도 날마다 안부 전화를 해서 걱정을 덜어준다. 물론 누구나 마음만 먹으면 전화할 수 있다는 것을 알고 있지만 알면서도 이행하지 못하는 사람들이 얼마나 많은가?

명절 때나 고생스럽게 부모 집에 와서 하룻밤 자고 가는 것이 고작인 사람도 있다. 부모 떠나 살림을 차린 자식들은 가끔 효도하는 마음으로 찾아오지만 마치 몰래 방앗간 앞마당에 참새 떼 몰려와 지지굴대다 후루룩 떠나가듯이 가버리면 더욱 허전해진다.

흘러가면 돌아오지 않는 강물은 다시 새로운 물을 흘려보내고 세월은 고장도 없이 잘도 가는데, 그 속에서 삶의 고난을 참으며 욕망을 채우기 위해 몸 하나 돌볼 새 없이 먹고살기에 급급하다

가 자기도 알지 못하는 사이에 귀여웠던 아들 시대가 지나고 아버지가 되고 곧이어 할아버지가 된다.

예쁜 처녀도 언제인가는 시집을 가서 남의 집 며느리가 되고 엄마가 되어 자식들에게 사랑을 다 퍼주며 산다. 그러면서 걱정과 조바심으로 세월 보내다 보면 고운 얼굴은 없어지고 마침내 할머니가 된다. 할아버지는 처음부터 할아버지가 아니고 할머니도 처음부터 할머니가 아니다. 이것은 흐르는 세월과 조물주가 만들어 낸 대자연의 순리다.

봉건시절에는 많은 식구가 한집에서 우글거려 열 이상 되는 가족도 많았다. 그래서 여자들은 먹을거리 장만하느라 정신이 없었고, 옷가지도 역시 목화木花를 따다 밤을 새워가며 실을 뽑아 짜서 손바느질로 무명 바지저고리를 만들어 자식들에게 입히느라 고생을 했다.

하지만 보듬어 주고 사랑하는 마음은 대단했으며, 아침저녁으로 문안인사를 하는 지극한 효도정신을 가장 중요시했고 돌아가신 후에도 꼬박 삼년상을 치러야 했다.

이제는 시대가 변했기 때문에 그리 잘한 일이라고 보지는 않지만 역시 사랑과 효심이 지극했던 것만은 사실이다.

그러나 지금은 어떠한가? 이제는 바지저고리의 시대는 사라지고 자녀들은 모두 독립된 생활로 따로따로 살고 있을 뿐만 아니라 돈만 있으면 가장 편리한 생활을 누릴 수가 있다. 그러기 때문에 부자지간에 사랑과 효심은 점점 멀어지게 되고 의지하며 살던 시절은 사라져 가고 있다.

부모는 자식에게 변함없는 사랑을 주며 훌륭한 사람 되기만을 밤낮없이 기원한다. 그러나 자식들은 부모를 바라보며 어떤 생각

들을 할까? 가진 것이 많으면 많을수록 고민은 커지는 것이고, 없다고 원망하지는 않겠지만 생활의 어려움을 감수해야 한다. 자식은 늙으나 젊으나 항상 어려 보이고 자나 깨나 걱정하기는 매한가지다. 행여나 내 자식이 잘못되지나 않을까? 태산 같은 근심이 가슴에서 떠나지 않는 것이 부모의 마음이다.

형님들은 군에 소집되어 피비린내 나는 전쟁터에서 죽었는지 살아있는지 전혀 알지 못하는 중에 어린 나 하나를 남기고 아버지는 눈을 감으셨다. 전쟁 중이라서 모두들 피난을 갔기 때문에 사람들이 없어 친족들이 등짐으로 지고 가서 양지바른 곳에 장사를 지냈다.

아버지 살아생전에 잘 해드리지 못한 죄책감이 아직도 사라지지 않고 있다. 그래도 그 시절에는 초하루 보름 상식을 올렸으며 꼬박꼬박 묘에 가서 절을 올리고 눈이 오면 눈도 쳐냈다.

상喪 옷이 다 떨어지도록 입고 3년을 지냈으나 아버지는 다시 살아오지 않았으며 세월은 흘러가서 나도 늙어가고 있다.

이제는 모든 풍습과 예의범절이 사라져 가고 서구화됨으로써 산 사람 위주로 편리하고 간편한 시대가 됐다. 장례식장엘 가 봐도 서러워 통곡하는 자를 보기 어렵다. 다만 어린 자식이 죽었을 때는 그 부모가 우는 경우는 있다. 사랑이 없어진 슬픔의 복받침일 것이다.

나무는 죽어도 다시 뿌리에서 새순이 솟아나고 연어는 죽을 줄 알면서 기를 쓰고 민물로 올라와 알을 낳고 스스로 죽는다. 그러나 사람은 죽은 뒤에 얻어지는 것이 있는가?

하늘의 별을 따다 놓은 듯이 귀한 자식을 포대기에 싸 바람을 막고 젖은 자리 마른 자리 골라가며 세상에서 둘도 없는 소중한

보물처럼 토닥토닥 키우는 과정 속에서 가정의 행복과 즐거움을 누릴 수 있다. 어린 아기는 해맑게 자라면서 말을 배우고 재롱을 부리면 없어도 있는 것처럼 풍부해지고 가족은 더욱 화목해진다.

자식은 부모의 울타리가 되고 기쁨과 슬픔을 같이하며 소중한 유전인자를 계승하고 있어서 서로가 든든한 멋에 산다. 자나 깨나 자식을 위한 것이라면 아무리 어렵고 고달픈 일이라도 마다하지 않는다. 반면에 자식이 부모에 대해 얼마나 효심을 가지고 있는가? 아직까지 이것을 조사한 통계는 없다.

남녀 간의 사랑은 서로 초조한 기다림과 그리움으로 만난다. 그러나 활활 타는 장작불처럼 뜨겁다가도 찬물을 퍼붓듯이 냉정하게 변하기도 한다. 하지만 부모 자식 간에 사랑은 변함없이 아름다운 삶의 빛으로 온갖 시련을 무릅쓰고 예쁜 꽃송이처럼 장하게 키워내며 사랑의 열매를 맺는 것이 바로 자식이다.

세상을 고민하는 사람들은 '나는 어째서 부유하고 권위 있는 행복한 집에 태어나지 못하고 지지리도 가난한 집에 태어나서 고생을 하는가'라는 생각을 하며 더러는 땅 꺼지는 한숨으로 스스로를 달래는 자도 있을 것이다. 반면에 자기 도리도 다하지도 못하면서 유산까지 탕진하고 그 불화를 부모에게 떠넘기는 자도 없지는 않다. 심지어 부모가 치매나 중풍 등의 못된 병에 걸리면 감당할 수 없는 짐이 되어 부담스러운 존재가 된다.

그래서 정부에서는 부모에게 학대虐待하는 자식들을 바로 잡기 위해 학대노인 전담기구가 생긴 모양이다.

아무리 사회에서 나쁜 짓을 하고 살인죄를 지어도 내 자식은 그런 아이가 아니라며 약점을 덮어 주고자 하는 것이 부모의 마음이며 높고 깊은 사랑이 내재되어 있다.

어버이 은혜

나 어린 시절에는 어버이날이 따로 없었다. 국가에서 어버이날을 제정하지도 않았을 뿐더러 별도로 부모를 위한 날이 없었으며 단지 어린이날은 있었던 것으로 기억한다.

선생들도 학생들에게 어린이날이라고 공표하지는 않았지만 꽃피는 봄이 되면 어린이들을 데리고 소풍을 갔을 뿐이다.

도시락이 없어서 바가지에 꽁보리밥 그리고 김치에 고추장 반찬을 싸서 허리춤에 동여매고 한 십여 리쯤 되는 산골 실개천가에 가서 씨름이나 한판 하다가 되돌아오는 것이 고작이었다.

그런데 아침밥을 못해서 보리죽을 끓여서 빈 막걸리통에 넣어가지고 온 친구가 있었는데, 선생이 술로 착각하고 벌을 세우고 소풍도 데리고 가지 못했던 웃을 수 없는 추억도 있었다.

당시에는 왜놈들이 강제로 음력설을 못 쉬게 하고 놀지도 못하게 감시를 했으며, 이름 있는 날에는 더 극성스럽게 신작로 부역이다, 관솔 부역이다 하면서 국민들을 못살게 달달 볶았다.

나의 아버지 어머니는 잘 먹지도 못하고 좋은 옷 한 벌 입어 보지 못하시고 세상에 구박당하며 자식 덕도 보지 못하다가 돌아가셨다. 이런 어버이들이 수도 없이 많았다.

너무 어렸기에 부모에게 잘 해드릴 수도 없었겠지만 학교 월사금을 내지 않으면 학교를 못 다니게 한다는 선생의 독촉에 못 이

겨 부모님께 돈을 달라고 했으나 돈이 없어 주지 못하는 어머니 치맛자락에 대롱대롱 매달려 월사금 달라고 울었던 기억이 생생하게 떠오른다. 돈이 없었던 어머니는 이웃에서 빌려온 석연찮은 돈으로 월사금을 내기는 했다. 얼마 안 되는 월사금도 제때에 내지 못해 아이가 선생에게 구박받는다는 것을 아시고 어머니는 마음이 무척 아팠을 것이다.

살림살이가 어려운 중에도 어머니 아버지는 나를 금이야 옥이야 하시며 나 잘되기만 바라셨다. 행여 돌부리에 걸려 넘어지지 않을까? 남에게 뻐진 욕이나 듣지 않을까? 하시며 객지에 나가면 밥을 굶지 않나 싶어서 끼니마다 내 밥그릇에 밥을 담아놓고 밥그릇에서 눈물이 흐르면 밥을 먹었구나 하고 스스로 안심하셨던 어머니! 자식이 훌륭한 사람이 되길 바라며 장독대에 물 떠놓고 기도하신 어버이 은혜를 어찌 잊을 수 있겠는가?

요즘 같으면 어버이날이 정해져 있고 또 수시로 찾아보며 맛있는 음식도 사드리면서 태산 같은 은혜를 갚아드리고 싶지만 오래전에 돌아가신 부모를 어찌하면 좋을지 답답하기만 하다.

이제 나도 한 자식의 아비가 되고 어버이가 된 입장에서 다시 부모를 생각해 보니 너무나도 불효한 것 같아 가슴이 쓰리다. 세상에 자식 자랑하는 사람은 팔불출이라 했지만 부모 자랑하는 사람은 아무런 별명이 없다.

나는 어려서 잔병치레가 많았는데 한때는 눈병이 나서 오래도록 고생을 했다. 지금 같으면 안과에 가서 쉽게 고칠 수 있지만 경제적으로 어려울 뿐만 아니라 약국도 없는 두메산골이라서 어머니는 해 뜰 무렵에 물사발에다가 삼대를 네모로 걸쳐놓고 붉은 팥을 물사발에 떨어트리며 "삼 잡자"는 주문을 외웠으니 얼마나

미개한 토속신앙을 믿었나 싶다.

나는 툭하면 몸에 종기가 나서 열이 오르면 한속이 나서 누워 앓을 때가 많았다. 그때마다 아버지는 칼로 째서 피고름을 빼고 입으로 쭉쭉 빨아내어 종기를 아물게 하기도 했으니 얼마나 깊은 자식 사랑이었나 싶다.

나는 내 자식에게 이렇게까지 해주지는 못했다. 그 당시에는 왜 그리도 종기로 아픈 사람이 많았는지 모른다. 그래서 이 고약이란 것이 생겨서 고름을 빼내기도 했으나 워낙 비싸기 때문에 없는 사람은 붙이지도 못했다.

나물죽으로 연명을 하니 아파 누워 있는 날이 더 많았고 영양실조로 천장이 뱅뱅 돌고 그야말로 항문이 찢어질 정도로 가난했다. 사실 일제강점기의 지독한 가난은 다시 생각하기도 싫다.

여름에는 모기에 많이 물리기 때문에 잔병이 극심해서 집집마다 환자 없는 집이 없었다. 지금이야 예방주사가 다 해결하지만 그때는 별 방법이 없었고 죽기 않으면 살기였다. 일명 '하루거리 도둑병'이라 하는 것은 영양실조로서, 힘없어 누워있는 환자가 수두룩했다.

감기에 걸리면 가정상비약으로 밤, 대추, 파뿌리, 인동 덤불, 차지기 등을 푹 끓여서 삼베보자기로 쭉 짜 마시고 누워 땀을 빼면 잘 나았다. 부모님은 이런 것을 골고루 구해다 해 먹이면서 잦은 병치레하는 나를 살려내신 분이다.

나는 이런 막중한 은혜를 어버이로부터 받고 살아왔으나 오늘날까지 자식들에게 아무것도 해주지 못했는데 제 스스로 잘 컸으니 고맙기만 하다.

제비 부부는 무슨 말을 하는지 몰라도 서로 지지굴대며 지붕

처마 끝에 집을 열심히 짓고 새끼를 까더니 먹이를 물어다 준다. 누렁이 개도 마루 밑에서 복스러운 강아지 일곱 마리를 낳아 끌어안고 젖을 빨리며 정신없이 혓바닥으로 핥아준다.

짐승들도 모성애가 대단한데 하물며 사람이야 더할 나위 없이 자식 사랑이 넘칠 수밖에 없다. 그러나 자식들은 부모에게 어떻게 해주고 있나 생각해 보자.

요즘은 핵가족 시대가 되고 보니 부모는 부모대로 자식은 자식대로 삶에 여념이 없어서 자식이 부모 섬길 날이 그리 많지 않고 부모 역시 자식을 위해주려 해도 그럴 기회가 드물다.

부모가 자식을 위해 해주고 싶은 것도 많지만 없는 사람은 근근이 융자를 받으며 겨우 대학까지 공부시켜 시집 장가 보내 잘 살면 완전히 남이 되는 세상이다.

어려서 귀여워 물고 빨던 자식 역시 1년에 한 번 정도 찾아보면 잘 한다고 본다. 그러나 몇 년이 지나도 부모를 찾아보지도 않을 뿐이고 어쩌다 요양원에서 홀로 세상을 떠도 요양원 처분대로 하라고 전화 한 통 하면 그것으로 끝나는 자식도 있다 하니 참으로 기가 차다. 은혜 갚음은 둘째 치고 서운하기 짝이 없는 것이다.

따로따로 살다가 늙은이가 홀로 죽어도 모르는 지경에 이르다 보니 부자지간에 사랑이란 것이 없어진 지 오래인 듯싶다.

그래서 어버이날을 정해 놓고 단 하루만이라도 어버이 은혜에 보답하고 효도할 기회를 주기 위해 만들어 놓은 듯하다.

부모의 유전인자를 받아 세상에 태어나서 온갖 사랑을 받았으니 그 은혜에 다소라도 보답하면 복을 받을 것이다.

어버이 은혜 · 06

조물주가 만들어 준 선물

하는 일이 잘 안 되면 조상 탓으로 돌리는 수가 많다. 자기 뜻대로 척척 되지 않고 계속 실패만 한다면 실망하며 운명에 맡기겠다고 한다. 운명運命이란 인간의 행동을 지배하는 큰 힘이 되는 것이며, 혼동하는 마음을 조금이라도 의지하려는 유신론적有神論的이다.

그래서 세상 만물을 창조하신 조물주造物主를 생각하게 된다. 조물주는 하늘, 땅의 모든 자연을 만들고 주재하는 신神이라고 해두자. 그러므로 모두가 조물주가 준 선물이라고 하면 마음이 편할 듯하다.

바람은 나뭇가지를 흔들고 구름을 오락가락하게 만든다. 그렇지만 누구도 그렇게 하라고 말한 자도 없고 시킨 자 또한 없어도 자연적인 현상으로 온갖 사물이 제멋 그대로 자라고 움직이며 각기 자기 자리에서 생존의 가치를 완전하게 만들기 위해 노력하는 것이다.

등산을 하다가 땀을 식히기 위해 울창한 숲 속에 들어가 휴식을 취하다가 신비로운 자연의 소리와 부단히 움직이는 곤충들을 발견했다.

갈잎 속에서 흘러나오는 실도랑소리 졸졸 나고, 서늘한 골바람에 사시나무 잎이 파르르 떤다. 천년 묵은 청태가 보란 듯이 험상

궂은 바위를 뒤덮었고, 여름내 파란 잎이 붉은 단풍으로 변하여 뽐내고 있다.

숲 속 축축한 대지 위로 이름 모를 곤충들이 분주하게 오고가는 틈에 불개미 떼를 만났다. 그들은 자기 몸보다 더 큰 물건을 물고 줄지어 한없이 가고 있었다. 마치 피난이라도 가는 듯이 소리 없이 간다. 물론 그들의 무리 중에도 지시하는 지도자가 있을 것이고 그 지시에 따라 행동하고 있는 것이다. 그들 나름대로의 본능적인 행동이라고 하기엔 너무도 조직적이기 때문에 이 또한 조화로운 일이다.

호랑나비는 푸짐한 꽃 속에 들어가 꿀 따느라고 분주하고, 모심은 다랑논에서는 개구리들이 요란하게 소리치며 짝을 찾는데, 실개천 가재가 돌을 십어내며 살 집을 부지런히 만늘고 있고, 피라미 고기는 춤을 추듯이 유유히 돌아다니다가 물총새의 입에 물려 어디론가 달아나 버렸다.

모두가 조물주가 준 선물이라고 하면 좋겠다. 칡덤불은 제멋대로 나무를 칭칭 감고 올라가 하늘을 뒤덮었고, 이름 모를 야생화는 제각각 빨강, 노랑, 보라, 분홍 등의 색깔을 내며 벌 나비를 불러들여 번식의 절차를 교묘하게 진행하고 있다. 각종 벌레들이 나무에 파고 들어가 보금자리를 트는 바람에 고사 직전에 있는 것을 발견한 딱따구리가 구멍을 뚫어 유충을 꺼내 밥으로 먹으면 죽어 가던 나무들이 되살아난다.

이 모든 사건들은 생존을 위한 본능적인 행동들이겠지만 각기 사는 방식이 다르기에 조물주가 준 대로 생긴 대로 사는 것이다.

식물도 자기 몸을 보호하기 위해 주변과 동일하게 보호색을 띠고 있으며 독한 냄새를 뿜어 해충의 근접을 방지하고 곤충을 질

식시켜 양분을 흡수하기도 한다. 동물 또한 생존경쟁을 위해 멀고 가까운 것을 마다하지 않고 찾아다니며 먹이를 구하며 나름대로 열심히 살고 있다.

과거 한여름에 뱀한테 다리를 물려 몇 달 동안 꼼짝 못하고 엄청난 시련을 겪은 적이 있다. 이와 같이 공격을 잘하는 뱀은 볼 적마다 징그럽고 혐오감이 든다. 조물주는 왜 뱀을 흉하고 사납게 만들었는지 이해가 되지 않는다.

식물도 봄에 꽃이 피면 여름에 열매 맺어 가을에 씨를 거두고 다시 뿌린다. 이 모든 행위는 대자연의 순리라고 본다.

물론 사계절이 없이 늘 여름만 있는 곳도 있고, 항상 겨울만 있는 곳도 있지만 그 환경 속에서도 자라나는 나무들이 있다.

그것은 지구가 멸망하고 태양이 없어지기 전에는 존재할 것이고 과학의 원리 이전에 우주의 창조주를 생각하게 된다.

육대주에 사는 사람의 색깔도 다르다. 아세아는 황색, 유럽은 백색, 아프리카는 흙색, 아메리카는 홍색, 호주는 회색 등 다양하게 원주민들의 색이 다르지만 이제는 다문화가족이 서로 어울려 사는 시대라서 감 잡기가 어렵다. 지대별로 그 색이 다름은 지구가 우연히 생긴 것은 결코 아니다.

우리 인간도 고귀하게 어머니 배를 빌려 태어나서 사람 구실을 하면서, 부귀영화를 꿈꾸며 보내다가 자식 열매를 맺어 살림을 내놓고 아기자기한 재미를 보면서 출세를 하고 아름다운 영화를 누리기도 하고 고생만 하다가 죽는 자도 많다.

그러나 자신의 육체와 체질에 대해 생각해 볼 겨를도 없이 그냥 살고 있으면서 드높은 명예와 금전에 대한 욕심을 내는 평범한 인간의 마음에 대하여 골몰해진다.

우리의 복잡한 두뇌는 작고도 큰 중앙 부서로서 온 몸을 마음대로 좌지우지하는 신성하고도 아름다운 육체의 컴퓨터다.

누가 이 영리한 인간 머리를 만들었나? 인간 이전에 창조주의 섭리攝理가 먼저였을 듯하다. 영롱한 두 눈으로 세상 만물을 보고 느끼게 했으며, 사물을 관찰하도록 마련했다. 그리고 오묘한 귀를 만들어 모든 소리를 듣도록 함으로써 마음에 슬픔과 기쁨을 주며 정열적인 감정으로 사랑도 하고 뜻이 달라 다투기도 한다.

오뚝한 코는 사물의 좋고 싫은 냄새를 분간하게 한다. 입을 만들어 말을 하고 음식을 섭취하여 밥통으로 보냄으로써 생명을 유지하도록 했다. 얼굴을 예쁘게도 하고 밉게도 했으며 항상 웃는 얼굴, 늘 우는 얼굴, 그리고 화난 얼굴 등이 있다.

몸통을 만들어 그 속에 위장, 대상, 소상, 비상, 간장, 심장, 폐장, 신장, 삼초 등을 만들어 숨을 쉬고 움직일 수 있게 했다.

팔 둘에 열 손가락을 길고 짧게 해서 쓰기 좋게 했으며 양발을 만들어 활기차게 걷게 하며 천여 개의 관절과 340여 개의 혈맥을 조절하여 생명을 유지했으며, 천지만물天地萬物을 음陰과 양陽으로 구분함으로써 우리 인간도 몸통 자체가 대자연大自然과 배합이 되고 있다. 배와 등의 역할을 음과 양으로 구분하고 손바닥과 손등의 색깔을 달리하고 있는 것이다.

그런데 명예와 출세를 위해 노력하다가 잘못되면 자기 육체를 돌보지 못하고 자살행위를 하는 자가 있다. 이는 살인행위에 해당된다. 사람은 잘나나 못나나 귀한 존재이며 부모의 사랑으로 맺어진 한 가정의 위대한 재물이다. 그래서 몸은 있으되 내 몸이 아니고 마음은 있으되 내 마음대로 세상일이 되는 것도 아니다.

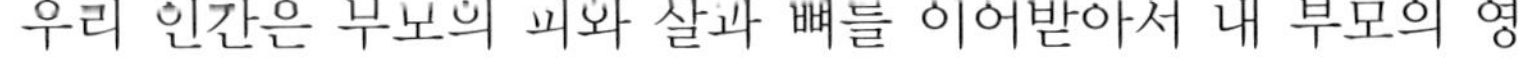
우리 인간은 부모의 피와 살과 뼈를 이어받아서 내 부모의 영

이 뇌리에 숨겨져 있음을 직시해야 할 것이며, 고로 조물주는 바로 내 부모라고 생각하기에 이른다.

그러나 내 부모를 존경하지 않고 귀찮은 존재로 여기면서 사랑과 행복을 사회 일각에서 찾으려 함은 부질없는 행위이다.

사람은 사람을 낳고, 호랑이는 호랑이 새끼를 낳으며, 돼지는 돼지를, 식물도 콩은 콩이 열리고 감자는 감자가 달리며, 벼, 보리 할 것 없이 제각기 유전인자를 살포하며 유지 번창해 나간다.

그러고 보니 어렸을 적에 젊은 사람은 처음부터 청년인 줄로만 알고 있었으며, 머리가 희고 피부는 검버섯투성이고 주름이 많은 늙은이도 처음부터 그런 것으로만 생각했으니, 이 얼마나 어리석은 생각이었나 싶다. 그리고 어머니 몸속에서 장구한 세월 동안 고통을 주다가 세상에 태어났다는 것도 알지 못했다. 탯줄 하나에 매달려 끝내는 사람이란 이름으로 알몸에 맨손 쥐고 고고한 소리를 내며 땅에 떨어졌다. 부모님의 보살핌으로 있는 것 없는 것 다 주선하여 자식에게 바치면서 많은 고생을 하며 키워 냈다.

하늘 저 멀리 이글거리는 태양과 신선한 물이 있음으로써 땅 위에서 온갖 곤충과 식물들이 무럭무럭 자라며 푸짐한 대자연의 운치에 따라 멋을 부린다. 야생하는 동물들도 바람 불면 바람 부는 대로 눈이 오면 눈을 뒤집어쓰고, 비가 오면 비를 그대로 맞으면서도 불평 없이 자연과 더불어 그냥 그대로 잘들 산다.

그러나 유독 사람만이 무거운 짐보따리 챙기느라 고생을 하고 있다. 저승으로 갈 때는 먹을 것, 입을 옷, 어렵게 모았던 돈까지 아낌없이 다 남기고 맨손으로 간다는 것은 지극히 당연한 사실임에도 허망한 탐욕을 부리고 있다. 조물주가 준 큰 선물을 유지하지 못하고 죽음 뒤의 세상을 까맣게 모르면서 말이다.

어버이 은혜 · 07

떡보리와 자주감자

청보리밭 골에 종달새가 앉았다 뜨면서 지지굴댄다. 뭉게구름이 하늘가를 맴돌 때 치마끈 졸라맨 어머니가 먹지 못해 어지러움을 참으시면서 미처 여물지도 않은 보리 이삭을 하나 둘 잘라 그릇에 담으며 떡보리 준비에 열중이었다. 이때를 보릿고개라 했고 초근목피로 생명을 유지했던 어린 시절이 눈물겹게 되살아난다.

보리는 설끄러운 수염을 봄바람에 흔들어 대고 부엉이가 앞뒷산 넘나들며 구슬프게 우는 의미를 생각해 보면서 연붉은 자주색을 띠다가 알알이 여물면 누런 황금 들판이 된다.

일제강점기 시절에는 공업용 비료가 생산되지 않았으며 인분과 퇴비만으로 농사를 하기 때문에 많은 수확을 올릴 수가 없어서 해마다 흉년을 면할 수 없었다.

더구나 땅이 적은 서민들은 농사라고 해봐야 벼 몇 섬, 보리 몇 가마 생산하는 것이 고작이지만 그나마 전부 공출로 나라에 바치고 쌀 한 톨, 보리 한 주먹 구경 못하며 감자와 옥수수 그리고 산나물 죽으로 목숨을 연명했다.

고대부터 우리나라는 외세의 침략에 굴복하면서도 쇄국정치鎖國政治를 했기 때문에 일찍이 과학문명을 받아들이지 않아서 타국의 지배하에 억눌려서 어려운 생활을 할 수밖에 없었다. 그래서 여우같은 일본의 억압에 이끌려 다니며 36년간의 불행한 식민지

생활을 했다.

겨울에는 여름에 뜯어 말린 산나물 죽으로 배를 채웠고, 봄이 되면 산채를 뜯고 쑥과 칡뿌리를 캐며 소나무껍질로 생명을 유지했다. 더구나 충북은 바다와 멀리 떨어져 있기 때문에 조개라든가 게 같은 해물은 구경할 수도 없었다.

심지어 왜놈들이 우리나라 콩을 마구 약탈해 가서 기름을 짜면 자기들은 맛 좋은 콩기름을 먹고, 독한 콩깻묵은 우리 선조들에게 배급이라며 주었다. 그 콩깻묵이 얼마나 독한지 머리가 빠져서 엉성하여 마치 짐승들이 초봄에 털갈이를 하듯이 보기 흉했으며, 도장버섯이라는 종기가 침범하여 머리가 군데군데 없어진 사람도 많았다.

여물어 가는 보리까지 미리 앞당겨 먹기 위해 설익은 보리를 베지도 않고 그냥 세워놓고 머리만 똑똑 잘라서 가마솥에 들들 볶아 키로 까부른 다음 소금으로 간을 맞추며 절구통 또는 디딜방아에 찧으면 푸르스름하면서 퍽 차졌다.

이것을 주먹밥처럼 만들어 한 덩이 먹으면 배도 부를 뿐만 아니라 맛이 일품이었다. 이것을 떡보리라 했다.

배고픔을 이겨내는 농사꾼의 수단이 고작 이러할진대 나라꼴은 과연 어떠했겠는가? 그러니 수확하여 탈곡을 한들 당겨 먹은 들판에서 얼마나 곡식을 얻었겠는가?

보릿짚만 남은 빈 들판에서 농부들의 한숨은 하늘을 찔렀다. 그나마 남아 있는 보리를 거두기 위해 아버지는 낫을 들고 벌판으로 가셨고 여기저기에서 소 모는 쟁기소리가 수확 없는 들판에서 울려 퍼질 때면 빨간 중이 아기를 업고 가도 돌아볼 시간이 없을 정도로 바쁜 농번기를 보냈었다.

하지만 잘 먹지 못하고 고된 농사일을 함으로써 쓰러져 죽는 사람도 많았으며 도랑물을 마구 퍼먹어서 호열자라는 독한 전염병이 발병하여 이래저래 농촌 사람들이 많이 죽었다.

보릿고개를 넘긴 후에도 호밀을 재배하여 호밀밥과 호밀국수로 생명을 유지하기도 했으며 호박범벅은 물론이요, 고구마와 감자가 양식에 보탬이 되었다.

독수리가 병아리를 채가고 살쾡이가 닭을 물어가며 도둑고양이 때문에 썩은 고등어 한 마리도 감춰놓고 살았다.

그 시절에는 매사가 다 어려웠다. 농촌에는 번듯한 기와집 하나 없이 전부 초가지붕이었다. 뿐만 아니라 전기불은 고사하고 관솔불로 밤을 지냈고, 먹을거리라고는 나물뿐이었고 엄청 미개한 생활을 할 수밖에 없었다. 외국인이 이런 농촌을 보고 웬 축사가 저렇게도 많으냐면서 우리나라를 축산국으로 알고 있었다고 했다.

감자를 파종하면 오래지 않아 주벌주벌 달린다. 그러면 더 여물고 굵어질 때까지 기다렸다가 수확을 해야 하는데, 그동안을 참지 못하고 감자밭의 둑 옆구리를 두더지처럼 뒤져서 한 포기에 한두 개씩 미리 따서 식량 대행으로 먹기 때문에 감자도 굵어지지 못하고 수난을 당했다.

이렇게 가난했던 과거에도 일본인에게 아부하며 공직에 있으면서 잘 먹고 잘사는 친일파도 부지기수로 많았으나 일본인한테 구박당하는 것보다 같은 한국인들한테 구박당하는 것이 더 괴롭고 서글펐다. 그러나 살기 위해서는 감자포기를 뒤져서 한 물박 캐면 모처럼 부자가 된 양 눈이 환했으며 감자로 허기진 배를 달래야 했던 시절이었다. 그때마다 실개천은 유유히 흘러갔고, 길가

에 봉선화는 곱게도 피었으며 창공은 유난히도 해맑았다.

날마다 감자 껍질을 벗기느라고 놋수저가 반 이상 닳았었다. 무명 중위적삼 옷을 입고 똥강아지를 앞장 세워 냇가에 가면 졸졸거리는 물소리 새소리에 벗을 삼고 강아지의 재롱으로 감자 까기가 지루한 줄도 몰랐다.

감자를 까는데 그래도 흰 감자는 까기가 쉽지만 자주감자는 배추 밑동처럼 생긴 것이 눈이 많이 있어서 까기가 더디고 작은 손에 잘 집히지도 않아 이리 굴리고 저리 굴리며 깠으니, 지금 생각해도 내가 꽤 신통방통하게 어머니 말을 잘 들은 모양이다.

자주감자는 수확이 많고 분이 나서 맛이 좋았다. 감자의 하얀 진물이 얼굴에 튄 것을 보고 사람들이 나에게 도깨비라고 별명을 붙여주었다. 그때마다 소쩍새는 왜 그리도 슬프게 울었는지 모르겠다. 잊을 수 없는 자주감자는 나에게 고통을 주고서야 허물을 벗었으며, 사람들은 맛좋은 자주감자를 선호했다.

지금은 사회가 그야말로 고도로 발전하여 쌀이 남아도는 시대가 됐고, 농촌진흥청에서 농업에 대한 연구를 많이 하기 때문에 새롭고 맛이 있으며 다수확을 할 수 있는 종자를 개발 보급함으로써 농촌도 과거와는 판이하게 달라졌다.

이제는 전 세계가 한 덩어리가 되고 우주를 주름잡는 인공위성이 떠다니는 현실에 그 어렵던 시절만 탓할 수는 없지만 언제 그랬느냐는 듯이 세월은 그냥 묵묵히 흘러갈 뿐이다.

시골 오두막집의 어려운 농부들은 항상 땀에 젖어 뼈 빠지게 일해도 돌아오는 것은 한숨뿐이었으니 그야말로 농촌의 어려운 살림이었다.

불과 수년 전만 해도 흉년 농사가 되어 남양군도 쌀이라는 베

트남 쌀도 수입해 왔었으나 너무도 맛이 없었다. 뿐만 아니라 1972년에는 대홍수로 수재민이 많이 발생하자 북한에서도 쌀을 지원해서 받기도 했다.

하지만 농학박사들의 끈질긴 노력과 연구로 통일벼를 개발 보급함으로써 적은 농경지에서 엄청난 다수확을 했다. 그때부터 우리나라도 식량 걱정을 하지 않아서 많은 쌀을 북한으로 보내주고 있는 실정이다. 그러고도 쌀이 남아서 창고가 부족하여 야적野積을 하는 형편이었으니 얼마나 비약적으로 발전했는가를 말해주고 있다.

떡보리와 자주감자는 보릿고개를 슬기롭게 넘긴 우리 민족의 애환이 서린 곡물이다. 그리고 이 나라 어머니들의 뼈아픈 고통과 슬기로운 대처로 주린 배를 채울 수가 있었다. 그래서 아줌마들의 지혜와 사랑의 힘으로 생명을 이어왔다고 할 수 있겠다.

어버이 은혜 · 08

가마솥과 전기밥솥

나는 오늘도 따듯한 아침밥을 먹었다.

결혼한 지도 53년이 넘었지만 변함없이 아내의 정성으로 지어진 밥을 하루도 빠짐없이 받아먹고 산다. 내조內助 덕분으로 온 가족이 화목하고 건강하게 살고 있으며 가정의 평화를 유지하고 있다. 그래서 밖에 나갔다가도 훈훈하고 아늑함이 느껴지는 집으로 돌아와서 아내부터 찾는다. 나를 위해 고생하는 아내가 있었기에 행복한 생활을 할 수 있었음을 이제야 깨달았고 앞으로는 잘 해주어야겠다는 마음이 들었다.

불과 수년 전만 해도 무쇠밥솥에 나무를 때서 밥을 지었는데 연기 때문에 눈물을 많이 흘리는 것을 보면서도 위로의 말 한마디 못했던 것이 미안스러울 뿐이다.

반찬을 만들고 설거지와 빨래를 하며 손에 물 마를 새 없이 아이들을 키워내며 한 가정을 원만히 만들어 낸 내자內子의 고달픈 수고를 죽을 때까지 잘 보답해야겠다는 생각이 든다.

그러나 지금까지 고맙다는 말 한마디 못했고 진실로 사랑한다는 표현을 하지 않았으니 깨나 무뚝뚝한 사나이였던 것 같다. 뒤늦게나마 철이 든 것 같아 다행이라고 생각한다.

동물이나 식물이나 먹지 않으면 고사枯死되어 말라죽는다. 흘러간 그때 그 시절에 쌀가루 같은 눈이 펑펑 내리는 날 가마솥 아

궁이에 장작불 지피면 활활 탁탁 타는 소리 한가롭고, 불 앞에 있으면 포근해서 겨울날의 깊은 운치를 자아냈었다.

얼마동안 불을 때어 열이 가해지면 솥뚜껑과 솥 사이에서 눈물이 줄줄 흘러내리고 뿌르르 끓어오르는 밥냄새는 더없이 구수했다. 이와 같이 솥은 우리들의 건강을 위해 없어서는 안 될 귀중한 기구이다.

먹을거리가 귀했던 일제강점기 시절에는 쑥과 산나물 등을 채취하여 가마솥에 푹 삶아서 허기진 배를 채우기도 하고 소나무 껍질과 칡뿌리로 녹말을 내어 그야말로 초근목피로 연명했다.

그리 멀지 않은 옛날에는 무쇠로 만든 솥으로 밥과 국을 끓여 먹다가 양은솥이 유행하면서 석유 화로에 올려놓고 밥을 했으며, 무연탄이 나온 후부터는 연탄으로 밥을 지었다. 차차 발전하여 지금은 거의 전기밥솥으로 밥을 하기 때문에 쌀을 안쳐 놓고도 다른 볼일을 볼 수 있어서 대단히 편리한 세상에서 문명의 혜택을 받고 있는 것이다. 이제 전기 없이는 일상생활을 할 수 없는 실정이다.

내가 어릴 적 우리 집에는 사기그릇이나 옹기 뚝배기가 부엌을 장식했다. 왜냐하면 유기로 만든 수저나 밥그릇은 전부 일본인들이 걷어가서 전쟁의 무기로 사용했기 때문이다.

그 시절에는 이사를 가도 불씨와 무쇠솥을 먼저 가지고 가서 솥을 걸고 불을 때야 잘 살고 행복한 가정을 이룬다며 솥과 불씨를 재산 못지않게 중요시 다루었다.

솥을 오래 사용함으로써 밑창이 닳아 물이 줄줄 새도 버리지 않고 밀가루를 발라서 사용했는데 밥물이 새면 불이 꺼지고 연기가 많이 나서 주부들이 엄청난 고생을 하였다.

가끔씩 마을을 돌아다니는 땜질 기술자가 오면 보리쌀 몇 되 주고 때워서 다시 걸어 애지중지 쓰기도 했다. 무거운 풍구를 지고 다니면서 "솥 때워, 솥 때워, 솥 땜!" 하며 고함치던 소리가 아직도 귀에 쟁쟁하게 남아있어 가난했던 추억이 되살아난다.

나는 유년 시절 그 솥 때우는 기술자만 오면 왜 그리도 신바람이 났는지 모르겠다. 땜장이는 얼굴에 검정칠을 하고 쇠망치로 솥 밑을 댕댕 두드리면서 이동식 대장간을 차려놓고 허풍허풍 풍구질하여 불을 피우고 녹인 쇳물로 땜질을 한다.

이런 신기한 광경을 정신없이 구경하느라고 해가 넘어가도 집에 갈 생각도 하지 않고 배고픈 줄도 몰랐다.

땜질하는 아저씨가 나보고 풍구 좀 불어 달라고 하면 나는 서슴없이 달려가서 밀대를 밀고 닫고 했는데 불꽃이 활활 일어나는 것을 보면서 내가 마치 땜질 기술자가 된 것처럼 우쭐했다.

그러면 땜장이는 마른 누룽지 한 조각을 먹으라고 주었다. 지금 생각하니 그 누룽지 먹는 재미로 솥 때우는 기술자가 올 때를 기다렸던 모양이다.

사람이 어떤 병에 걸리면 먹을 것을 잔득 쌓아 놓고도 굶어 죽는다. 뿐만 아니라 하루에 꼬박꼬박 세끼를 먹어야 하고 간식도 수도 없이 먹는다. 먹고 또 먹어도 끝이 없는 음식, 먹어야 기운이 나고 먹는 즐거움은 대단히 중요하며 생명을 유지하는 근원이 된다.

그래서 먹을거리를 장만하는 밥솥이야말로 인간의 건강에 대해 중대한 책임을 지고 있으면서도 뜨거운 불로 달구는 고통을 참아야 하는 엄청난 인내력을 가지고 있는 것이다.

무쇠솥은 여러 가지가 있는데 숫솥, 암솥, 밥솥, 국솥, 여물솥

등이 있으며 숫솥은 밑이 뾰족하고 암솥은 밑이 넙적하다. 기름걸레질로 반질반질한 것은 밥솥과 국솥이고, 거칠고 늘 먼지가 묻어 지저분한 것이 여물솥이다. 솥 중에도 가마솥은 풍만하고 안정성이 있어 보인다.

근자에도 모 행정기관에서 축제의 일환으로 대형 가마솥을 만들어 천 명이 먹을 수 있는 밥을 해서 나눠 먹음으로써 축제마당에 큰 인기를 끌기도 했다.

지금도 큰절에서는 대형 가마솥을 자랑삼아 고이 보전해 놓고 사찰의 역사를 자랑삼으며 관광 골동품으로 전시를 한다.

나 어릴 적의 밥은 왜 그렇게도 구수했는지 모른다. 어머니가 밥 풀 때 그 옆에 기다리고 서 있다가 누룽지 한 뭉치 얻어들고 다니며 친구들에게 자랑했던 시절도 있었다.

이와 같이 무쇠솥은 밥맛은 좋지만 무거워서 움직이기도 어렵고 꼭 불을 때서 음식을 해야 하는 단점이 있으며 동시에 누룽지가 많이 앉기 때문에 쌀이 더 들어간다. 하지만 오늘날에 와서는 누룽지 맛을 내는 사탕이며 과자를 만드는 회사도 있다.

가정생활에 편리한 전기밥솥으로 인해 주부들이 깨끗한 생활을 할 수 있으며, 전기밥솥은 자동으로 보온 역할을 하여 오래 보관할 수도 있으니 참으로 재미스러운 세상에 살고 있다.

60년대 들어오면서 세상은 점점 발전하여 석유풍로나 압력솥도 유행이 지나가고 가마솥 역시 쓸모를 잃고 그냥 부엌에 방치한 상태가 되었다. 점점 풍성한 세상이 되고 전기를 마음대로 쓸 수 있게 되자 다양한 전기제품이 쏟아져 나오고 그중에서도 생활의 한복판에 있는 전기밥솥은 대유행이 되었다. 그럼으로써 산에 가서 나무를 하지 않기 때문에 모든 산은 울창하고 풍성한 금수

강산이 되었으며, 좋은 공기를 마실 수가 있어서 많은 사람들이 등산을 한다.

나는 직장생활을 하면서 자취를 시작했고 조그만 전기밥솥을 구입하였는데 그 당시에는 뚜껑을 열고 닫는 것도 고민스러웠다. 어찌 어찌해서 밥은 해먹었는데 설거지하면서 솥 안이 까매서 쇠수세미로 사정없이 긁어냈다. 그래서 새 솥은 헌 솥이 되고 밥은 눌어붙어 버렸다. 솥 안의 검은 코팅 때문에 누룽지도 앉지 않고 밥이 잘되는 것인데 그것도 알지 못하고 불기운에 의한 그을음이라고 생각하고 깨끗이 청소하기 위해 사정없이 긁어냈던 것이다.

문명 세상에 또 다른 전기밥솥이 나오곤 하는데 언제까지 바보짓을 하며 살는지 내 자신이 한심스럽다.

어버이 은혜 · 09

공중화장실

화장실은 그 나라 문화수준을 말해주는 척도尺度이다. 현실사회가 급속도로 발전하여 편리한 환경 속에 살고 있음은 무척 다행스러운 일이다. 과거 어려웠던 생활상은 덮어두더라도 사람들이 많이 왕래하는 기차역 또는 버스 터미널이나 공원의 화장실이 옛날에는 지저분하기 짝이 없었으며, 화장지는 물론 손 씻을 물도 없었고, 쪼그리고 앉아 볼일을 봤다.

이제는 자동 수세장치는 물론 고급 화장지가 대기하고 있고 반짝이는 타일바닥에 예쁜 생화가 활짝 피어 향기가 나고 부드러운 음악이 흘러나와 마음까지 즐거워진다. 콸콸 쏟아지는 물을 하얀 대야에 받아서 손을 씻고 벽에 걸려있는 온풍기에 손을 대면 저절로 따뜻한 바람이 나와 물기를 말림은 물론, 커다란 거울 앞에서 포즈까지 취할 수 있는 아늑한 휴식공간이 바로 우리나라 공중화장실의 면모面貌이다.

깨끗이 사용하면서 불필요한 잡담은 안 하는 것이 좋다. 남자화장실은 소변기와 대변기가 서로 맞붙어 있는 곳이 많아 대변기에 앉아있는 사람의 흉을 보다가 창피를 당하는 일이 간혹 있기 때문이다.

우리 인간은 잘 먹고 시원하게 버림으로써 건강을 유지한다. 한 집안의 생활수준을 것을 알고 싶으면 화장실에 가보라고 했

다. 관리 상태나 청결함은 그 집안사람들의 생활의 이면을 볼 수 있고 마음을 드러내는 얼굴이 되기 때문이다.

세계 어느 나라를 가든지 도착하자마자 처음 찾는 곳이 화장실이다. 일상생활에서 없어서는 안 될 소중한 곳이며 위급할 때 시원하게 해결하는 필수적인 곳이기도 하다. 미개할수록 환경을 생각할 여지가 없어서 공중도덕을 지키지 않는다. 고양이도 자기의 변을 흙으로 묻어주는데, 하물며 인간이야 짐승에다 비하랴?

만일 일정한 곳이 없이 집 주변이나 야외에서 마구 노상방뇨를 한다면 온 천지는 변으로 뒤덮일 것이고 심한 악취가 풍김은 물론 지독한 전염병으로 인해 많은 사람들이 생명을 잃을 것이다. 6.25전쟁 당시에도 피난민들이 아무 곳에나 마구 속풀이를 함으로써 집 주변이나 노상에는 변便으로 발 디딜 틈이 없었다. 그 시절 장티푸스와 홍역이란 전염병으로 어린아이와 어른들이 얼마나 많이 죽어갔던가?

이와 같이 대변의 처리는 참으로 중요하다. 보이지 않게 잘 감추면서 각종 세균이나 무서운 독충이 살지 못하도록 해야 한다.

불과 수년 전만 해도 작은 항아리 위에 통나무를 걸쳐 놓고 용무를 보는 곳을 측간厠間이라 불렀으며, 시멘트 축조형으로 까마득하게 깊어서 내려다보면 현기증이 날 정도였고 낙하의 소리가 한참 후에 들리는 곳을 뒷간이라 불렀다. 그러나 현실 사회는 이동식 야전 변소부터 쪼그리고 앉는 변기도 수세식이며 편안한 좌변기며 비대 설치에 이르기까지 형태 역시 다양하다.

몇 년 전 유럽으로 관광을 떠난 적이 있었다. 영국을 가는 길에 우즈베키스탄 공항에 잠시 멈추게 되어 화장실을 찾았다. 그런데 코를 찌르는 지독한 냄새로 고개를 돌리게 했다. 한 국가의 국제

공항 화장실인데도 좌변기는 없고, 물을 내리지 않아 악취가 진동했고, 화장지 역시 거무추레하고 투박했으며 그나마 그것도 없는 곳이 많았다.

물론 우리나라도 옛날에는 화장지가 없어서 지푸라기를 둘둘 말아서 닦기도 했으며 풀잎으로 처리하는가 하면 잘사는 집에서는 신문지를 오려 사용했으나 그로 인해 치질이란 병이 흔했다. 화학비료가 없었던 과거에는 이것이 농사짓는 데 좋은 거름이 되었고 이것 없으면 풍년을 기약할 수 없을 정도로 귀하게 여겼다. 중국 길림성이나 제주도에서는 심지어 화장실 아래에 돼지를 길렀으며 용변을 돼지먹이로 이용했다.

무척이나 가난했던 시질에는 개에게 줄 사료가 없이 이기기 변을 싸면 개를 불러 먹였다. 그래서 아직도 똥개라는 칭호가 생생하게 살아있는 것이다. 이름도 다양해서 작은집, 측간, 뒷간, 변소, 해우소, WC, TOILET, 화장실 등의 명칭을 가지고 있다.

사용방법 또한 배워야 할 점이 많다. 몇 년 전에 친구가 칠순잔치를 간단히 집에서 한다고 해서 초대되어 갔는데 화장실을 가보니 말로만 듣던 '비데'라는 신형 괴물이 설치돼 있었다. 전깃불도 희미한데다가 작은 글씨는 잘 보이지 않아 무턱대고 스위치 하나를 꾹 눌렀더니 막대기가 쑥 튕겨 나오더니 "이 촌사람아! 무얼 보느냐?"라는 듯이 얼굴에 물총을 쏴댔다.

물은 계속 뿜어지는데 정지 버튼이 어느 것인지도 모른 채 손으로 물구멍을 막고 아무 버튼이나 마구 눌렀다. 어느 손가락이 눌렀는지 물은 정지되었고 막대기는 제자리로 돌아간 모양이었다.

참으로 어처구니없는 창피를 톡톡히 당하고 별일 없었다는 듯이 돌아오기는 했지만 사람은 늙어 죽을 때까지 배워야 한다는

것을 실감했다.

근자에는 노인인구가 급속도로 많아지고 곳곳마다 새로운 노인복지관이 건축되고 있으며 또 이곳에서 노인을 위한 훌륭한 프로그램이 있어서 건강만 유지된다면 얼마든지 재미나는 여가생활을 누릴 수 있다.

한 귀퉁이에서는 치매노인을 다루기도 하는데, 치매노인이 보통 문제가 아니다. 항상 쪼그리고 앉아 대변을 보던 습관이 있어서 좌변기 위에 올라가 쪼그리고 앉아 있기도 하고, 입구에다 신발을 벗어놓고 용변을 보는 늙은이도 있으며, 지독한 냄새가 나는 변을 바지에 싸서 벗어 던지는 사람도 있다. 화장실이 방같이 깨끗하기 때문이다.

모든 영양소와 미네랄을 몸이 살뜰하게 흡수하고 난 찌꺼기가 쌓이면 대장은 묵직해지고 뒤틀리는 생리적 현상 때문에 급하게 찾아 달려가 시원하게 해소解消를 하고 느긋한 마음으로 돌아올 수 있는 참 고마운 곳이기도 하다.

세월이 가면서 화장실 문화도 변해 가는데 또 어떤 기구가 등장해서 사람들을 곤경에 빠트리며 웃겨줄지 자못 궁금하다.

작은 집이라 불리는 화장실이야말로 가장 더러운 곳으로만 취급할 것이 아니라 더 연구하고 발전시켜서 우리들 몸속에 간직하고 있는 물건을 배설하는 필수장소에서 고약한 냄새가 아닌 달콤한 향기가 나는 공중화장실로 변하는 시대가 머지않아 올 것이라고 기대해 본다.

어버이 은혜 · 10

천대받은 옥수수

중년 무직자無職者는 마음이 편할 수가 없다. 막상 무직자가 되고 보니 이보다 더 괴롭고 답답할 수 없다. 그래서 조물주造物主는 우리 인간들에게 일을 주어 건강을 유지하도록 했으며, 사람과 사람 사이에 끊을 수 없는 사랑과 믿음을 가지게 하고, 각자의 마음먹은 대로 행동하고 실천하여 모든 희망을 달성함으로써 흐뭇한 성취감을 느끼도록 만든 모양이다.

평생을 몸담았던 직장을 나이 든 탓으로 인해 물러나니 주어진 책임이나 일정한 직업이 없고 게다가 마땅히 갈 곳이 없어 집안에서 TV나 들여다보자니 지겹고, 신문을 뒤적거리는 것 역시 따분하기 짝이 없다. 항간에 이런 사람들이 무력증에 걸려 사경을 헤매다 사망한 사람도 있다고 한다.

이른 아침 집을 나와 직장으로 향하던 습관이 몸에 배어 그만둔 뒤에도 그 시간이면 집을 나오는 습관이 있어서 무작정 집을 나올 때가 많다. 그리고는 산에 올라 야호 소리도 질러보고 긴 숨도 쉬어본다. 이것이 습관이 되어 매일 새벽에 산을 오르곤 한다.

아직은 건강해서 일하고 싶었으나 마땅한 소일거리가 없었다. 그러던 차에 오랫동안 경작을 하지 않아 묵어 산이 된 밭을 발견하고 밭을 새로 일구기로 결심했다. 산딸기와 쑥대가 하늘 찌를 듯이 커서 도저히 엄두는 안 났지만 조금씩 운동 삼아 마치 화전

火田 일구듯이 풀뿌리를 캐내고 굳어진 땅을 파서 작은 전원을 일구었다. 그러기 위해서는 도구가 있어야 하므로 풀무질하는 대장간을 찾아서 괭이와 호미, 삽 등을 구입하여 한 살림을 차리고, 상추와 파, 그리고 고추까지 심으니 바야흐로 유일한 일터가 된 셈이다. 흘린 땀을 닦으며 나무그늘 아래 누워 있으니 만사가 흐뭇하고 편안하다.

산속에서 이름 모를 산새소리 조용히 들으면서 낙엽 요 깔고 한숨 자는데, 가슴에 툭하고 떨어진 도토리 때문에 잠은 사라지고, 먹이 놓친 다람쥐는 무척이나 아쉬운지 나를 뒤돌아보면서 슬금슬금 나무 위로 올라간다.

이런 자연의 운치에 반해서 지나간 일들 모두 지워버리고 현실에 만족하니 마음이 더욱 편하다. 산바람 불어와 비지땀을 씻어주면 기분이 상쾌해지고 하루 일 마치고 휴식하면 단맛이 난다.

젊은 일터에서 내몰린 늙은 몸, 쓰일 곳이 없는 처량한 신세를 흙이 받아들여 재생의 힘찬 보람을 얻은 기분으로 괭이 메고 언덕길을 걸으며 흥얼흥얼 노래를 불러보기도 한다.

사람은 움직여야 사는 맛이 나기 때문에 조그만 전원이 나를 즐겁게 해준다. 그렇다고 그것으로 돈이 되는 것이 아니다. 다만 노후의 소일거리로 나의 유일한 출근 장소가 되고 하나의 일과이자 작은 일터가 되기 때문이다.

파릇파릇 돋아나는 어린 새싹들을 북돋아 주며 날마다 자라나는 싱싱함을 바라보면 새로운 감회가 솟는다.

험한 산처럼 묵었던 땅이 깔끔한 전원이 된데 대한 나 홀로의 자부심과 작은 개척정신으로 새로운 삶에 대한 도전정신을 가지게 되었다.

한 해 두 해 일군 밭이 제법 전원다운 구실을 한다. 이제는 이곳에 어떤 곡식을 심을까가 걱정이다. 생각 끝에 옥수수를 심고 정성을 다해 가꾸니 탐스럽게 자라났다. 마침내 하얀 수염이 나와 바람에 휘날리며 작은 골을 꽉 채워 푸짐하게 여물었다.

산중이기 때문에 까치들이 마구 파먹고 산돼지가 몰래 달려와서 매를 치고 씹어 버렸기 때문에 허망하기 짝이 없었으나, 그나마 남은 것을 골라 수확하고 보니 그래도 사람 먹을 것은 있었다. 씨 뿌려 가꾸는 마음과 수확의 풍성함, 바로 이것이 사람의 의욕을 채워주고 보람을 느끼게 한다.

나는 흙속에 씨를 묻으면 반드시 가을에 열매를 주는 자연의 신리를 터득했다. 땀과 흙에 밴 몸, 그리 쉬운 것은 아니지만 결실의 행복감으로 인해 고된 줄을 모른다.

수확한 옥수수를 일단 먹을 만큼 남겨놓고 나머지를 승용차에 싣고 농협 판매장으로 갔다. 농민이 농사 지어 농협 판매장에 팔아보겠다고 달려갔으나, 농협에서는 포장해서 상품가치가 있어야 구매할 수 있다며 거절했다. 경매를 하려면 내일 새벽에 와야 하고 또한 놓을 자리도 없다는데 어찌할 방법이 없어 뒤통수가 부끄럽지만 되돌아서야 했다.

어찌하랴, 남자가 칼을 뺏다가 다시 꽂을 수 있나. 다시 농산물 직거래 장터로 가보니 그곳 역시 농협과 같은 조건으로 받아주질 않아 참으로 한심스럽기 그지없었다.

사실 이 세상에 태어나서 처음으로 농산물을 팔아보겠다는 것이라 쉬울 것이라고는 생각지 않았지만 장사는 아무나 하는 것이 아니구나 하는 것을 느끼면서 그냥 아무 곳에나 내버리고 싶은 마음이 생겨서 오히려 옥수수가 나의 짐이 되기 시작했다.

옥수수를 팔려고 다니다 보니 사람마다 마치 장사꾼으로 취급하며 이구동성으로 옥수수가 소담스럽지 못하다느니 맛이 없어 보인다느니 하는 수모를 참고 견디면서 재래시장으로 갔다. 복잡한 골목 안으로 승용차를 몰고 가니 옥수수 처분은커녕 차 빼내기도 어려워 우왕좌왕하는데 차 빼라는 소리에 진땀까지 났다.

아, 이것이 바로 사회경험이고 교육이려니 생각하며 차를 세운 옆 구멍가게 아줌마에게 애원하다시피 해서 그 아줌마가 부르는 값에 얼른 넘겨주고 나니 홀가분하고 시원섭섭했다.

그 다음 해부터는 수확하는 대로 이웃에 나눠주니 받는 사람은 고마워하고 주는 사람은 가슴 벅차고 흐뭇했다.

이러하듯이 우리 인간은 각자 할 수 있는 일이 따로 있는 모양이다. 태어날 때부터 좋은 부모 만나 많이 배워 보람된 인생을 지내는가 하면, 어릴 때부터 기구한 운명 속에 한세상 고생하며 사는 처지도 있다.

곡식도 매한가지로 주인 잘 만나 애지중지 키워서 서로 반기는 곡물도 있을 터인데, 반겨야 할 상인들로부터 무시당한 옥수수처럼 되어서야 되겠는가?

곡물의 가치는 대자연의 변화무쌍함에 달려 있다고 본다. 풍수해로 인해 곡물이 수요에 미달하면 그 가치는 올라가고 귀하게 여기지만 너무 많아서 판로가 열리지 않으면 천대를 받게 마련이다. 그리고 사회 척도에 따라 쓰임새가 달라진다는 뜻을 알게 되었고, 나이가 들수록 점점 세상의 맛을 알고 어리석음을 깨닫는다는 것을 실감했다.

어버이 은혜 · 11

자선慈善 바자회

눈이 녹아내려 산은 얼룩지고 바람 부는 쌀쌀한 날씨다. 버들강아지도 눈이 트지 않았는데, 얼음장 속에서 흘러가는 물소리가 봄이 가까워졌음을 알리는 듯하다.

설과 대보름이 지나고 바쁜 고비를 넘긴 부녀회원들이 어렵게 사는 사람들을 위해 모금운동을 하기로 마음이 모아졌나.

그래서 불우이웃을 돕기 위한 자선 바자회가 마을회관 앞마당에서 벌어졌는데, 야전천막을 치고 일그러진 헌 책상과 나무 의자를 차려 놓고 방명록을 작성하면서 임시 쉼터를 마련하여 커피를 끓여 돌리기도 하고 술 좋아하는 사람들을 대접하기 위해 안주로 빈대떡을 부치는 등 다양한 메뉴로 흥을 돋워주면서 찾아오는 분들에게 대접을 하며 후원금을 접수했다.

내 담당 부락에서 부인들이 좋은 일을 하고 있는데 나도 가만히 있을 수 없어 같이 참여하여 커피도 팔아주고 못 먹는 막걸리도 사서 마을 원로들에게 대접하며 알게 모르게 힘을 돋워주었다.

천마 밖에서는 마을 청년들이 모여 날씨가 쌀쌀하니 찬나무 불을 피워 쪼이면서 진지한 이야기를 하며 원로들을 초청하는 등 알게 모르게 지원행위를 벌이고 있었다.

산 너머 산이요, 강 건너 강인 듯이 못살고 없는 사람이 한둘은

아니지만 우선 한마을에 같이 살면서 어렵게 생활하는 이웃을 도와주자고 모인 부인회였다. 마을 내에서 거동이 불편한 독거노인 몇 집과 부모 없이 아이들만 사는 집에서는 벌써부터 양식이 없어서 어렵게 생활하고 있음을 알고 그들을 지원하기로 결의한 것이다.

모금함에는 쏠쏠하게 잔돈이 모였고 헌 옷가지도 들어왔다. 부인들이 파전을 굽고 따뜻한 차로 오는 손님을 대접하는 잔치가 되어 지나가는 사람들이 호기심에 들르기도 하고 독농가篤農家 유지 몇 분은 분에 넘치는 모금을 하기도 했다.

물론 속사정을 잘 알지 못하는 사람들은 혹시나 부녀회에서 장사하는지 모르겠다고 의심하는 자도 있겠지만 모두가 군소리 없이 잘 먹고 잘 내는 것을 보니, 나 어린 시절에 너무나 못 살아서 밥을 못 먹고 끼니를 넘긴 생각이 났다.

물론 그 시절에도 일본 사람들은 잘 먹고 좋은 생활을 했지만 한국인은 너나 할 것 없이 전부들 어려웠기 때문에 감히 후원이란 말조차 있을 수 없어서 구제받을 길이 없었다.

마침내 짧은 해는 서산으로 넘어가려 하고 모였던 부인들도 집으로 돌아가서 부녀회 간부들만 남아 천막은 조용한데, 모금함을 열어 결산을 하니 상당한 액수가 들어와서 회원들은 싱글벙글했다. 이웃 할인상점에서 쌀과 라면상자를 구입해 청년회장의 경운기에 실어 홀로 사는 독거노인 집으로 달려갔다. 누구나 사람이라면 받는 것보다 주는 것이 더 좋다고들 한다.

마침내 불우한 가정을 골고루 돌아다니며 쌀과 라면 그리고 옷가지를 돌려주면서 분에 넘치는 인사들을 받았다. 받는 사람은 고맙고 반가워했고, 주는 사람은 마음이 흐뭇해서 한없이 즐거웠

으며 이웃을 위해 힘을 보탰구나 하는 자부심이 들었다. 부인들도 자기 돈이 아닌 노력의 대가로 받은 성금으로 이웃에게 줬다는 데 다소 미안해했다.

홀로 사는 독거노인은 뭐가 그리 서러운지 연신 눈물을 닦으며 부녀회원들을 구세주 만난 듯이 반기었고, 찌그러진 쌀통을 채워주는 흐뭇함을 회원들의 얼굴에서 발견할 수 있었다. 철모르는 아이들도 고마워서 부모처럼 안기었고, 이것을 목격한 나는 또다시 나의 어린 시절이 문뜩문뜩 떠오르곤 했다.

가난은 나라님도 못 당한다고 했듯이 어렵게 지원한 것이기에 오래 지속적으로 먹고 살 수도 없으므로 자기 앞날을 위해 열심히 노력해야 할 것이다. 가끔씩 이웃의 노움노 좋지만 보누가 단솥에 물 붓기 식이고 생활을 충족시키지는 못하는 것이다.

부녀회원들은 어두워진 길을 더듬어 걸으며 마지막 남은 물건을 전달하기 위해 어린아이들만 사는 집을 찾았다. 초라하게 일그러진 집에서 덜그럭거리는 소리가 나는데, 열 살 먹은 언니가 세 살 남동생을 등에 업고 어두컴컴한 부엌에서 무언가 하고 있는 모양이다. 부인들은 달려들어 업은 아기를 감싸 안으며 솥이랑 찬장을 여니 반찬이라곤 먹다 남은 깍두기뿐이었다. 쌀통에 쌀을 부어 주니 아이들이 고마워서 펄쩍펄쩍 뛰는 것을 보고 부인들은 흐뭇해했다. 일찍이 독한 병으로 조실부모한 삼 남매가 갈 곳이 없어 그렇게 살고 있으니 얼마나 어려운 것이 많겠는가?

참으로 이런 것이 이웃을 돕는 진정한 마음들이고 각자 한 아이씩 데려가고는 싶으나 자기네들도 두세 명씩 자식들이 있으니 그렇게 할 수도 없어 안타까운 일이었다.

아이들은 상자에 가득한 라면 봉지를 보고 흐뭇해했고, 부인들

은 아이들의 등을 살살 어루만지며 또 줄 것이니 아끼지 말고 먹으라고 안심을 시켰다.

우리 인간이 한세상을 사는 동안 가장 어려울 때 본능적으로 가진 자로부터 얻으려는 마음이 들고 그들을 부러워한다. 그러다가 자기도 모르게 사고를 내고 본의 아니게 살생을 하는 수도 있다. 그러므로 가진 자는 스스로 나눠줄 줄 아는 아량이 절실한 때라고 본다. 그리고 남을 도와준 자는 살아생전에 그만큼의 복을 받게 될 것이고, 반면에 남을 해치고 악한 짓을 한 사람은 죽기 전에 그에 못지않은 고초를 받는다는 윤회輪回의 법칙이 있음을 명심해야 한다.

어버이 은혜 · 12

사선死線을 넘어온 장애인

찬바람이 휘몰아쳐 가로수 잎이 우수수 떨어지는 어설픈 날씨다. 앙상한 나무는 겨울 준비에 여념이 없어도 국화는 아름답게 피어 늦가을 정취를 만끽하고 있다. 여름 내내 무성하던 느티나무도 낙엽으로 이불을 덮었는데, 쓸쓸하기 그지없는 공원 의자에 앉은 남녀의 사랑 이야기가 조용조용히 들린다.

온몸이 여기 저기 쑤셔서 괴롭지만 나를 기다리고 있는 사람들을 위해 털털거리는 자가용을 몰고 복잡한 도심을 빠져나갔다.

어느새 차는 시내를 벗어나 모 고등학교 부근에 위치한 장애인 복지관에 도착했다. 차를 멈추고 정신을 차리는 중인데 툭툭툭 차 문을 가볍게 치는 소리가 들린다. 그는 반신불구자로서 나만 보면 강아지가 주인 보고 반기듯이 좋아한다. 나는 차디찬 어린 소년의 손을 꼭 잡고 교실을 향해 걸어가는데 비틀비틀 무척 힘겹게 따라온다.

생로병사生老病死란 이치는 이곳에서는 맞지 않는 듯싶다. 사람은 이 세상에 나와서 늙으면 병들어 죽는다는 이치는 맞겠지만 병은 늙으나 젊으나 언제 어느 때 올지도 모르고 죽는 것 또한 어린애로부터 젊은이에 이르기까지 순서가 없다.

젊은 사람들이 불구의 몸으로 힘겨운 생활을 하고 있다. 나와는 20년 정도 차이가 날 것이다. 가지가지 병으로 죽을 고비를 넘

긴 뒤에 집안 식구들의 보호를 받으며 들어앉아 있는 사람들에게 다소나마 복지혜택을 주기 위해 복지관에 다양한 기구를 설치해 놓고 운동을 시키며 살뜰히 보살피고 있다.

인생의 사선을 넘어온 분들이 자기 몸을 맘대로 움직이지 못하는 불행을 나름대로 극복하면서 재활의 꿈을 안고 일을 해보고자 하는 열정들이 여실히 표출되고 있다. 그래서 스스로들 서예를 선택하고, 정신적으로 안정감을 찾으면서 단전호흡도 되어 좋다고들 한다. 나는 그들을 가르치며 위로해 주는 봉사대열에 합류하게 된 것이다.

목발 두 개로도 몸을 가누질 못하고 벌벌 떨고 얼마간 서 있다가 다시 기를 써서 움직이려 해도 가지 못하는 사람도 있다. 혹자는 마음을 가다듬어 몸을 세워서 뚝딱 뚝딱 비틀비틀 걷기도 하고 전동차에 의지하여 신나게 달리는 자도 있다.

뿐만 아니라 깨끗한 옷에 깨끗한 신발을 신고 아침부터 저녁까지 조금도 움직이지 않고 그렇게 앉아서 시선을 고정한 채 하늘만 하염없이 바라보는 사람, 고개를 홰홰 돌리며 옆으로 돌아간 입으로 소리를 치기도 한다. 긴 병에 효자 없다고 한 말이 맞는 모양이다. 어떤 불구자는 목욕은 물론 안 한 듯싶고 머리는 얼마나 안 감았는지 냄새가 진동하는 자도 있다. 물론 가정에서 수발을 자주 해주기가 어려울 것이리라.

지적장애인인 오 양은 건실하고 똑똑해 보이는데 영 말이 되질 않는다. 집이 어디냐고 하면 그냥 저기라 하고 몇 살이냐고 물으면 모른다고 한다. 그러니 글이란 전혀 모를 뿐만 아니라 자기 이름자도 쓰지 못하지만 서예 준비는 단단히 한다. 벼루를 바로 놓고 붓을 잡으며 먹물이 옷에 묻지 않게 하기 위해 소매를 걷어올

리고 성한 사람과 별 차이 없이 따라주니 내 마음 또한 편하다.

그러나 붓에 먹물을 묻히고 짜는 일은 열심히 하면서 종이 위에 글씨는 스스로 쓰지 못한다. 이름 세자를 써주고 보고 쓰라면 필순대로 쓰지 않음은 물론이요, 되는 대로 붓끝이 앞으로 가건 뒤로 가건 내가 쓴 글씨를 제멋대로 칠하는 것으로 만족해야 한다. 글씨 위에 덧칠하며 앉아있는 모습이 대견할 뿐이다.

그래도 기운이 세서 심부름은 군소리 없이 잘하고 무거운 물건을 번쩍번쩍 들어다 제자리에 놓는 큰 일꾼이기도 하다. 70대 노인이지만 60대같이 건강한 사람이다.

머리를 돌리면서 붓을 주먹으로 쥐고 붓글씨를 쓰겠다고 책상 앞에 죽치고 앉아 있는 사람에게 어떻게 지도해야 할지 참으로 안타까웠다. 그래도 서예를 해보겠다는 굳은 마음이 대단한지라 포기하지 않고 자기 나름대로 써 보도록 했다.

몇 해 전 중풍으로 쓰러졌던 한 할머니는 아래는 거의 마비 상태이고 윗몸만 살아있어 앉아서 글씨는 쓰는데, 오른손은 쓰질 못하고 왼손만 성했다. 그런데도 성한 사람처럼 잘 쓰고 있어서 내 마음이 흐뭇했다.

그래도 세상이 좋아져서 장애급수에 따라 다소의 연금이 나오고 가고 싶은 곳을 갈 수 있는 전동차가 개발되었으며 아침에 데려오고 저녁에 집으로 모셔다주는 복지관이 있어서 보호자들의 힘을 덜어주고 있다. 옛날 같으면 어림도 없는 일이다.

인간들은 돼지를 욕심쟁이라 한다. 돼지처럼 먹기만 하고 자기 욕망만 채우려 한다면 금수禽獸와 다를 것이 무엇이겠는가? 욕심을 버리고 나보다 더 어려운 이웃을 생각하는 선량한 마음을 가짐으로써 재활의 꿈은 이룩될 거라 생각한다.

어버이 은혜 · 13

늙은 동창회

일제강점기 시절에 초등학교 3학년까지 배우고 해방이 되었다. 그때는 학교 마당에만 들어가면 우리말은 할 수 없고, 친구들끼리도 오직 일본말을 해야 벌을 받지 않았으며, 무의식중에 한국말을 하다가 선생이나 선배한테 들키면 엄한 벌을 받기 때문에 일본어를 열심히 배웠다.

악독한 일본은 한일합방이라는 허울 좋은 조약을 맺어 놓고 농산물과 해산물을 전부 빼앗아가면서 사람까지 일본인으로 만들려고 일본 말을 가르쳤다. 일본은 그야말로 흉악한 음모로 자기들 마음대로 부려 먹으면서 젊은이들은 전부 전쟁터로 보내 총알받이를 시켰고, 40~50대는 보국대로 강제 동원하여 광산에서 피땀 흘리며 탄을 캐서 왜놈들에게 바쳤으며, 젊은 여자들을 끌고 가서 위안부를 시켰으니 얼마나 악독한 짓을 했는지 짐작이 갈 것이다. 그렇게 36년간 악독한 짓을 해놓고도 지금은 발뺌을 하면서 독도는 자기네 땅이라고 하니 참으로 분통터질 노릇이다.

1945년 8월 15일 일본으로부터 해방은 되었으나 사실 우리는 해방이 뭔지도 모르는 우물 안 개구리였다. 해방되면서 마을동민들은 거리로 뛰어나와 만세를 부르며 춤을 추고 풍물을 치면서 친일파들과 일본인을 쫓아내기 위해 무서운 행동을 했다.

왜정 때 우리나라 사람을 징용으로 강제 모집해 간 친일파들을

발본색원하여 잡아다 장터 바닥에서 매질을 하며 죽이려고 하면서 그야말로 무섭게 분풀이를 했다. 미처 도망가지 못한 일본인들을 잡아다 주리를 틀었다. 풍물을 치면서 과거 악질 노릇한 자들을 찾아 집을 부수며 모두가 신바람이 났었다. 하지만 철모르는 나는 왜 사람들이 좋아하는지 도무지 알 수가 없었다.

철들어서 생각해 보니 우리나라를 진심으로 사랑하고 위하는 마음을 가진 선생들이 하나도 없었다. 그들은 오직 일본말만 하고 일본이 세계적으로 가장 강하고 좋은 나라라고 하면서 같은 한국인이면서 학생들이 조금만 잘못해도 "조센진 빠가야로!" 하면서 벌을 준 자들이 바로 친일파였다.

등교와 동시에 신사참배를 해야 공부를 시켰다. 이렇게 친일파들은 일본 군국주의 사상을 철저하게 간직하고 있으면서 그 정신을 우리에게 불어넣으려 단체로 엄한 벌을 가했다.

그랬던 그들이 오늘날 독립투사라는 허울 좋은 이름으로 둔갑을 하고 훈장을 받은 자가 있을는지도 모른다. 그리고 해방은 되었으나 또 혹독한 6.25사변이 일어나 75명의 동창들이 졸업을 했으나 전쟁으로 많이 죽었다. 지금 살아있는 자는 불과 20명에 불과한데 험했던 과거사가 도사리고 있어서 정이 더 두텁다.

비행기 폭격으로 교실은 부서지고 걸상과 책상도 없어서 느티나무 아래서 공부하다가 매미 잡기에 바빴었다. 날씨가 좋은 날에는 그런대로 공부할 수 있었으나 비가 오면 남의 집 추녀 끝에서 비 그칠 때만 기다리다가 되돌아오는 경우가 많았다. 그래서 공부보다는 동창들과 어울려 노는 것이 더 좋았고 아기자기한 꾀가 들었던 모양이다. 공부는 뒷전이고 봄동산에 올라 진달래꽃 속에 숨어서 날 찾아보라 소리쳤고 뽕밭에 들어가 오디 따먹으며

까맣게 물든 입술을 서로 자랑하며 히히덕거렸다.

밀 서리, 참외 서리로 우애를 돈독히 하면서 더운 여름이 되면 벌거숭이로 한강물에 뛰어들어 목욕을 했다.

잠자리 잡아 끈에 매달고 비행기 날아간다며 뽐내기도 했고, 자라 한 마리 잡으면 목에 끈을 매서 질질 끌고 다니며 친구들을 끌어 모은 기억이 삼삼하게 남아 있다. 그랬던 동창들이 산산이 흩어지고 죽어서 이제는 그리움만 남았다.

나 어린 시절에는 책가방도 없이 어머니가 만들어준 무명 보자기에 책을 둘둘 말아 허리춤에 질끈 매달고 십리 길을 걸어 학교에 다녔다. 가고 오는 길섶에 딸기가 유혹하며 길을 멈추게 했고, 눈 오는 겨울이면 친구들과 같이 눈사람 만들어 길섶에 세워두고 할아버지 수염을 솔잎으로 대신했다. 그 일이 엊그제 같은데 이제는 모두가 백발이 되어 호호 늙어서 지팡이에 의존하는 사람들로 세월의 무상함을 말해준다.

더구나 내 고향은 충주댐 건설로 인한 수몰지역이라 모교도 용궁으로 사라져서 뿌리마저 없어졌다. 그래서 더더욱 없어진 고향이 그립고 노인 된 동창의 맥이 끊길까봐 모임에 열심히 동참함으로써 유구한 모교의 역사를 자랑삼는다.

늙은이들이 모여 흘러간 어린 시절을 회상하며 중 · 고등 · 대학보다도 초등학교 동창이야말로 잊을 수 없는 애환이 서려 있다.

유람선을 타고 모교가 있든 곳을 찾았으나 검푸른 파도는 말이 없고, 학교가 있던 동산에서 부엉이만 구슬피 울어 가슴을 숙연하게 했다.

오랜 세월 동안 만나지 못했던 여자 동창들이 몇 명 참석해서 그런대로 분위기가 화기애애했는데, 그중에서 한 사람이 선생님

옷을 해오기도 하고 과수원을 경영하는 자는 과일상자를 주고 금은방을 하는 자는 선생님 내외분에게 은수저 한 벌씩 선물하는 등 법석을 떨었으나 선물 준비를 못한 나는 멍 하니 앉아 있을 수밖에 없었다.

그러나 그들도 오래 전에 세상을 뜨고 선생님도 저세상으로 가셨는데, 참으로 무상한 것이 세월이다. 이제는 겨우 십여 명의 친구들이 살아있어서 모이기만 하면 서로 몸 아픈 괴로움을 자랑거리로 삼고 있다. 이런 늙은 동창회가 앞으로 얼마나 지속될지 궁금할 뿐이다.

1년에 한 번 남의 학교 교정을 빌려서 총동문회를 여는데, 그 규모가 대단하다. 물론 동문들의 모임도 중요하지만 각 기별로 편을 짜서 운동회를 개최하는데, 내 동창들은 모두가 꼬부라진 노인들로서 운동은 할 수 없고 그저 멀거니 앉아서 주는 음식이나 얻어먹는 것이 유일한 행사이다. 개똥 시인인 내가 해마다 축시를 써서 많은 사람들의 가슴을 울리곤 한다.

그래도 번호추첨에 당첨되어 쌀포대라도 타면 무거운 짐일지라도 개미가 제 밥 물고 가듯이 다 가지고 돌아들 가고 확성기 소리로 요란했던 운동장은 조용하고 허전할 뿐이다.

나도 모르게 나이를 먹고 검은 머리 파뿌리 되어 검버섯 우중충한 얼굴로 돌아오지 않는 청춘 그리워하다가 인생 계급장만 이마에 붙였다. 그러나 변할 줄 모르는 동창들의 누터운 정은 생생하게 살아있다.

어버이 은혜 · 14

양주동 사람들

먹구름이 문수봉을 휘감아 돌더니 소나기가 쏟아지면서 억센 빗줄기가 갈참나무 숲을 후려치고 지나갔다.

밤나무골 도랑물은 바위틈에서 쫄쫄거리며 흘러가는데, 가재는 돌 틈으로 숨고, 독수리는 산허리를 맴돌며 산토끼 채갈 궁리만 하는 모양이다. 괭이로 일군 화전밭에서는 천마와 감자가 알알이 여물면서 싱그럽게 자라고 있다.

양주동은 산 높고 골 깊은 고지대로서 아침 해가 떠오르면 바로 지는 해그늘이 산등을 넘는 소백산맥 중령에 위치하고 있다.

양지바른 언덕에 터전을 마련하고 옹기종기 모여 사는 고장으로서 공기 좋고 인심 좋은 마을이다.

다락골 재 너머는 경상북도와 접하고 있어서 경상도 말씨가 두드러지고, 게다가 충청도와 강원도의 풍습이 혼합되어 있다.

가을감자를 캐서 가마솥에 찌는 냄새가 구수하고 산나물 향기가 온 동네 퍼지는 곳이기도 하다. 면 소재지로부터 30리 떨어져 있으며 도로가 포장이 안 되고 내를 몇 번 건너며 가야 하기 때문에 공무원들이 출장 가면 하루해를 넘기곤 한다.

이런 오지 마을이 과거 나의 담당 부락으로서 노소동락하며 출장 임무를 완수했고, 주민들을 만나면 애로사항을 듣고 같이 연구하며 해결하면서 집집마다 죽을 쑤는지 밥을 하는지, 아픈 사

람은 없는지 다 알고 있었다.

파란만장했던 공직생활을 끝낸 지도 어언 수년이 지났지만 잊지 못할 일들이 새록새록 떠오르곤 한다.

나는 동민들과 농사일을 의논하고 도와주기도 하며 한 집안 식구처럼 어려움 없이 서로 협조해 주었다. 그때만 해도 300여 호가 넘었는데 불과 몇 년 사이 자식들이 분가해서 도시로 나가고 노인 부부가 집을 지키고 있어서 일손이 모자라 농지는 묵는 곳이 많으며 훈훈했던 시골 정취는 없어지고 썰렁하고 어설프다.

과거에는 겨울이 되면 사랑방에 모여 묵 내기로 밤을 새우고 아랫마을 목로주점에서는 탁배기에 취한 사람들이 내 말이 옳다고 고래고래 소리치고 씨워서 씨움 말리다기 코피 디지는 일들이 비일비재했던 산숭의 작은 도시였다.

옛날에 통나무 아니면 흙벽돌로 지은 집들이 오래되고 손질을 못해서 반은 쓰러져 가고 있었으며, 마을 안길 역시 토끼길 같았는데 새마을 사업으로 길이 훤히 뚫렸다.

초가지붕을 걷어내고 슬레이트로 덮은 집들이 아직도 허다했고, 오래되어 낡고 쓰러지려는 빈집들이 여기저기 눈에 보인다. 슬레이트는 발암물질이 나와서 인체에 해롭다고 하는데 버리고 새로 이을 생각은 엄두도 내지 못하는 모양이다.

무너진 돌담은 세월의 무상함을 말해주고 있으며, 검은 염소가 산에서 뛰놀고, 푸른 초원에서는 송아시와 개가 서로 어울려 자유로이 돌아다니는 풍경이 눈에 들어온다. 이제는 오솔길이 포장되고 환경은 좋아지고 있는데, 점점 농촌 인심은 박해지고 있어 이웃사촌이란 말이 무색한 실정이다.

과거에는 사회문명의 혜택을 받지 못하고 사는 시골이라서 자

연 그대로 봄이 되면 씨 뿌리고 여름에 땀 흘려 일해서 가을에 곡식을 거둬들여 한겨울 따뜻한 온돌방에서 한가롭게 보내며 작은 행복을 누리는 우물 안 개구리 생활을 했던 것이다.

토질이 좋아서 인삼을 비롯하여 목단, 황기, 당귀, 천궁, 천마 등 다양한 약초를 재배하여 고소득을 올렸다. 더구나 과거에는 중석 광산이 있어서 지역경제에 한몫을 했을 뿐더러 사람들이 몰려와 많은 인구가 거주했다. 그 당시만 해도 생활이 윤택하여 떠나기를 싫어했다고 한다.

그랬던 양주동이 광산은 폐광이 되고 약초 역시 외세의 물결에 밀려 생산원가도 못 건지는 실정에 이르게 되었다. 인삼밭은 없어지고, 학교마저 폐교가 되어 건물은 쓰러질 형편에 있으며 운동장에 쑥대가 한 질이나 커서 어려운 농촌을 그대로 표현해 주고 있다.

요즘에는 고랭지 채소가 잘 되어서 한동안 제값을 받고 팔았으나 성수기 때만 되면 헐값으로 팔아야 하는 어려움이 있어서 농사를 포기하는 바람에 농지가 갈대밭이 되어서 메추리가 둥지 트는 땅이 된 곳이 한두 곳이 아니다.

양주동은 손바닥 같은 다락논이 많다. 여름에 땀 흘리며 벼농사를 잘 지어 놨으나 개화기에 비가 계속 오다가 졸지에 된서리가 와서 벼이삭이 익지 못하고 있어 주민들은 조바심이 났다. 잘 익어서 온 들판이 황금빛으로 변하기만을 기다렸지만 못난 놈이 잘난 척하듯이 벼는 고개를 숙이질 못하고 꼿꼿하게 서서 냉해를 입었으니 한심하기 짝이 없었다. 산간지역이라 일조량도 부족한 데다가 밤에는 찬바람이 부는 곳으로 계절에 맞춰 농사짓기가 어려운 지역이다. 그래서 농사는 하늘에 달렸다고들 한다.

아침에는 제법 손이 시리고 얼굴이 서늘해져서 가을이 깊어 감을 느끼는 절기지만 노랗게 익어야 할 벼가 여물지를 못하고 있으니 속 타는 것은 농부들뿐이었다.

그야말로 1년 농사 망친 참담한 일이 벌어진 것이어서 늙은 할아버지와 할머니들은 논두렁에 주저앉아 한탄만 하다가 집으로 돌아가고 해그늘은 동산을 넘었다.

나는 혼자서 들판을 돌아다녀 봐도 알찬 벼포기를 찾아볼 수 없었으며, 모두다 고개를 뻣뻣하게 들고 있어 농민들을 어떻게 위로해야 할지 대안이 나오질 않았다. 먹을 것이 없는 빈들에 허전한 일꾼들은 한숨만 짓고 있었다.

높은 논두렁 너머 허수아비는 활개를 벌리고 있는데, 홍시는 까치에게 밥을 주고, 산허리 감아 도는 안개구름은 하얀 치마폭을 두르고 있다. 농민들은 좀처럼 이삭 없는 벼를 자를 생각을 하지 않고 있어 더더욱 보기가 민망스러울 정도였다. 그들은 볏짚만 남은 수확을 포기하고 만 것이다.

하는 수 없이 직원들이 달려들어 열매 없는 벼를 베어내느라 고생해도 주민들은 집에서 나오질 않았다. 하지만 망친 농사로 인해 실망하는 농민들에게 할 말이 없었다. 물론 상부에 보고하고 대책을 기다렸으나 조사하라는 명령뿐이고 조사 보고하면 상당한 보상을 준다는 안내 공문은 없었다.

나는 직원들과 같이 열심히 냉해 입은 곡식을 세밀하게 조사해서 보고했다. 그러나 상부에서는 왜 냉해지가 이렇게 많으냐고 화만 버럭 내며 무조건 줄이라는 것이었다. 그리고 냉해 입은 밭작물은 조사시키지 않고 당장 보이는 논에 벼만 조사하게 했으니 그것이 정확하다고 하겠는가?

지금 생각해도 높은 자리에 앉은 자들이 왜 짜맞추기식 통계를 하라고 지시했는지 도저히 이해되지 않는다. 그렇게 하려면 말단 기관이 불필요할 것이며 주민과의 대화가 무슨 소용이 있겠는가? 과거에는 이런 식의 행정이 부지기수여서 탁상머리 통계, 주먹구구식 통계라는 말이 나온 모양이다.

물론 농부들도 지금까지 살면서 냉해나 우박 그리고 설해 피해에 대해서는 정부로부터 보상을 받아본 적이 없기 때문에 보상은 염두에 두지도 않았다. 오히려 조사는 왜 하느냐고 책망을 하기도 했으니 얼마나 순박한 농촌 농부들이란 말인가?

당시의 농민들은 모든 재난을 다 내 탓이라고 하며 불문에 부치고 실망들을 접으면서 나라가 어떻게 그 많은 천재지변의 재난을 감당해 내겠느냐며 나라 걱정부터 했다.

이런 농민들의 마음은 일제강점기서부터 6.25를 겪은 농민들의 심정이자 당시의 농촌 실정이었다. 그때는 정부도 냉해나 우박 그리고 설해 피해에 대한 보상 규정이 없었으며, 국회에서 거론도 하지 않았으니 나라꼴이 말이 아니었다. 유명하다는 대학 교수들까지도 여기에 대한 연구는커녕 대안을 내놓지도 못했으니 그야말로 호랑이 담배 피우던 시절에 말단 공직생활을 했다고 여겨진다.

그 후 굶어 죽겠다는 아우성이 터지기 시작하면서 상부에서도 몸이 닳기 시작한 모양이었다. 그래서 지원한다는 것이 취로사업의 일종으로 제방을 손질하게 하고 노임으로 미국이 원조지원한 480밀가루를 주면서 1일 노임을 3.5kg 이상 주지 못하게 했다. 지금은 상상도 못할 품값이다.

물론 냉해는 조사로써 끝을 냈고 정부에서는 아무런 말이 없었

양주동 농가 전경

다. 뿐만 아니라 다 지어놓은 밭작물도 우박으로 인해 수확을 하지 못하고 어려운 생활을 하고 있었다.

그러나 누구에게 하소연할 수도 구제를 받을 수도 없었으며 당국에서도 아무런 상관이 없다는 듯이 조용히 넘어가곤 했다.

그러나 현실은 어떠한가? 조그마한 천재지변의 재난을 당해도 아무런 잘못이 없는 정부를 원망한다. 그에 따라서 정확한 조사는 물론 상당한 지원이 있어야만 조용해진다.

그때 그 시절 말단 공무원은 좋은 일이든 나쁜 일이든 상부의 지시에 따라야 했으며 언론에 불이익한 것이 공개되면 기관장은 물론 담당자까지 엄한 벌을 받곤 했다.

사실 과거나 현재나 할 것 없이 공직자에게 언론은 대단히 두려운 존재이다. 때문에 임시변통으로 그때그때 언론만 잘 피하려는 심리를 가지고 있었다. 그러기 때문에 구태의연한 행정을 하게 되고 진취적이거나 창의적이지 못했다.

위민봉사爲民奉仕하는 마음으로 농촌을 보살펴야 하는데 신성으로 국민을 위하는 노력과 아이디어를 발휘하지 못한 것이다. 왜냐하면 안일무사安逸無事한 행정을 했기 때문이다. 주민의 애로사항을 무시하고 어려운 고충에도 아랑곳하지 않고 떠넘기기와 행정 짜맞추기식 사무를 했다.

물론 지시야 주민위주, 주민편의를 도모하라고는 했지만 사실은 주민 편에서 일할 수 있는 여건을 만들어 주지는 못했다. 그래서 관이 민을 끌어안으려 해도 민은 관을 불신하여 행정이 제대로 먹히질 않았다.

일제강점기 시절에는 면 직원들이 몽둥이를 끌고 다니면서 공포를 주었다고 한다. 그래서 나이 많은 늙은이들은 그런 과거가 아직도 뇌리에 잠재되어 있어 관을 미워하고 불신했던 것이다.

그렇게 당했던 산골 양주동 사람들이 겉으로는 면 직원이 오는 것을 반가워하면서도 속으로는 불신해서 부탁하는 것을 잘 따르지 않으려 했다.

최말단 공무원들이 진정으로 국민의 머슴이 될 수 있을 때 바람직한 행정이 될 것이다. 그러기 위해서는 최고위층이 스스로 솔선해서 맑은 물을 내려보내서 잘 따르고 소신 있게 일하도록 해야 한다.

가는 세월 잡을 수 없고 시대는 자꾸 변하고 있는데, 순박하고 인심 좋으며 흙에 땀을 뿌리던 양주동 사람들이 그리워만 진다.

어버이 은혜 · 15

운명運命

사람에게 닥쳐오는 모든 길흉과 행동을 지배하는 큰 힘을 운명運命이라고 한다면 그 누군가에 의해 정신적 고통을 당하는 것도 삶의 운명이라고 해도 과언이 아닐 것이다.

이런 저런 생각을 하는 순간 가랑비가 부슬부슬 오고 바람 부는 어두운 밤에 산 넘어온 기적소리가 고요를 깨고 있는데, 요란한 전화벨 소리에 놀라 황급히 받으니 조카가 떨리는 소리로 형님의 임종臨終이 급박했다는 슬픈 소식을 듣고 허둥지둥 집을 나서 어설프기 그지없는 밤길을 떠났다.

갓 따온 운전면허라 서투른 핸들을 잡고 라이트 불을 앞장세워 달려간 병원 중환자실에는 조카와 형수가 임종을 지키고 있었다.

죽음은 필연적으로 다가오는 것이지만 참으로 인생은 허무하고 외로운 것이고 세상에 홀로 왔다가 홀로 가는 것이 사람이라 태어나서부터 죽음의 길로 가는 것이 아닌가 싶다.

세월이 가면 가만히 있어도 절로 피부는 노화되어 찌그러지며 정신상태까지 혼미해져서 늙음이 찾아오고 우연히 독한 병에 걸려 죽게 되는 자연현상을 실감하는 느낌이다.

길다면 길고 짧다면 짧은 우리 인생 항로 속에서 누구나 파란만장한 일들을 겪으며 살고들 있다. 형이 걸어온 길을 보더라도 그야말로 기구한 운명을 겪으셨다.

가난한 농부의 아들로 태어나 호의호식好依好食 한번 못하고 어려운 생활을 하면서 죽을 고비를 몇 번 넘기고도 악착같이 살아왔는데, 결국은 그 죽음을 면할 수 없는 모양이었다.

우리가 살아온 과거를 뒤돌아볼 때 일본이 우리나라를 식민지화해서 자기들 마음대로 수탈했다. 농사도 지어놓으면 한 톨도 남김없이 싹 쓸어 일본에 바쳐야 하기 때문에 먹을 것이 없어 초근목피로 목숨을 이어왔다.

그 어려운 생활 속에서 아버지의 농사일을 돕고 있던 형을 잡아다가 일본 탄광으로 보냈다. 나이 16세에 부모를 떠나 보국대에 끌려가 북해도 광산에서 일본인들로부터 갖은 고초를 당하며 일을 했다. 두더지처럼 땅굴 속에서 광물을 캐내는 일을 하다가 탄광이 무너져서 같이 일하던 한국인들이 많이 죽었으나 형은 구사일생으로 살아났다.

4년 동안 꼼짝 못하고 일본을 위해 탄을 캐내다가 해방이 되어 부모형제를 만난다는 기쁜 마음으로 연락선을 타고 부산항에 입항할 무렵 바다 속에 있던 지뢰가 터져서 수천 명의 젊은 사람들이 고향을 발끝에 두고 수장되었다.

참으로 애석하고 안타가운 사투가 벌어졌으나 널빤지 한 조각에 몸을 의지하여 살아났다. 그야말로 천명으로 부산항 부두에 올라왔으나 손을 잡아주는 정부는 없었고, 기막힌 타향에서 날거지가 되어 집으로 왔다.

철모르는 어린 시절에 부모 형제와 이별하고 이국땅에서 갖은 고충을 다 참아내고 살아왔으나 집은 여전히 가난했고, 형은 청년이 되어서야 고향으로 돌아온 것이다.

어머니는 형이 떠난 후부터 하루도 빠짐없이 장독대에 정화수

를 떠 놓고 빌었으며 굶지 말라고 부뚜막 위에 형의 밥을 퍼 놨었다. 어린 자식을 머나먼 외국으로 떠나보내고 하루도 맘 편한 날이 없었고 자식을 위해서라면 뭐든지 하고 싶었을 것이다. 물론 열 손가락 중 한 손가락 끝에 가시가 박혀도 견딜 수 없듯이 애지중지 자식들 걱정으로 세월을 보내시었다.

해방은 되었으나 대부분의 사람들은 시국에 대해 잘 알지 못했는데 박헌영이가 애국을 한다며 남로당을 조직하여 북한 김일성을 만나서 당원 명부를 바치며 충성을 다할 것을 맹세했다.

김일성은 남침을 하면 남한에 있는 지하조직인 남로당원이 합세하여 전쟁을 도와줄 것으로 생각했으나 전연 그러하지 못했으므로 박헌영을 총살하여 죽여 버렸다. 지금도 북한은 조선노동당 하나뿐인데, 하물며 한국에서 조직된 남로당이 있어야만 했겠는가 싶다.

형은 친구 꼬임에 넘어가서 그런 애매모호한 당에 가입가게 되었고 동생까지 도장을 새겨서 가입을 시켰다. 이것이 화근이 되어 경찰서에 잡혀가서 전기고문에 물고문을 당해 바보 아닌 바보가 되었고, 죽을 고비를 넘기고서야 감옥살이를 하였다.

아무것도 모르는 둘째형은 순경들이 밤에 잡으러 왔으나 어머니가 이불을 덮어쓰고 몸으로 감싸안아 아픈 신음을 죽을 듯이 하니 순경들은 마지못해 그냥 돌아갔었다.

형은 2년 동안 옥살이 고초를 당하고 풀려나왔다. 그 후 지역 청년대원에 편입되어 고향을 지키는 명목 없는 전투병으로 임무를 다하고 있을 무렵 월악산 빨치산과 교전을 하다가 험한 바위에서 굴러 떨어져 죽을 고비를 넘겼다.

그런 사람이 다시 군에 징집되어 피비린내 나는 전선에서 조국

을 위해 투쟁했으며 백마고지 전투에서 낮에는 아군이 탈환하고 밤에는 중공군이 점령하는 혁혁한 전투에서도 죽지 않고 부상을 당해 서울 수도육군병원으로 이송되어 치료를 받고 모범군의가 되어 간호병으로 복무하다가 제대를 한 것이다.

제대 후에도 예비군 비슷하게 지역별로 전투경찰이 있어서 여기에 모집되었다. 군인에서 지긋지긋하게 전투를 했는데 또 지리산에 낙오된 인민군들이 토벌을 하면서 발악하고 있어서 또 이 전투에 참가해서 많은 공을 세웠다.

이렇게 수없이 죽을 고비를 넘긴 질긴 형의 목숨이 이제 막을 내리려고 중환자실에서 사선死線을 넘고 있었다. 결국 형은 재미나게 한세상 살아보지 못한 신세가 억울하여 눈을 감지 못한 채 떠났다.

우리나라에 이런 사람이 한둘이겠는가? 대한민국 청년들이 이렇게 많은 공헌을 하고 죽었는데도 누구 하나 수고했다는 말 한마디 없는 참혹한 사회다.

어머니 배 속에서 갓 나온 아기는 바닥에 누워 어미젖을 먹고 살면서 때가 되면 기어 다니다가 또 세월이 흘러가면 일어선다. 어린아이는 엄청난 모험을 하듯이 두 손으로 짝짜꿍을 하고 재롱을 떨며 한 발 두 발 걷기 시작하면서 사람 구실을 하기 시작한다. 인간으로서의 온갖 재능을 발휘하며 재물을 모으고 많이 배우고 명예를 얻어서 이름을 떨치며 어려운 인간사회를 이끌어 나가는 사람이 있는 반면에, 어려서부터 고생만 하다가 죽는 자도 많다. 귀중한 것은 인간의 생명이다. 인생은 알지 못하는 운명 앞에 서 있는 허수아비이고 소리 없이 꺼지는 물거품과 같다.

하루에도 몇 번씩 119구급차가 소리치며 달려가며 이승과 저승

의 갈림길에 선 사람들을 구제하고 있다. 저승사자가 모시러 찾아온 것을 병원 의사들이 먼저 가로채서 못 데리고 가는 것이다.

늙은이들은 비경제활동인구로서 젊은 사람들의 보살핌 없이는 더 살 수 없는 인간들이다. 항상 젊을 줄로만 생각했던 육체는 어느새 바람 빠진 풍선이 되어 한구석에 처박혀 있어야 된다. 물러터진 홍시가 땅에 떨어져 서양화를 그리듯이 흉한 꼴을 보이는 것이 늙은이들이다. 나이 먹어 귀는 어스름하고 몸은 저절로 둔해져서 사회가 써주지 않아 버려진 노후이고 이것이 인간의 운명이다.

그러나 늙은이도 사회의 구성원으로서 인간의 역할을 해야 하고, 흘러간 보릿고개를 탓하지만 말고 젊은이들의 짐이 되지 않기 위해 보람된 일을 찾아야만 한다.

저승을 앞에 놓고 있는 인간들의 운명을 생각하면 허탈한 심정을 사회가 얼마나 알고 있는지 모를 일이다. 하지만 젊은이나 늙은이나 할 것 없이 누구나 장래에는 죽는다는 생각은 뒷전이고 허울 좋은 재물에만 탐貪을 낸다. 그것은 생명을 연장하기 위한 운명적 수단이기 때문이다.

Part. 2

살아있는 망부석

곳곳에 서 있는 보초병들이 두려워 말도 제대로 못했다.
삼엄한 경계와 공포감 때문에 금강산이 아름다운 줄도 모르겠고
바위마다 붉은 글씨로 김정일을 찬양하는
글이 난무하여 경관이 훼손되었다.

살아있는 망부석 · 01

아바이 동무

인민군이 짓밟고 간 고향은 무척 살벌했다. 붉은 완장腕章을 찬 공산 치안대들이 희희낙락 돌아다니며 "아바이 동무, 어마이 동무, 소년소녀 동무" 하며 끌고 가서 힘든 부역賦役을 시키다가 말을 잘 안 들으면 반동분자라고 했고, 이장, 반장들도 인민재판 즉석에서 총살했나. 소름 끼치는 불인과 공포의 지난세월이 귀에 쟁쟁하게 남아있어 불행했던 과거가 되새김질해진다.

조선민주주의인민공화국이라는 긴 국호國號를 가진 이북以北은 해방되면서 귀국한 김일성이가 정권을 잡고 공산 독재정치를 하면서 강대국인 구소련과 중국의 지원을 받아 사나운 이리떼처럼 달려들어 한반도를 적화통일하려고 남침함으로써 우리나라 역사를 피로 물들였고, 자자손손 지울 수 없는 통한痛恨을 남겼다.

그들은 러시아제 총칼로 무장을 하고 대전차를 앞장 세워 줄기차게 밀고 내려왔다. 그래서 온 나라 국민은 겁에 질려 있었으며, 시체 썩는 냄새가 삼천리에 풍기는 잔인한 행위를 저지른 것이었다. 더구나 우리나라는 아무런 전쟁 준비도 없이 평화스럽게 살고 있었으며 무기도 북한에 비해 미약했기 때문에 후퇴하지 않을 수 없었다. 그래서 도발한 지 3일 만에 서울을 내주고 인민군이 주둔했으며, 중앙청사에는 인공기가 나부꼈다.

말이 같고 풍습이 같으며 같은 음식을 먹는 단군 자손이고 한

민족인데 죄 없는 사람을 참혹하게 죽였다. 뿐만 아니라 많은 이산가족도 만들었으니 공산집단들은 피도 눈물도 없는 야수野獸와 같은 무리들이다.

북한독재 무리들은 민족을 배반한 자들로서 자기들의 뜻을 따르지 않는 사람들은 무자비하게 처단하고 건물을 파괴하면서 부산과 제주까지 점령하여 한반도를 공산화하려 했다.

그들은 어린 중학생까지 인민군으로 만들어 소련제 따발총과 대포 그리고 송곳 같은 칼을 총끝에 꽂은 장총 등으로 단단히 무장하고 맹렬하게 쳐내려왔다.

힘없이 허물어지는 남한 땅에서 인민군은 신바람 나게 전진에 전진을 거듭했고, 탱크를 몰고 민가를 부수며 무자비하게 몰아치는 통에 국민들은 알몸으로 정처 없이 남쪽으로 피난을 떠났다.

신록이 무성한 여름이고 모내기 때인지라 넓은 들판에는 농부들이 땀 흘리며 일하면서 설마 이곳 충주忠州까지야 밀리겠는가 하면서도 멀리 들려오는 대포소리에 불안했다. 그러나 전쟁을 해도 먹을 것은 마련해야 하므로 논과 밭에서 일을 했다.

곤한 잠에 빠져 있는 한밤중에 난생 한 번도 들어보지 못한 콩볶아 튀는 소리가 요란하게 온 천지를 뒤흔들었다. 나는 선잠을 떨쳐 버리고 높은 언덕에 올라가 대체 무슨 소리인가 하고 사방을 살폈으니 얼마나 철없는 행동을 했는가 싶다.

"딱 쿵, 딱 쿵, 드르륵, 쾅쾅!" 하던 소리가 드디어 멈추고 세상은 고요 속에 화약냄새만 코를 찔렀다. 나는 그제서야 겁이 덜컹 나서 집으로 막 들어오고 있는데, 우당탕 우르르 하는 소리에 밖을 내다보니, 총은 고사하고 옷도 다 벗어버린 군인들이 헐레벌떡 숨을 몰아쉬며 무작정 달려가고 있었다.

그들은 바로 아군 패잔병들로서 인민군에게 공격을 당하고 낙오자가 되어 군복을 벗어던지고 후퇴를 하는 모양이었다.

얼마 후에 총을 버린 아군이 우리 집으로 들어와서 의복을 내놓으라고 하기에 어머니는 벌벌 떨며 아버지가 입던 옷을 주었다. 그는 뒤도 돌아보지 않고 쏜살같이 내달렸다.

날이 밝고 해는 중천인데 들에 나가 일을 해야 할 사람들은 모두 다 집에서 죄 없이 벌벌 떨고들 있었다. 그러나 나는 친구들과 같이 들판에 돌아다니며 아군이 버리고 간 총을 줍기도 하고 벗어던진 군인 옷을 입어 보기도 했으니 담도 컸든 모양이다.

도랑 섶에 엎드린 아군들은 온통 피투성이로 죽어 어깨에 계급장만 빛나고 있었으니 무섭지도 않았다.

이렇게 해서 내 살던 고향에선 싸움을 오래 하지 않고 인민군이 점령을 했다. 소재지 황강黃江 장터에는 적군이 들어와서 진을 치고 득실거린다는 소문을 듣고 인민군은 어떻게 생겼는지 궁금했다. 호랑이나 여우같은지 호기심이 나서 터덜터덜 황강 소재지를 향해 걸어가고 있었다.

그 무렵 들녘에서 일하고 있는 늙은 노인을 향해 인민군이 손짓을 하며 "어이 아바이 동무, 이리 오시라요" 하며 불렀다.

그는 노인을 자기 앞에 세우더니 주머니에서 종이 한 장을 꺼내주면서 이제 해방이 되었으니 안심하고 일하라고 했다.

또 한편에서는 나를 보고 "어이, 소년동무! 이리 오라요" 하기에 달려가 보니 똑같은 한국 사람이었다. 다만 군복이 광목천에 누런 물감을 들였고 철모도 쓰지 않았다.

그는 한참을 노려보더니 "동무, 물 좀 떠 오라요"라고 했다. 처음 들을 때는 '동생'이라 하는 줄 알았다. 나는 겁은 좀 났지만 옹

달샘으로 달려가 물을 떠다주었다.

인민군은 고맙다고 하며 자기가 쓰던 색안경을 벗어주었다. 나는 받은 색안경을 쓰고 자랑하려고 집으로 오니 어머니는 당장 벗어서 던지라고 호통을 쳤다.

아버지는 북한 치안대에 의해 노력 동원에 끌려가셨고, 보안소 직원이란 청년들이 와서 아군의 시체를 모두 찾아서 강가에 버리라고 족치는 바람에 힘없는 늙은이들은 말문이 막혔으나 묵묵히 송장을 들것에 담아 강가 모래밭에 파묻느라 혼신의 땀을 흘리고 있었다.

닥치는 대로 마구 죽이는 공산 패거리가 무척 미웠고, 죽은 사람들이 불쌍했다. 억울하게 죽은 자들의 시체를 아무렇게나 모래 속에 묻은 군인들의 뼈는 이미 바다로 떠내려가서 흔적도 없이 사라졌다. 이렇게 군인과 죄 없는 민간인을 마구 죽여 바다로 보냈으니 이런 험한 꼴이 또 어디 있단 말인가?

그렇게 활개 치며 인민군 무리는 신작로로 유유히 행진하고 있었고, 높은 자는 말을 타고 갔으며, 처음 보는 것으로 오토바이 옆에 사람 하나를 더 달고 털털거리며 미루나무 가로수길을 가고 있었다.

오토바이 옆에 타고 거만하게 앉아 있는 자는 장화 같은 가죽신을 신은 것을 보니 총지휘자로 보였다. 어마어마한 인민군 병사들이 힘 안들이고 전진했으니 그들의 사기는 하늘을 찌를 것 같았을 것이다.

맥 빠진 아군은 힘없이 무너져서 후퇴하기에 여념이 없었으며, 인민군은 싸우지도 않고 신바람 나게 대구 팔공산까지 단숨에 내려간 것이다.

나는 부모님을 따라 산골 외가로 피신을 가는 길이었는데, 마침 월악산 빨치산패 30여 명이 산에서 내려오다가 도망가는 아군을 만났다. 그들은 좋다고 허허거리면서 너는 총알 하나도 아깝다며 철사줄로 손과 목을 꼭꼭 묶어 강변에 버렸다. 군인은 버둥버둥하다 죽었다. 그뿐만 아니고 패장하는 사복군인 한 명을 만나서 가슴에 칼을 푹 찌르자 악! 하는 비명소리와 함께 죽어 넘어지는 잔인한 모습을 지켜보았다.

군인의 가슴에 칼을 꽂은 한 빨치산이 "아, 시원하다"라며 즐거워하는 것을 보니 사람이 아닌 짐승같이 보였고, 무서워서 발걸음이 떨어지지 않았다.

빨치산 한 명이 총을 들고 다가오므로 아버지는 얼굴이 새파래졌다. 아버지는 나도 이제 죽었구나 하는 생각이 들으셨던 것 같다. 그런데 무리 중에 대장 같은 자가 뻣뻣하게 서서 큰소리를 쳤다. 그는 "나는 아무 동네 살던 아무개요!" 하며 아버지에게 악수를 청하면서 "이제 남조선은 해방됐으니 맘 놓고 사시오. 동무 운좋소이다!" 하며 껄껄 웃으며 어서 가라고 했다. 가라고는 했지만 겁이 나서 발걸음이 떨어지질 않았으니 이 얼마나 잔인한 행동이었는가 싶다.

역시 동무라는 호칭은 북한 사람들의 공통 언어이며 젊으나 늙으나 동무로 통한다. 높은 사람끼리는 동지라고 했다.

한반도가 남과 북으로 갈라지면서 젊은 청년들이 왜 산으로 올라가서 빨치산이 되었는지 잠시 생각해 보자.

김일성은 특공대를 조직하여 투철한 사상교육과 혹독한 훈련을 시켜 남한지역에 숨은 종북從北자들과 합세하여 남한 일대를 교란시키면 영웅이 될 것이라는 약속을 하고 태백산맥을 타고 남파

하여 위장 탈북시켰다.

그것도 모르고 이승만 정권은 탈북자들을 환영하며 그들에게 서북청년이란 호칭과 더불어 살 집을 마련해 주고 봉급도 주면서 우대해 주니 그들은 더욱 신바람 나게 방방곡곡으로 돌아다니며 북한의 어려운 실상을 폭로하는 척하면서 회의에 참석하지 않은 청년들을 무자비하게 구타함으로써 매 맞은 청년들이 정부와 등을 지게 만들었다. 그래서 무단히 고문당한 자들은 산으로 피신을 하게 되고 산에서 만난 북한 공작원들에게 포섭되어 지방 빨치산이 된 것이다.

김일성은 바로 이것을 바라고 있었던 것이다. 산에서 합세한 지역 청년들에게 쇠뇌교육은 물론 원수들을 찾아 없애버리라는 지령을 받은 것이다. 그래서 그들은 엄청난 훈련과 정신으로 무장하여 지서(파출소)를 습격하여 무기를 탈취해 가고, 밤마다 높은 산에서 봉화를 올려 국민들을 불안하게 만들었다.

산속에서 짐승같이 살며 칼을 갈아 허리에 차고 총을 든 채 고요한 밤중에 민가에 내려와서 지서장과 면장 그리고 과거에 원수진 사람들을 마구 총살했다.

그들은 주민을 괴롭히며 식량을 약탈해 가면서 해방되면 갚아 주겠다고 했고, 김일성을 하늘같이 여기며 남한을 교란시키라는 엄청난 지령을 해내는 짐승 같은 빨치산이 되었다.

빨치산 무리들은 내가 사는 마을의 느티나무 그늘 밑에 주둔하면서 마을 개는 전부 다 잡아먹었다. 물론 보신을 하려고도 했겠지만 그들이 야간행동을 할 때 개 짖는 소리가 방해되었기 때문에 한 마리도 남겨 놓지 않고 먹어치워 버린 것이다.

총을 끌어안은 채 낮잠 자는 것을 보니 산에서 맨발로 다녔는

지 발바닥이 송판처럼 딱딱하고 좀이 먹어 있었다. 그리고 점령한 지역에는 지방 공산주의자들이 판을 치며 이제 남조선이 해방되었으니 모두들 나와서 일들 하라고 홍보를 했다.

그들은 마을마다 인민위원장을 뽑아 심부름을 시키면서 영웅시하며 밤이면 밤마다 동민들을 회관에 모이도록 했다.

공산주의 사상思想이 투철한 자를 특별강사로 임명하고 마을을 돌아다니며 터무니없는 선동적 강의를 열성적으로 하여 국민을 공산주의자로 만들려고 했던 것이다.

그들의 강의 첫 마디는 "조선민주주의 인민공화국의 위대한 영도자 김일성 수령님의 덕으로 남조선은 해방解放되었다. 이제 우리는 행복하다!"는 말로 시작했다. 이 말은 아직도 생생하게 내 머리를 울린다. 애국을 하려면 동원에 임해야 하며 회의에 참석해야만 애국자라며 핏대를 세우고 열성적으로 연설했다.

한편에서는 자기들과 원수졌던 자들을 색출하여 쥐도 새도 모르게 총살하여 시체도 찾을 수 없었다. 심지어 앞에서는 웃으며 말하고 돌아서면 총살하는 살벌한 공산치하였으며, 군인 가족이나 순경 가족, 그리고 이장, 반장, 부녀회장에 이르기까지 자기들 맘에 안 들면 모두 잡아다가 구타를 하고 몰래 죽여 강물에 버리는 행위를 일삼았다.

밤잠을 자지 않고 원수 찾아 죽이기에 혈안이 되어 있었다. 그야말로 무법천지였으며 말 한마디 잘못하다가는 아무도 모르게 저승으로 가야 하는 피비린내 나는 후방의 치안상태였다.

북한은 지금도 한문을 쓰지 않고 있으며, 실력이나 학벌 같은 것은 상관없이 상부에 순종만 잘하고 지시하는 것을 꼬박꼬박 잘한 자는 요직에 있게 했으며, 일자무식이라도 김일성에게 충성

맹세를 했거나 관리직에 아는 사람이 있으면 어느 산골에 있든지 발탁해서 도지사나 군수로 임명했다.

그리고 내 재산은 하나도 없고 모든 것은 국가의 소유이며, 오늘 살다가도 내일 딴 집으로 이사하라면 꼼짝없이 가야만 했다. 젊은 사람들을 의용군으로 지명수배하여 끌고 가면서 어디까지나 자진 입대이지 강제로 징집하지 않았다고 했다.

그리고 선동을 얼마나 잘 하는지 스스로 손을 들어 지원하지 않으면 안 되도록 분위기를 조성하였는데, 군인 가족이나 경찰 가족이라면 그 가족 중 한 사람이 의용군에 입대하면 영웅이 되고 나머지 가족은 행복하게 살 것이라며 기만선동을 하였다.

밤마다 동민을 모아놓고 그럴듯하게 선전을 하니 여기에 안 넘어갈 사람이 있겠는가? 나도 소년단원이 되어 밤마다 회의장소에 끌려나와 그 지긋지긋한 선동연설을 들어야만 했다.

여자 남자 할 것 없이 밤을 새우며 야경을 돌게 하고 김일성 노래와 빨치산 노래를 가르쳐 합창을 시키며 억지로 신바람을 만들었고, 어린 청소년들까지 동원하여 전투진지를 만들었다.

인민위원장이 마을회관에 사람들을 모아놓고 지적도를 펴들더니 아무개의 땅 몇 번지, 몇 평은 그 집 머슴으로 살던 아무개에게 준다고 공표를 했다. 졸지에 부자가 된 머슴은 마당에서 춤을 추면서 기뻐했다. 그리고 여러분들이 원하는 집단농장을 할 것이라고 선전했다. 농지개혁을 한다면서 인민위원장 마음대로 부자의 땅을 떼서 없는 자에게 나눠주는 꿈의 세상이었다. 그야말로 공평하게 분배를 한다는 것이다.

구멍가게도 문을 닫아야 하며 장사는 일체 못하게 했다. 그리고 농산물 실태 조사라 하여 인민위원장이 그 후인들을 대동하여 벼

알, 수수알을 세면서 한 해의 수확량을 점치며 수확 후에는 전부 애국미로 창고에 입창시켜야 했는데 한마디로 개인 것은 없었다.

하루는 인민위원장 집을 갔는데 광목 같은 하얀 천을 쭉쭉 짜게고 있기에 사용 목적을 질문하니 내일 동무들에게 선물할 것이라고 하기에 정말 그러는 줄로만 알았다. 그런데 악독한 그들은 그 광목천으로 그들이 말하는 괴뢰악질들의 눈을 싸매어 깊은 우물에 던져 죽이려는 공작을 폈던 것이다. 타 지방에서는 이미 이런 식으로 많은 사람을 죽음으로 몰아넣었던 것이다.

이렇게 한여름을 보내니 낙동강 전투에서 실패한 인민군은 UN군의 비행기 폭격에 견디다 못해 조금씩 후퇴를 하는 모양이었다. 연합군 전두기가 폭격을 하는 동에 너나없이 쥐구멍이라노 들어가고 싶었다. 인민군들도 숨느라고 빨리빨리 도망가지 못하는 것 같았다. 하늘이 박살나는 비행기 폭음과 폭탄 터지는 소리로 노이로제에 걸릴 정도였다.

드디어 달 밝은 가을밤에 바로 내가 살던 집 근처에서 전투가 벌어졌는데, 우레와 같은 포성이 터지고 기관총 소리가 콩 볶듯 했고, 포 사격에 방공호가 무너져서 흙이 머리 위로 우수수 떨어졌다.

알고 보니 우리 집을 중심으로 남쪽 산은 아군이 주둔하고, 북쪽 산은 인민군이 후퇴하면서 대거리를 하는 통에 그 가운데 있던 가족은 혼이 다 나갔었다.

날이 밝고 포성이 멈추어서 밖을 내다보니 인민군은 다 후퇴해 갔으며 아군들이 집 주변에서 진을 치고 있었다. 집은 총을 얼마나 맞았는지 마치 시루구멍 나듯 했다.

아군 선발대가 들어오면서 인민위원장을 먼저 강으로 끌고 가

서 총살했다. 이래저래 죄 없이 죽어간 자들이 한두 사람이겠는가? 그들의 보상은 어찌 받아야 한단 말인가?

공식적으로 군인이나 경찰을 하다 죽은 자는 그 후손들이 원호지원금으로 위로라도 받지만 이름도 없이 죽어간 자들의 가족들은 누구에게 보상 이야기를 한단 말인가?

엄격하게 따지자면 김일성 일파가 책임져야 한다. 이런 잔인한 패거리들이 3대를 이어 해 먹으면서 불행한 이북 국민들을 바보로 만들고 있다. 이러한데도 불구하고 우리나라 사람들 중에는 아직도 정신을 못 차리고 북한 공산집단을 옹호하며 찬양하는 자가 있다면 이는 전쟁의 참혹한 실태를 당해 보지 않고 독재 공산주의를 경험해 보지 못한 자들이다. 공산주의는 공평한 것이 아니라 알게 모르게 국민을 기만하면서 고위직에 있으면 잘 먹고 잘살지만 서민들은 굶어죽는다는 것을 모르는 대단히 어리석은 자들이다.

김일성과 그 아들 김정일 그리고 손자 김정은에 이르기까지 3대를 이어 독재를 자행하는 무리들을 옹호擁護하며 종북從北하는 바보는 적어도 이 땅에서 없어야 한다.

이북은 결코 평화통일平和統一을 생각하지 않고 있다. 그들의 목표는 오직 적화통일赤化統一이다. 그리고 철통같은 비밀의 무리들이다. 남침한 후 불과 3개월 동안에도 엄청난 짓들을 했는데, 하물며 60년 이상 별별 책동으로 국민을 현혹시키며 공산화한 그들이 지금 와서 양심적인 행위를 하겠는가?

우리가 아무리 퍼주어도 스스로 민주화할 작자들이 아니다. 그들은 오직 성능 좋은 무기를 개발하여 자유민주주의 국가들을 파멸시키려 하고 있을 뿐이다. 그러므로 우리는 하루빨리 북한 국

민들을 공산 독재정치에서 해방解放시켜야 한다. 그러기 위해서는 우리의 뜨거운 훈기를 보내어 대화의 문을 열도록 하고 그들의 죄를 스스로 느끼게 하면서 북한보다 더 월등한 신무기를 보유하여 감히 달려들지 못하도록 군의 힘을 키워야 한다. 그러면서 강대국들이 스스로 관심을 가지도록 외교를 더욱 공고히 해야 할 것이다.

북한 위정자들의 야비하고 터무니없는 선동정책으로 국민들의 정신을 돌려놔서 인간답게 살지 못하면서도 3대를 해먹는 독재자에게 충성을 다하면서 지지리 못 살아도 우리는 행복하다고 하는 바보가 된 북한 동족들을 하루속히 구해내야 할 것이다.

과거 박헌영이가 남로당을 조직하여 그 당원 명단을 들고 월북越北하여 김일성을 만나 명단을 공개하면서 군림君臨하려고 온갖 재능을 다 부렸으나 북한은 당이 조선노동당 하나이고, 자기 머리 위에 설까 두려워 몰래 죽였다.

사상思想과 당을 모르는 무식한 사람들이 무조건 남로당에 가입했거나 자기도 모르게 명단에 올라간 사람들도 많았다. 그렇게 올라간 당원들을 이승만 정권은 모조리 연행하여 주리를 틀고 물고문, 전기고문 등으로 허위자백하고 오랜 감옥살이를 했으나, 끝내 찾아온 것은 6.25전란이었다. 그러나 이승만 정권하의 경찰은 후퇴하면서 모두 처형했고, 보도연맹에 가입한 사람도 마찬가지로 집단 총살을 당했다.

이런 끔식하고 불행한 사태는 미개국未開國에서도 없었다. 남로당 같은 악당이 또 있을까마는 반공에는 여야與野 없이 민관군民官軍이 합심 단결하여 평화롭고 자유로운 대한민국을 굳건히 지켜야 할 것이다.

살아있는 망부석 · 02

1.4후퇴

전쟁은 죄 없는 사람을 죽이는 야수野獸와 같은 것이다. 동물의 세상에서 무지막지하고 징그럽게 생긴 악어가 한가로이 물을 먹는 사슴을 한입에 잡아넣는 광경을 TV에서 볼 적마다 너무 잔인하다는 생각이 든다.

1.4후퇴는 우리 군이 압록강까지 쳐들어갔다가 다시 후퇴한 날이다. 인민군은 선전포고도 없이 남침을 감행하여 서울을 탈환했고, 연이어 대구까지 밀고 내려오면서 적화통일을 하려고 발버둥치며 잔인하게 사람을 죽였다.

소금 같은 눈이 펑펑 쏟아지는 고요한 밤에 우레가 아닌 포성이 천지를 뒤흔들었고 우박이 아닌 총알이 비 오듯 쏟아지는 가운데서 사시나무처럼 떨며 생명을 부지했다. 그 지긋지긋한 전투 속에 있어 보지 못한 사람은 이해가 잘 안 될 것이다.

다행이 UN군이 인천상륙작전에 성공하여 부산과 인천을 가위로 끊는 포위작전과 미군의 항공기 폭격으로 인민군은 패망하여 북으로 넘어갔고, 우리 군은 38선을 넘어 압록강까지 전진했다.

그러나 불행하게도 중국군이 압록강을 건너와 포진하여 군과 전투가 벌어졌다. 중국은 인구가 많은 나라로 사람 하나 죽는 것을 가볍게 여기는 인해전술人海戰術을 쓴 것이다. 결국 중국군을 이기지 못하고 다시 남으로 후퇴하기 시작한 날이 바로 1951년 1

월 4일이었다. 아군은 계속 후퇴를 하고 있는데 언론기관인 라디오는 군이 전진하고 있으니 동요하지 말고 안심하라는 방송을 했다. 이런 방송을 비웃기나 하듯 피난민들은 말없이 남쪽으로 타박타박 걸어갈 뿐이었다. "쿵- 쿵- 쿵쿵!" 하는 대포소리는 밤이나 낮이나 들려와서 공포에 질려 우왕좌왕했다.

눈보라 휘몰아치는 한겨울에 후퇴하는 군인들은 남으로 말없이 물러가고 있는데, 단봇짐 걸머진 국민들은 인산인해人山人海를 이루며 썰물처럼 밀려오는 피난 행렬은 끝이 없었다. 그 틈에 인민군이 끼어 있어 비행기 폭격도 못해서 난민들은 두려움에 지쳐 있었다.

그해에는 많은 눈이 와서 짐승들도 먹이를 찾아 부락으로 내려왔고, 국민들은 식량이 떨어져 고통을 겪으며 추위에 벌벌 떨면서 전쟁터를 벗어나려고 안간힘을 쓰고 있었다.

목숨 하나 부지하려고 별짓들을 다 했으나 사랑하는 가족을 잃고 이산의 한숨을 쉬면서도 무능한 정부를 탓하지는 않았다.

먼저 피해 온 사람들이 온전한 방은 다 차지했고, 나중에 들어온 사람들은 다락은 물론이고 화장실까지 자리를 잡고 밤을 지새우는 사람이 많았다. 뿐만 아니라 용변을 아무 곳이나 마구 누기 때문에 앞마당 뒷마당 할 것 없이 대변으로 쌓여 발 디딜 틈이 없었다.

우리 집으로 피난 온 숙부 내외는 빨리 남으로 피난가자면서 부모와 형수는 그대로 두고 나만 데리고 떠났다. 그런데 피난이라고 간 곳이 하필 전쟁터였다. 가는 날이 장날이라고 그날 밤에 인민군이 들어와 산허리에 호를 파며 주둔하고 있었다. 하지만 밤에 길을 떠날 수 없어서 주인 없는 남의 집 외양간에서 하룻밤

을 새우는데 인민군이 들어와서 밥을 해 먹는 듯했다.

날이 밝으면서 정보를 입수한 아군 전투기가 고막이 찢어질 듯한 고성을 내면서 폭탄을 투하하고 기관총을 퍼부어 댔다.

쌩- 하고 머리 위를 지나가며 천지를 진동하는 비행기 소리에 쥐구멍이라도 들어가고 싶었다. 비행기는 사정없이 폭탄을 투하하여 불바다를 만들었다. 집 뒤에 있는 바위틈에 숨어 가슴을 조이고 있는데, 마침내 비행기 소리가 조용해졌다.

한동안 정신을 잃고 밖으로 나오지 못하고 있다가 총소리가 멎어서 나와 보니 노랗게 인민군이 죽어 있고, 어느새 아군들이 앙금앙금 기면서 진을 치고 있었다.

어린 것이 지옥 같은 피난생활로 지칠 대로 지쳐서 부모님 생각이 간절했고, 같이 있는 숙부모가 무척 미웠다.

다시 작은 봇짐을 지고 숙부를 따라 걸어간 곳이 경북 상주였다. 이곳에 당도하니 고향 사람들이 많이 와 있었고, 그들은 나름대로 먹고 살기 위해 남의 집 여물 솥에다 엿을 고아서 미군을 상대로 엿장사를 하고 있었다.

엿을 팔아 돈을 벌어오라는 숙부의 지시로 엿 목판을 걸머지고 미군 부대 앞에 망부석처럼 서 있었다. 그렇게 한나절을 서 있는데, 마침 미군 몇 명이 달려들어 엿을 단번에 사갔다.

재미가 나서 또 가서 서 있는데, 곱슬머리 흑인 병사 한 명이 휘파람을 쌕쌕- 불더니 "헤이 컴히어!" 하며 이리 오라고 손짓했다. 반가워서 엿판을 걸머메고 그 군인 앞으로 달려갔다.

그러나 그는 엿을 사주기는커녕 "갓데미, 갓데미!" 하면서 워커발로 엿목판을 걷어찼다. 같이 간 친구는 땅바닥에 떨어진 엿을 줍기에 바빴지만 겁이 많은 나는 뒤도 돌아보지 않고 단숨에

집으로 달려오니 숨이 하늘에 닿는 듯했다.

아군이 다시 전진한다는 소문을 듣고 숙부는 나를 앞장세워 문경새재를 넘어오는데, 흑인 UN군에 잡혀 오도가지도 못하고 하룻밤을 초소에서 새우는데 소쩍새만 슬피 울었다.

일부 수복이 되어 기관이 자리를 잡기 시작하고 면사무소와 우체국이 문을 열면서 행정이 활성화되었다. 이 나라 한반도의 좁은 땅에 총소리는 멈추지 않고 이산가족들이 목메어 울고 있건만 대자연은 아랑곳하지 않고 진달래 개나리를 화사하게 피우면서 슬픔과 고통의 소리를 진지하게 듣고 새기며 나라 위해 돌아가신 영혼들을 달래는 듯했다. 벚꽃이 구름같이 피고 봄바람이 옷깃을 파고들어도 보리밭은 푸르고 넌초는 한길이나 컸다.

먹구름이 비로봉을 넘어오는 서글픈 날에 우체부가 찾아와서는 "속달우편이요!" 하면서 마루 위에 던지고 갔다. 그것은 다름 아닌 셋째형의 전사 통지였다. 셋째형은 해방이 되면서 경비대 시절에 군에 입대하여 군 생활로 청춘을 다 보낸 애국자 중 애국자였다.

어머니는 이것을 받아들고 억울하게 죽은 아들을 생각하며 우셨고, 아버지는 깊은 한숨을 내리쉬더니 분한 마음을 이기지 못해 담뱃대만 털고 담으셨다.

결국 그 충격으로 인해 아버지는 세상을 떠나셨다. 아버지가 돌아가시고 나니 허망하기 짝이 없었고 앞으로 어떻게 생활을 유지해야 할지 큰 걱정이었다.

참으로 인간의 사상思想은 무서운 것이다. 몇 사람의 실수로 온 나라 국민이 어려운 고통을 당하며 도시는 쑥대밭이 되고 아까운 생명까지 앗아간 것이 아닌가.

관광지로 변한 빨치산 소굴

월악산

신록이 무성해지는 초여름을 맞이하고 있다. 월악산 상봉을 넘어오는 아침 해가 싱그럽고 나무 사이로 햇빛이 뚫고 지나가서 저절로 긴 호흡으로 기지개를 편다.

신선한 공기를 마시면서 가벼운 마음으로 올라오다 보니 산 중턱에 있는 성황당까지 올라왔다. 날 따라온 삽살개는 제 혼자 좋아서 얼마나 숲 속을 누볐는지 이슬에 젖어 물에 빠진 듯하다.

월악산이 국립공원으로 지정되면서 공원법에 적용되어 농민들은 피해가 이만저만이 아니었다. 집을 증축 또는 개축하려 해도 허가가 안 나오고, 강변의 돌 하나도 마음대로 움직이지 못하게 되어 불만들이 많았다. 하지만 상인들은 몰려오는 관광인파들을 상대로 돈을 많이 벌기 때문에 웃음꽃이 피었다.

한참을 더 오르다가 인간의 숨소리를 들었다. 산허리 도랑 섶에 개인 천막을 치고 새벽잠을 자는지 코고는 소리가 난다. 등산을 하다가 날이 저무니까 아무 곳이나 천막을 치고 잠을 자는 모양이다. 천막 주변을 지나치려니 과거가 생각난다.

6.25전쟁 때는 빨치산 패들이 이곳에서 진을 치고 살면서 밤이

면 민가로 내려와 먹을 것을 탈취해 가는가 하면 지서와 면사무소를 습격하여 불을 지르고 난동을 부렸으며, 그 당시에 면장과 지서장을 총살시켰다. 그랬던 과거를 생각하니 머리카락이 하늘로 솟구치는 감회가 든다. 그래도 산천은 말이 없고 낯모르는 등산객은 이곳에 막을 치고 잠을 자고 있는 것이다. 깎아지른 절벽과 용틀임하듯이 커 올라간 늙은 소나무는 고고한 역사를 증명하듯 우거졌다.

우람하게 싸놓은 성벽은 유구한 역사를 말해주고, 수정 같은 도랑물이 갈잎 돌 틈새로 흘러만 간다. 와룡대가 신선의 놀이터라고는 하지만 왠지 외롭고 고독해 보인다. 울창한 나무숲 사이로 하늘길만 열려 있다.

날다람쥐는 칡덩굴로 그네를 타고, 딱따구리가 목탁을 쳐 산울림을 하는데 부엉이만 구슬프게 울고 있다.

이런 곳이 이제는 경치 좋은 관광지가 되어 남녀노소 가릴 것 없이 산을 오르다가 날이 저물면 아무 곳에서나 하룻밤 쉬어 가는 참 좋은 세상이 된 것이다.

김일성을 하늘같이 받들어 영웅이 된 사람들만 골라 사상교육을 투철하게 시켜 남한으로 급파시켰다. 이들은 깊은 산에서 짐승처럼 살면서 지서를 습격하여 무기를 탈취해 가고, 외딴 집에 내려와 먹을 것을 갈취하는가 하면 밤에는 고압선을 끊어서 단전시키고, 전화를 불통시키면서 두더지같이 돌아다니면서 사회를 교란시켰다.

급파된 빨치산들이 남한의 공비 토벌작전으로 인해 줄기 시작했지만 죽음을 마다하지 않고 영웅 칭호를 받고 남파된 자들이 바로 빨치산 선두주자들이었다. 그들은 지방 사상가들을 납치하

여 사상교육을 시켜 앞잡이로 이용했다.

과거를 생각하면 현 북한의 행위를 불 보듯 알 수가 있다. 공산주의는 밤낮으로 동민을 모아 사상교육을 시키며 선동정치를 하면서 모든 일을 극비로 하여 그들이 말하는 악질들을 인민재판에 부치고 대중 앞에서 총살시켰다.

그렇게 해서 국민들을 우물 안 개구리로 만들고 3대를 이어 정권을 잡고 권력을 휘둘러도 말 한마디 못하는 지옥 같은 곳으로 지구상에 이런 곳이 또 어디 있으랴.

빨치산들은 총알을 쏘면 소리가 나기 때문에 사람을 칼로 마구 찔러 죽인 산이 바로 월악산이다. 그런 악랄했던 곳이 국립공원이 되고 많은 사람들이 오르내리며 등산을 즐기는 경치 좋은 산이 된 것이다.

마을 주변에 흉물스러운 상여고가가 있어서 관광객들로 하여금 말이 많았다. 그래서 행정조치로 상여고가를 철거하라는 명이 내려왔으나 이를 반대하는 주민이 많아서 냉큼 철거하지 못했다.

비록 혐오감을 느끼게 하지만 주민들은 자자손손 내려온 집이고, 많은 사람들이 죽어 그 꽃상여를 타고 갔다며 아마 귀신이 있다면 버글버글할 것이라고 떠들어 댔다. 하지만 곧 쓰러질 것만 같고 도깨비라도 나올 듯했다.

다섯 채의 행상이 다 폐품이 되도록 그것에 실려서 저승으로 간 자 중에는 애국자도 있을 것이고 또는 억울한 누명을 쓰고 매 맞아 죽은 자도 있을 것이며, 혹자는 빨치산에 의해 총살당한 자도 있을 것이다. 이렇게 인간들은 무수한 사연들을 남기고 꽃상여를 타고 말없이 저승으로 갔을 것이다.

그런 상여고가를 철거하기로 결심하고 동회를 열어 주민들의

월악산 팔당소

동의를 구하려 했으나 좀처럼 승낙해 주지 않았다. 그래서 약간의 보조금을 얻어서 공원 밖에다가 새롭게 건축해 주기로 하고 철거를 하니 마음이 개운했다.

시대의 변천에 따라 인간의 삶도 변해 가고 있으며 살다 보면 좋은 일, 궂은일들이 구름 속에 달 지나듯이 스쳐 가게 마련이다. 한 사람이 가면 다시 한 사람이 태어난다. 우주만물도 가을에 씨를 거두고 다시 봄에 새싹이 올라오듯이 연속성을 가지고 있다. 하지만 관광지로 변한 높은 산은 변할 줄을 모르고 옛 모습 그대로 유지하고 있다.

젊음을 불태워 국가와 국민을 위해 봉사하다 보니 강산이 세 번 변한 것이다. 고향이 바다로 변함을 목격한 증인으로서 어려운 역경을 굽이굽이 넘어왔다. 이렇게 세상의 귀퉁이에 서서 과거를 뒤돌아본다.

살아있는 망부석 · 04

백설기

푸른 물결 출렁이는 충주호 그 속이 내 고향이다. 세상 문명의 발전에 따라 한강을 가로막은 댐이 정든 향촌을 삼켜버렸는데, 산새 수려한 월악산이 우뚝 솟아있어 그 아래 자연 부락 몇 곳이 수몰되지 않아 그나마 행정구역인 면面 구실을 하고 있다.

하늘 높이 치솟은 영봉을 바라보노라면 시루에 담겨 익혀진 백설기가 푸짐한 김을 뿜아 올리듯 자욱한 안개가 휘감아 오른다. 산의 풍치가 좋고 귀한 보물이 많아 명승지로서 국립공원이 되어 전국에서 모여드는 등산객과 관광객이 넘쳐나는 곳이기도 하다.

아직도 이곳은 전해오는 풍류를 그대로 답습하며 마을과 마을

내 고향 수몰지 충주호

간에 우대를 돈독히 하고 콩 한쪽이라도 나눠먹는 끈끈한 정으로 다복하게 살고들 있다.

산 높고 골 깊은 두메, 수정 같은 맑은 물이 농 바위틈을 빠져 학소대로 넘쳐흐르고, 호수에서 파닥파닥 낚싯줄에 매달려 몸부림치며 달려 올라오는 붕어의 짜릿한 손맛을 보며 하루해를 보내고 나니 마침 성황당에 정성들여 당제를 지내고 백설기 떡과 막걸리를 나눠 먹느라 법석거리고 있었다.

온 마을 주민이 다 모여 음복飮福을 하면서 노인 먼저 대접이 끝나면 젊은이들은 영농을 의논하고, 여자들은 나름대로의 이야기꽃을 피우면서 맛있게 음식을 나눠먹는 흐뭇한 풍경이다.

고사떡은 쌀을 가루로 해서 고물 없이 시루에 익혀 낸 하얀 백설기 떡으로 모두가 하나가 되자는 단합의 떡이기도 하다. 그야말로 티 하나 없이 깨끗한 음식이기도 하다.

느티나무 숲 속 제당에 백설기를 시루째 떼어다 놓고 주민의 안녕과 행복을 빌며, 세대주별로 평안을 빌어주고 소지燒紙를 일일이 올리면서 산신山神에게 풍년을 기원한다. 이는 미신이 아닌 사람들의 마음을 모으는 하나의 풍속이다.

나도 그들 대열에 끼어 고운 백설기 한 조각을 들고 입에 넣으려 하니 철없던 어린 시절이 뭉클하게 떠오른다. 전쟁 당시 생사의 갈림길에서도 미숫가루로 끼니를 때우고 백설기로 시장기를 모면하며 괴로운 공포의 순간을 넘겼던 생각에 가슴이 미어지는 듯하다. 우레 같은 포성이 터지고 우박이 아닌 총알이 쏟아져 그 얼마나 많은 사람이 죽어갔는가?

군사편찬연구소에서 발표했듯이 6.25는 국내전이 아니라 세계열강 25개국이 참전한 국제전쟁이었다. 김일성은 스탈린과 모택

동으로부터 후원을 받으며 치밀한 공모로 남침을 전개했고, 중공군의 인해전술로 인해 국민들은 어쩔 수 없이 보따리를 싸서 정처 없이 남쪽으로 피난길을 떠났다.

끝없이 밀려오는 피난민 행렬 속에서 나는 큰아버지를 따라 무작정 남으로 갔으나 왜 전쟁을 하는 건지, 공산주의와 민주주의에 대한 개념은커녕 사상과 이념에 대한 기본적인 상식을 전혀 모르는 천진난만한 소년 시절이었다.

큰아버지는 나를 데리고 가시면서 우리 집안의 씨는 살려야 한다고 하셨고, 나는 정씨 가문에 유일한 씨받이가 되었다.

피난을 떠나면서 조그만 가방 속에다 백설기를 넣고 내 등에 짊어졌는데 떡 보따리 위에 올려놓았던 들기름 통에서 한두 방울 새어 나온 기름이 떡에 배어 버렸다. 마른 백설기에 들기름이 묻으니 고소한 맛이 좋아서 자주자주 한 조각씩 꺼내 먹으면서 타박타박 걸으니 전쟁에 대한 공포심도 잊어버린 채 백설기 먹는 재미로 잘 따라다녔던 모양이다.

만물의 영장靈長이라는 우리 인간은 세상에 태어나서부터 백설기와 뗄 수 없는 인연을 맺고 있는 것 같다. 아기 낳고 3일이 되면 삼신할머니께 백설기와 국밥을 바친다. 그것은 산모가 건강해서 젖이 많이 나오면 아기가 많이 먹고 무럭무럭 잘 자라게 해달라는 축원의 일환이고, 삼신할머니 덕으로 잘 자라서 백일을 맞이했으니 고맙다는 인사를 드리는 것이다.

그리고 마침내 돌이 되면 백설기와 수수팔떡으로 돌맞이를 하는데, 수수팔떡같이 둥글둥글 쓰러지지 말고 잘 걸으라는 뜻이며, 팔과 수수의 빛깔이 붉은색이기 때문에 귀신이 무서워 달려들지 말라는 의미요, 백설기는 속도 희고 겉도 하얘서 백의민족

을 상징하는 떡으로서, 속과 겉이 깨끗하고 변함없이 건강하게 잘 크고 장수하라는 의미인 것이다.

그러한 고풍스러운 풍습은 아직도 전해 오고 있다. 우리들 할머니 어머니들이 어렵게 살아온 이야기는 덮어두더라도 한 여자가 평균 다섯 내지 여섯의 아기를 낳았으며, 심지어 열 이상도 낳았다. 그 시절에 피임약이 없으니 생기는 대로 고통을 참고 혼자 낳아 키웠다. 조산원助産院이란 곳은 사람들이 많은 도시에나 있었으며, 지금은 한 곳도 없고 산부인과병원으로 변했다. 불과 7~80년 전에는 집에서 해산解産하고 산후조리도 할 새 없이 이삼일 내에 억지로 일어나 손수 밥을 해먹으면서 디딜방아를 찧었고, 밭에서 김을 매는 등 가사일을 돌봐야 하니 과연 그 시절 여자들의 생활상이 어떠했겠는가? 그야말로 참혹하고 처절한 생활의 연속이었으리라.

집을 짓거나 토목공사 시공할 때는 백설기와 돼지머리를 상 위에 차려놓고 탈 없이 잘 끝내게 해달라고 고사를 지낸다. 차를 사도 운행하기 전에 백설기 시루떡을 차 앞에 놓고 무사를 빌었다.

배를 짜서 진수식을 할 때나 바다에 나가 일하는 어부들의 안녕을 위해 해마다 제를 지낼 때도 백설기는 빠지지 않는다. 뿐만 아니라 시골마을 동고사洞告祀에도 반드시 백설기가 있어야 한다. 백설기는 우리 고유로부터 유래된 숭고한 음식으로서 대대로 존경받을 것이며 풍속이 사라지지 않는 한 존속될 것이다.

하얀 눈이 펑펑 내리는 날 백설기 시루떡을 만들기 위해 어머니는 가마솥에 옹기시루를 올려놓고 쌀가루를 수북하게 담아 뚜껑을 덮은 뒤, 밀가루 반죽을 하여 솥과 시루 사이 틈을 메워 붙이고, 아궁이에 불을 붙여 놓으면 탁탁 타는 장작불 소리가 유난히

도 한가롭고 흐뭇했다.

정성과 사랑이 담긴 백설기는 우리나라의 유구한 역사 속에서 뜨겁게 익어오며 많은 애환과 뼈저린 사연들을 내포하고 있다.

사변 당시에는 더 심했다. 전쟁터에 나간 아들들의 무운장구武運長久를 빌기 위해 남몰래 백설기 시루떡을 수시로 해서 장독대에 놓고 자식 위해, 남편 위해 그 얼마나 많은 축원을 했던가? 초조한 마음을 달래는 어머니들의 정성이었으리라.

이제는 세월이 변하여 전해 내려오는 고유한 풍습들이 사라져 가고는 있지만 아직은 뿌리가 남아서 전해지고 있다. 깨끗하고 정직하며, 고운 마음으로 올바르게 살라는 내면성이 숨어있는 백설기는 고물 묻히며 모양을 내는 떡이 아니라, 속과 겉이 다르지 않은 검소한 생활 속에 알찬 발전을 위해 노력하라는 교훈이 담긴 떡이다.

살아있는 망부석

칠흑 같은 밤에 열차는 기적을 울리며 달려갔다. 자정을 넘기면서 하나 둘 곤한 잠을 참지 못하고 의자에 앉아 고개를 떨구고 코를 고는가 하면 잠꼬대를 하는 사람도 있다.

시골 아낙들이 마늘이며 고추포대를 끌어안고 새벽 기차의 일반 칸에 올라와 진을 친다. 완행열차는 자디찬 안개 속을 뚫고 긴 굴을 빠져나가느라 벅찬 숨을 쉬듯이 끽끽- 고함소리만 애절하게 울릴 뿐이다.

동이 틀 무렵 일행을 기다리는 버스에 올라타니 아늑한 기분이 든다. 마침내 안내원이 차에 올라타서 마이크를 잡고 "이거이 금강산으로 가는 버스라요!" 하는 인사말을 들으니 북한 땅으로 가는 실감이 나기 시작했다. 차는 벌써 샛별을 등에 지고 줄기차게 북으로 달려 접경지역에 당도하면서 감회가 새로워진다.

때는 생동하는 봄을 넘기면서 이제 막 초여름을 맞이하고 있어 산과 들은 초록색 옷으로 갈아입고 있지만 아직 밤기온은 쌀쌀하고 북으로 갈수록 한기가 가슴을 파고드는데, 경비구역에 다다르니 새로운 공포에 사루잡힌다. 하지만 이국땅 해외 여행긴처럼 느끼는 것보다도 난생 처음 바라보는 북한 산천과 꿈틀꿈틀 움직이는 사람들을 보니 새롭고 반가우면서도 서글픈 생각이 들기도 한다.

남북이 서로 총부리를 겨누고 있는 철조망 경계선을 넘어 멀리 서나마 북한 생활상을 엿볼 수 있는 기회였다. 출입국사무소에서 인민군들이 서류와 얼굴을 번갈아 쳐다보는 까다로운 수속을 받고 무사히 통과했다.

하늘도 먹구름이 잔뜩 끼어 무척이나 어설프다. 차창 너머로 북한 사람들이 한눈에 들어온다. 넓은 들판 구석마다 인민군과 민간인들이 합동으로 공동작업을 하는 모양이다. 마을 주변의 높고 낮은 산은 나무가 없어서 벌거숭이다. 산 위에서 인민군들이 이리저리 움직이고 호를 파느라고 흙을 밖으로 던지는 광경이 마치 전선 같은 감회가 들어 공포 분위기를 자아낸다.

마을 입구마다 인민군이 총을 들고 살아있는 망부석이 되어 뻣뻣이 서서 우리들이 타고 가는 버스를 지켜보고 있을 뿐이고, 검고 칙칙한 집들은 마치 축사처럼 어설퍼 보인다. 보초병들이 길 곳곳에 서서 석고상처럼 굳어 있다.

여기저기 들에서 일하는 사람들의 과반수 이상이 인민군들이고 단체로 공동작업을 하는 모양이다. 자기 것이라는 애착을 가지고 일하지 않을 것이니 그 곡식이 잘될 수가 있겠는가?

마치 우리나라의 50년대처럼 비포장도로로 우마차가 힘들게 가고 있고, 어떤 사람은 자전거를 둘러메고 내를 건너가는 보습도 보였다.

왜 산에 나무가 없을까? 북한은 지하자원이 풍부하기 때문에 석탄도 많을 텐데, 그것을 생활의 한복판에 접목시키지 못하고 나무로 땔감을 한 모양이다. 그러니 여름에 장마가 지면 사태가 나서 더욱 피해를 당할 터인데 주민들의 생활안전과 경제에 힘쓰지 않고 오직 무기개발에만 역점을 두는 북한은 한국을 적화통일

하기 위해 무수한 땅굴을 파고 세뇌교육을 철저히 하며 선전선동을 잘해서 국민들은 이에 현혹되어 우리를 철천지원수로 여긴다.

윙윙 달려가는 차 안에서 북한 주민들의 움직임을 묵묵히 바라만 볼 뿐이었다. 한마디도 말을 걸 수 없도록 경계가 삼엄했고, 북한 사람들이 우리 곁으로 근접하지 못하도록 하였다. 그래도 마치 머나먼 외국에 온 것처럼 신기한 것이 너무 많아 한눈도 팔지 않고 바라보았다.

우선 남한의 보리와 북한의 보리가 비교된다. 우리나라 보리는 기름진 거름을 많이 해서 무성하게 자라 쓰러지기도 했다. 그러나 북한의 보리는 무성하기는 고사하고 한 뼘도 자라지 못하고 양분이 없이 노랗다. 그럴 수밖에 없는 것이 북한은 화학 비료공장을 많이 건립했을 리 없다.

농사라고 해봐야 내 것이 아니기 때문에 남의 곡식을 공들여 재배하겠는가? 그런 보리가 과연 제구실을 할 수 있을까 걱정스럽다. 넓은 들판에 비닐천막 하나 없고 기계 못자리도 없다.

재래식 못자리 하는 주민과 군인들이 삼삼오오 짝을 지어 일하고 있으며 까만 여인네가 지게에 돌을 지고 가는 모습을 보니 한국 여성들과 비교가 되고 얼마나 고생스러울까 싶다.

잘 먹지 못하여 광대뼈가 툭 튀어나온 까만 얼굴에 머리카락을 날리며 소를 앞세워 논을 갈며 열심히 그리고 묵묵히 일을 한다. 분명 같은 말을 하는 동족인데 왜 남침을 해서 많은 일가친척들을 죽이고도 오늘날까지 대한민국을 미워하며 남조선 괴뢰집단이라고 하면서 호시탐탐 적화통일을 꿈꾸는 북한 위정자들은 국민들을 바보로 만들고 있다. 먹을 것이 없어서 고생을 하면서도 우리는 행복하다고 한다니 참으로 한심하다.

아낙들이 강가에서 빨래를 하고 사람들이 돌다리를 건너간다. 보따리를 걸머멘 사람, 무거운 짐을 지고 한없이 걸어가는 사람도 하나 둘 보인다. 경운기는 한 대도 없고 힘겹게 가래질하는 사람들이 넓은 들판에 여기저기 있다.

거리마다 똑같은 군복을 입은 인민군들만 수두룩해서 좀처럼 평화스러움을 발견할 수가 없다. 마을 곳곳에는 침묵과 비밀이 도사리고 있는 캄캄한 북한이다.

이와 같이 한눈에 들어온 북한의 생활상을 넘겨다보더라도 북한의 독재자들은 오직 무기를 제조하며 강한 인민군을 만드는 데 주력하고 있는 모양이다. 무서운 공산 독재사상 앞에 꼼짝 못하는 국민은 울분과 불만도 있을 수 없다.

그나마 죽지 않고 먹을 것을 얻으려면 오직 김일성과 김정일 그리고 김정은까지 대를 이어 충성해야 하는 참담한 생활이다. 허기진 배를 채우기 위해 나물 캐는 여인이 보따리를 걸머지고 동동 걷어 올린 마른 다리로 차디찬 내를 맨발로 건너는 것을 보고 숙연해지기도 했다.

싸늘한 바람에 끝없는 공동작업을 해도 수확기가 되면 전량 나라에 바쳐야 하기 때문에 각자 자기 몫이라고는 없으니 힘이 날 수 없고, 작업능률이 올라갈 수 없으니 풍년이 들 수도 없다.

이러할진대 종북좌파從北左派들은 북한을 찬양하며 숨어서 평화스러운 대한민국을 혼란하게 만들려고 한다. 북한의 처참한 생활상이 분명 외관상으로 보이는데도 말이다.

북한 땅을 바라보면 울화통이 치밀고 눈물이 앞을 가린다. 사상이 저렇게 무서울 줄 누가 알았으랴? 곳곳에 서 있는 보초병들이 두려워 말도 제대로 못했다. 삼엄한 경계와 공포감 때문에 금

강산이 아름다운 줄도 모르겠고 바위마다 붉은 글씨로 김정일을 찬양하는 글이 난무하여 경관이 훼손되었다.

나이 어린 청소년 몇 사람이 맨손으로 흙벽돌을 찍으면서 우리를 보고도 말 한마디 못하는 심정, 교육을 얼마나 했으면 표정까지 굳어 버렸나 싶다.

인민군은 10년을 복무해야 하는 실정이고, 말 한마디 잘못하다가는 쥐도 새도 모르게 숙청되어 아오지 탄광으로 끌려가거나 정치범 수용소가 아니면 죽임을 당해야 하는 참혹한 북한이 과연 같은 민족인지 의심스럽다.

마을마다 주민을 감시하기 위해 인민군이 망부석처럼 서 있고, 석고상이 된 어린 장병은 누굴 위해 반평생 고생을 하는가? 모진 종기가 하루 빨리 터져서 응어리가 쑥 빠지면 좋겠다.

겉으로만 봐도 눈물겨운 북한생활을 엿보다가 분노를 참으며 검푸른 동해바다 파도 너머로 한숨을 돌려 버렸다.

살아있는 망부석 · 06

외로운 목련화

봄바람이 소맷자락을 파고들어 쌀쌀하다. 사람들은 춥다고들 하는데 양지바른 언덕에는 새싹이 푸릇푸릇 돋아나고, 강변에 버들강아지가 눈틀 무렵 이름 없는 묘전에 할미꽃은 빨간 족두리를 쓰고 앉아있다.

진달래가 동산을 불태우고, 개나리는 돌담을 넘어와 사랑하는 사람을 기다리고 있어 참으로 세월의 무상無常함을 느낀다.

나는 비가 오나 눈이 오나 빠짐없이 노인종합복지관 서예실로 직장생활 하듯이 출근하여 붓글씨를 쓰며 사람들과 이야기하면서 즐겁게 살고 있다.

점심때가 되면 복지관에서 저렴하게 제공하는 점심을 먹는다. 음식을 만들고 나눠주는 사람들이 전부 봉사자다. 노인 대하기를 내 부모 모시듯 하는 직원들의 상냥한 마음씨가 가슴에 와 닿고, 정성스럽게 음식을 만들어 콩 한쪽이라도 나눠주려고 하는 주방장은 인정이 철철 넘친다.

사랑이 담긴 따뜻한 밥을 노인들에게 제공하면서 다양한 프로그램을 진행하며 친절하게 대하는 복지관 직원들에게 고마운 마음을 표하고 싶다.

늙은이들은 비경제활동 인구로서 나라와 가정에 보탬이 되지는 못하지만 그래도 젊은 시절에 쌓아 놓은 금자탑을 앞장세우면서

나 보란 듯이 도도한 노인들도 있다.

그러나 불우하게도 혼자 살면서 문명의 혜택을 받지 못하는 독거노인들은 당장 끼니걱정을 하며 살고 있다. 그래서 폐지라도 주워 모아 한 푼이라도 벌기 위해 노력하며 자신의 괴로움을 스스로 극복한다. 이러하듯이 돈은 사람을 지배하면서 마음을 흔들어 놓는다. 사실 나이가 많이 들면 경제적 손실만 내고 살 수밖에 없다.

내가 사는 빌라 밖에는 낮은 야산이 있고 숲이 우거져 있는데, 나무는 비가 오나 눈이 오나 한자리에서 우람하게 버티고 서 있다. 사람들이 가지 하나를 잘라내면 자르는 대로 약을 바르지 않아도 그냥 진을 내어 낫게 하면서 불만 없이 잘도 자란다. 녹송은 손실이 닿지 않아 제멋대로 커서 하늘을 찌른다.

새 신혼집을 짓느라고 까치 부부가 분주하게 날아다닌다. 한참을 바라보니 까치는 질서 있게 교대로 들락거리며 사랑의 단꿈을 꾸기 위해 저보다 더 큰 재목을 물고 날다가 쉬고 또 쉬면서 어렵게 집을 짓고 있다.

까치가 집 짓는 것을 보니 나의 과거가 떠오른다. 한참 젊었을 때 내가 살 집을 내 손으로 지으려고 재목을 나르고 흙벽돌을 찍어 말리는데, 갑자기 소나기가 퍼부어서 전부 깨져 버렸으나 실망하지 않고 다시 벽돌을 만들고 나무를 다듬어서 아담한 집을 지은 기억이 새롭다.

나는 까치집을 바라보며 사람이나 짐승이나 스스로 우러나는 재능을 발휘하면 활기찬 희망을 달성하게 되고, 주변의 지원을 바라기 전에 자기욕구의 충족을 위해 부단히 노력한다면 결국은 내가 바라는 바를 달성한다는 것을 새삼스럽게 느꼈다.

빈집은 쓰러져 가도 쑥대는 한 길이나 커서 바람에 흔들거리는데, 찾아오는 사람은 하나도 없고 죽어도 봐줄 사람 없는 외진 뜰 옆에 소복을 입은 듯이 하얗게 피어 봄볕을 덮어쓰고 있지만, 왠지 쓸쓸한 감회가 든다.

목화송이 같은 하얀 구름이 천지를 뒤덮고, 백합꽃이 화사하게 피었다가 오래지 않아 지는 괴로움을 본다. 보고 느낄 사람 없는 마당 모퉁이에 홀로 뽐내는 외로운 목련화를 한동안 정신없이 바라보며 신비스러운 향기를 가슴 깊숙이 저장하며 마셨다.

내가 사는 빌라 주변에는 초라한 오두막집들이 수두룩하다. 흙벽돌로 쌓은 벽과 낡은 슬레이트지붕들이 마치 축사처럼 납작한데 드나드는 사람이라곤 혼자 사는 노인뿐이며 어렵게 살고 있는 영세민 집성촌이다.

그나마 비어 있는 집들은 반은 무너지려는 상태이며 문은 발기발기 찢어져서 도깨비라도 나올 것 같고, 지붕은 빗물이 새어 방인지 외양간인지 모를 지경이다.

반면에 도시 영세민 빈민촌에는 과부寡婦들이 많이 살고 있다. 거의가 80이 넘었지만 안 늙어 보이고, 그들은 전쟁의 산물로 젊어서 미망인이 되었다. 과부가 되기 전에 낳은 어린 자식을 키우느라고 혼자 한평생을 외로운 목련화처럼 살아왔다. 피비린내 나는 동족 전쟁으로 인해 남편들이 억울하게 죽었기 때문에 짝 잃은 뻐꾹새가 된 것이다.

당시에 청년들은 정치가 뭔지도 모르고 도장을 잘못 찍어 공산당에 가입한 많은 사람들이 수년을 옥살이하다가 전쟁이 벌어지면서 죽은 사람, 일찍 피난을 가지 못한 공직자들이 좌익세력에 의해 죽은 자, 북한 의용군에 끌려가 죽고, 경찰과 군인가족이라

고 지방 좌익자들에 의해 몰래 총살당한 사람이 많았다.

남조선 해방운동을 한다며 북한을 찬양하는 지하 패거리들이 만든 조직보도연맹에 가입하였다가 패장敗將한 경찰에 의해 학살당했고, 그밖에도 미군 비행기의 폭격에 의해 죽은 사람, 김일성을 찬양하는 공산주의 사상가들이 반동분자라고 하면서 마음에 안 든 사람은 무자비하게 총살시켰다.

한때는 무더기로 남자들을 강변에 모아놓고 공산주의 사상이 없다는 핑계를 내세워 학살함으로써 하루아침에 한 마을에서 과부가 수십 명씩 발생했고, 죄 없는 사람들을 잡아다가 눈을 가리고 깊은 샘에 집어던져서 많은 사람이 희생되었다.

이와 같이 6.25는 공산주의자들이 선전포고 없이 무자비하게 쳐들어와 잔인하게 동포를 죽인 피비린내 나는 선생이었다. 이래저래 과부가 된 여인들은 생활의 어려움 속에서도 세상을 원망하지 않고 그런 대로 살고 있다. 물론 군경 유가족은 작으나마 연금으로 위로라도 받고 산다. 하지만 이유도 모르고 참혹하게 죽음을 맞이한 후에 지금까지도 그들의 유골이 어디 있는지도 모르는 유가족의 심정은 어떨까?

북한 김일성 일당이 쳐들어오면서 사회의 책임 있는 자들을 모두 처형했고, 아군이 수복하면서 공산주의 정착을 위해 인민위원장직을 한 사람이나 인민군에게 심부름 부역을 한 자들을 처형했다. 공산주의니 민주주의니 힐 것 없이 남자들이 많이 죽었다.

명분 없이 죽은 자의 과부들은 시원은 고사하고 홀로 외로이 생활에 어려움을 겪으며 자식 잘되기만 바라며 살아왔다. 딸린 자식들은 무럭무럭 커서 대학에 진학하게 되었으나 뒷받침해 줄 수 없이 시골에서 도시로 나와 남의 집 고용살이와 식모생활도

하고, 식당에서 설거지도 하며 혹자는 공장에 들어가 수단과 방법을 가리지 않고 최하위 밑바닥 직업을 도맡아 하며 자식들을 키워 냈다.

전쟁으로 인해 미망인이 된 젊은 아주머니들은 세상을 원망하기에 앞서 먹고 살기에 급급했고, 유복자로 태어나 아버지 얼굴도 모르는 자식들이 훌륭하고 위대한 인물이 되어 아버지의 원한을 풀어주길 바라면서 손발톱이 다 닳도록 일하며 값싼 빈민촌에 정착하여 한평생을 고생만 하고 산다.

이런 기막힌 사정을 털어놓지 않는 과부들은 노인이 되어서도 관청에 가기를 싫어한다. 그것은 아무것도 모르는 죄 없는 남편들이 남노당과 보도연맹에 가입했다는 이유로 경찰서에 끌려가 구타를 당하고 수년간 감옥살이를 하다가 죽었기 때문이다. 이러한 말 못하는 사상이 미망인들의 뇌리에 잠재되어 있다.

물론 과부들도 복사꽃처럼 예뻤던 새댁 시절이 있었으나 사랑하는 남편과 재미나게 살아보지도 못하고 유골도 못 찾은 채 한평생 외롭게 살고들 있다. 원수를 갚기 위해서는 자식들을 잘 공부시켜야 하겠다는 각오로 밑바닥 직업을 마다하지 않았으며, 그로 인해 우리나라의 교육열이 높아졌다.

그러나 지금도 이북 위정자들은 사죄는커녕 오히려 더욱 잔인한 살생을 일삼고 있다. 국민들은 먹을거리가 없어 굶어 죽는 자도 있다는데, 북한 고위직에 있는 자들이 호의호식한다는 것은 세상이 다 알고 있다.

북한 국민들은 독재자들의 총부리가 두려워 들고 일어나질 못하니 참으로 답답하다. 누구를 또 죽이려고 무기 만들기에 혈안이 되어 있는지 모르겠다. 김정일은 독재 왕국을 더 존속하기 위

해 그의 나이 어린 자식 김정은을 후계자로 내세우며 국민들을 터무니없이 선동하면서 모든 것을 비밀에 부치고 속이면서 악독한 군인들이 정권을 장악하여 무자비한 독재정치를 하고 있다.

그러면서 남조선을 한방에 날린다느니, 서울을 불바다로 만든다면서 미친 이리떼처럼 광란의 날조극을 벌이다가 급기야는 천안함을 침몰시켜 48명이 죽었고, 연평도 포격사건으로 인해 4명의 사망과 많은 부상자를 내고 재산피해를 당했다.

전쟁으로 인해 청춘과부가 된 오늘날의 할머니들은 잔인하게 흘러간 세월 속에 억울하게 한평생을 보냈는데도 참아온 분을 풀지 못하고 영세민 판자촌에서 어렵게 살고 있는 것이다.

하지만 올해도 약속이나 한 듯이 목련화는 만발하여 외로운 사람들을 울리고 있을 뿐이구나.

국민의 심판審判

자유민주주의 국가에서 국민이 판단할 수 있는 가장 준엄한 심판은 바로 선거選擧다. 기초의원(시, 군, 의원)을 비롯하여 광역의원(도의원), 지역 국회의원, 비례대표 국회의원, 시군 단체장, 도지사, 대통령에 이르기까지 전 국민이 직접 주권을 행사하여 뽑을 뿐만 아니라 잡다한 행 · 재정의 기수들을 선거로써 심판한다.

정직하고 봉사정신이 투철한 사람이 지역사회 발전과 삶의 질을 높이고 편안히 살 수 있는 세상을 만들기 위해 진심을 가지고 일할 수 있는 자를 고르려 함은 당연하다.

그러나 학연, 지연, 친족 등의 낚싯줄에 엉키고 자기의 약점을 감추면서 내가 바로 애국자며 국가와 국민을 위해 헌신 봉사할 인물이라고 떠들면서 주변 사람을 낮추는 선동을 하면서 마치 연극무대에 오른 배우처럼 행동하면서 자기를 높이기에 역점을 둔다.

젊은이들이야 어디 모여 앉아서 정치에 대한 평을 할 여유가 있으련만, 노인들은 모이라 하지 않아도 가는 곳이 공원 아니면 복지관이나 노인정에 앉아서 정치와 시국의 사설社設을 들추며 판단을 오묘하게 만든다. 그래서 노인이라고 무시하는 자는 뜻을 이루기가 어려우리라고 본다.

지난 19대 국회의원 총선 때 입후보한 자들이 어깨띠를 둘러메고 노인복지관을 방문, 일일이 악수를 청하며 명함을 나눠주면서

밥을 먹고 있는 노인들에게 불편을 주고 또 줄서서 밥 한 끼 때우려는 노인들에게 차례대로 인사하니 그 얼마나 편리한 선전이겠는가?

그러나 무관심이랄까 무소신이랄까 뒤숭숭한 말들이 많다. 다녀간 뒤에는 땅에 흐트러진 후보자 명함이 바람에 날린다.

네거리에서 신호대기 차량 행렬을 향해 똑같은 유니폼을 입고 체조 춤을 추며 당과 입후보자 이름을 알리는가 하면, 털털거리는 트럭에 인물사진을 달고 골목골목을 누비며 한 표를 부탁하는 일당 먹는 선전자들과 후보자의 황홀한 미래의 욕망은 끝이 없을 것이다.

국민 모두는 지난날의 헛된 공약을 너무 많이 남발하는 후보자들을 봐 왔고, 또한 개인과는 밀접한 관계가 없어 이해득실을 따지지는 않았을 것이다.

화장실 갈 때는 바쁘지만 돌아올 때는 느긋해져서 천천히 오게 마련이다. 그렇듯이 시간이 흐른 뒤에는 당선자나 낙선자나 '당신 언제 보았느냐?'는 식이다.

당사자를 찍어준 유권자는 배신당한 심정이 된다. 물론 바쁜 세월에 뒤돌아볼 여유가 있으련만 모두가 나라를 생각하는 도량이 넓지 않기 때문에 선거에 대한 무관심으로 인해 투표율이 저조한 것은 사실이다.

이러하듯이 해낭사는 난순하게 명예와 권력, 그리고 논을 노리는 꿈에서 깨어나 마음을 비워 국가와 국민을 위한다는 일념으로 주민의 여론을 심각하게 청취하고 교만하지 말며 올바른 판단을 하는 사가 성공할 것이다.

선거는 국민 개인의 의사를 최대한으로 반영하며 다수표에 의

한 판결이 한 사람의 인생관을 확 바꿔 놓는 중차대한 선택이다. 물론 당선자도 무거운 중책을 걸머지고 지휘자의 자리에 우뚝 서서 명예와 권력을 누릴 수는 있다.

그러나 과거 선열들은 나라를 위해 초개草芥와 같이 몸을 아끼지 않았다. 조국의 독립을 위해 의연하게 몸을 바친 애국열사들과 김구 선생같이 애국애족하는 진실한 마음으로 한 표를 호소하는 자들이 과연 몇 명이나 있을까?

오직 자기만의 명예와 출세를 위해 사람의 마음을 사려는 생각은 이제는 사라져야 하겠다. 어떤 자는 하늘에서 갑자기 내려온 듯이 중앙당만 타고 와서 과거 고위직의 위세를 내세우며 '내가 가장 적임자요'라는 당당한 태도에 오히려 점수를 깎이기도 하고, 혜성같이 나타나 여러분의 생활을 윤택하게 만들 수 있는 자는 바로 자기라고 호언장담하며 코가 땅에 닿도록 인사를 한다.

물론 국민들도 그들에게 도에 넘치는 많은 것을 바라는 것은 아니다. 이제는 국민들도 알만큼 알고 깨칠 만큼 깨어 있다는 사실을 직시直視해야 할 것이다.

국민이 주는 깨끗한 한 표는 참신하고 정직한 사람에게 거침없는 심판이 내려질 것이니, 지저분한 욕심쟁이는 마음도 먹지 못하도록 빗장을 단단히 쳐야 하겠다.

살아있는 망부석 · 08

유적비

유월 햇살이 따사롭게 쏟아진다. 그리 넓지 않은 잔디밭 광장에 빨간 영산홍이 정열을 퍼붓는 곳에 우람하게 우뚝 서 있는 화강암 비석 앞에 섰다. 나는 초등학교 유적비遺跡碑를 쓰다듬으며 그리움을 달래본다.

검푸른 호수는 송조회 운천호를 등에 업고 힘에 겨워 엎어지듯이 물거품을 일구면서 달려와 무거운 발걸음으로 계단을 올라와 바라보니 잊을 수 없는 모교가 영상처럼 스쳐간다.

달리고 뛰놀며 공부하던 학교가 용궁 속으로 사라지고 구름도 물속으로 숨었는데, 간간이 낮에 뜬 달이 두둥실 호수 속에 박혀 있어 잠시 동심으로 돌아간다.

웃옷 벗어 던지고 친구 등위에 올라타 기마전 하던 넓은 운동장이며 손때 묻은 책상과 칠판이 그 속에 있고 엄격했던 선생님들의 목소리가 귀에 쟁쟁하게 남아 있다.

자유스럽게 흘러내리는 남한강을 가로막고 장엄한 댐을 만들어 수력발전소를 건설했기 때문에 그 안에 살고 있던 사람들은 정겨웠던 고향을 수장水葬하고 배움의 샘터가 물속에 가라앉아 영영 찾아볼 수 없게 된 것이다.

그로 인해 양지 언덕에 모교 유적비를 세우고 매년 꽃피는 5월이면 동창 · 동문들이 한곳에 모여 지나간 옛날을 되새기며 잃어

버린 고향의 애환을 달래곤 했다.

굽이굽이 흐르는 강변에 야생화는 피고 지는데, 논과 밭에서 땀 흘리며 일하던 농부는 강태공이 되어 쏘가리를 잡아 올리고, 유람선은 노래하며 옛 산등을 넘는다. 인적 없는 댐가에서 넘실거리는 수평선을 바라보니 너무도 외로워서 부질없는 사색思索에 잠겼다.

학교는 우리 인간들의 지혜와 재능을 마음껏 발휘하도록 깨우쳐주고 모르는 것을 배우는 터전으로서 죽을 때까지 잊을 수 없는 요람搖籃이자 생활의 한 모서리였다. 그래서 더욱 잊을 수가 없고 버릴 수도 없기 때문에 비를 세우고 과거를 회상해 보는 것이다.

그러나 이제는 아련한 추억으로만 남아서 가슴 울먹이게 하며 사람마다 그리움만 도사리게 된 것이다.

사회생활의 편리함과 문명을 누리기 위해 만든 댐으로 인해 주민들은 애석하게도 자자손손 물려받으며 살아오던 집과 아까운 옥토를 수장하고 정들었던 이웃사촌들과 안타깝게 작별하며 모두 동서남북으로 갈라져서 떠나야만 했다.

사방으로 뿔뿔이 이주하면서 가옥을 부수고 오래된 조상의 묘소까지 파내 햇빛을 쏘이며 버림으로써 정신적 고통은 말할 수 없었다.

'아, 다시는 갈 수 없는 고향!'

향촌이 영영 물속으로 없어졌다는 우울한 현실에 사로잡혀 참으로 잔인한 세상을 맞이했던 것이다. 마치 거둬들일 것이 없는 빈 들판을 바라보는 허전함과 방황이었으며, 외롭고 의지할 곳 없는 노숙자가 서울역 광장에서 잠자리를 고르는 것과 같았다. 먹을 것 없는 빈 배낭을 지고 높은 산악을 오르는 것과 같이 험난

한 이주였기 때문이다.

물론 지금쯤은 각자 사는 곳에서 정 붙이고 살 것으로 본다. 그렇지만 고향을 강제로 버린 사람들은 낯선 곳에서 감당할 수 없는 막막한 살림살이를 추스르기 힘들었을 것이다.

게다가 긴 세월 동안 코 흘리게 친구들과 공부하던 모교마저 물속으로 가라앉아 다시는 찾아볼 수 없게 되었다. 더군다나 남아 있는 조상의 묘소를 찾아보려 해도 고립지역이라 갈 수가 없어 막막함뿐이었다.

이와 같이 안타가운 사연을 아는지 모르는지 물오리만 두둥실 떠다니며 우리들의 외로운 마음을 달래주었다.

동문들이 서로 한곳에 모여 지나간 과거사를 이야기하면서 즐거운 한순간을 갖고 싶어도 마땅한 장소가 없어 남의 학교 교정을 빌리기도 하고 강변을 광장 삼아 총동문회를 하기도 한다.

주민이 다 떠나가고 고립지역이 되다 보니 교과부에서도 대교對校는 생각지도 않았으며 보상비는 정부가 흡수한 것이 아닌가? 그렇다면 유적비 하나 정도는 나라에서 세워 주었어야 했다.

하는 수 없이 모교를 졸업한 사람들끼리 십시일반으로 후원금을 모아 댐 주변에 유적비를 세우기에 이른 것이다. 그래서 매년 한곳에 모여 고향 잃고 모교 잃은 설움을 함께 달래곤 한다.

호수에 피는 물안개를 바라보니 그 안에 내 발자취가 생활의 리듬으로 남아있고, 이따금 신작로 한복판으로 뿌연 흙먼지 일으키며 장돌뱅이 트럭 지나가면 그것이 신기해서 동네 아이들이 달음박질치던 싱그런 사람 냄새가 물 밖으로 구수하게 풍겨 나오는 듯하다.

파란만장한 과거를 희구希求하며 바다와 같은 댐가에 앉아 밤

하늘의 별을 세며 침묵의 공간을 스쳐 가는 강바람을 맞으면서 인간의 흔적을 더듬어 본다.

동문 회원들 중에는 이미 저승으로 가신 분들이 많고 세상에 남겨진 사람들은 없어진 모교를 애석하며 지나간 세월을 비碑에서 찾으려 한다.

나의 어린 시절 일제강점기 식민치하에서 학업을 성취할 때 학교 내에서 동료들 또는 선생과 일본어를 쓰지 않으면 호된 벌을 받았다. 같은 대한민국 사람인데 우리 글로 된 책이 없어서 그랬는지 일본말만 가르쳤다.

일본 사람으로 만들기 위한 수작이었을까? 아니면 선생들이 먹고살기 위해서였을까? 그들은 분명히 조국을 불리하게 만들고 일본 편을 드는 친일파였을 것이다.

국기게양대에는 일본 국기가 펄럭였으며, 교문 앞에 선생들이 지키고 서서 학생들을 일일이 챙겨 보고 국기에 대하여 경례를 안 하면 무자비하게 구타를 했다.

학교 뒷동산 위에 광장을 만들고 신사라고 하는 조그만 건물을 세워 신주를 써 놓고 매일같이 학생들이 이곳에 올라가서 예를 차려 엄숙한 마음가짐으로 손바닥을 치고 참배를 해야만 벌을 받지 않았으며 아침조회 시간에 일본 국가를 힘차게 부른 다음 공부를 시작했다.

이렇게 역사 깊은 모교의 국기 게양대에는 36년 동안 일본 기가 휘날렸고, 해방되면서 우리나라 국기가 드높이 휘날리다가 북한이 남침을 하면서 인공기(북한 국기)가 걸리기도 했으나 미군기 폭격으로 인해 이내 걷어치웠다.

국가의 상징인 기가 교정에 펄럭임으로써 학생들이 나라를 생

각하게 되고 한 깃발 아래 단결되어 애국애족하는 마음을 간직하게 되는 것이다.

6.25가 터지면서 미처 피난을 가지 못한 나는 공산치하에 머물게 되었다. 그들은 학도소년단을 조직하여 학생들을 모아놓고 괴상하고 잔인한 빨치산 노래를 불렀다.

그러면서 우매한 선배들이 이유도 없이 교실바닥에 꿇어 엎드리게 하고 남조선이 해방됐다면서 신바람이 나는 모양이었다. 그러나 비행기 폭격을 당해 그 자리에서 즉사하는 그들을 목격하고 공포에 질려 집으로 도망쳐 왔던 기억도 아직 생생하다.

흑칠판에 분필 글씨를 쓰면서 공부시킨 선생들이 조금만 잘못을 해도 엄한 벌을 주기 때문에 어린 우리들은 발발 떨면서 신생이 시키는 대로 하지 않을 수 없었다. 장가가서 아기가 있는 사람도 있었고, 교실에서 바로 일본 군대 징용으로 끌려가는 자도 있었으니 같은 반끼리도 많은 나이 차가 있었고 월사금(수업료)도 꽤 많이 냈다.

선생들은 같은 말로 일본이 잘살고 세계적으로 제일 발전한 좋은 나라라고 가르치면서 일본과 한국은 하나가 되었다면서 한국인을 일본 사람으로 만들기에 혈안이 되어 있었다.

일제 시절에는 공부는 뒷전이고 초등학교 학생도 산에 가서 솔방울을 주워 와야 했다. 시키는 대로 해야 하기에 어린것이 점심도시락을 옆구리에 차고 산허리를 맴돌다가 험한 산비탈로 구르면서 점심 바가지는 박살이 나고 몸은 상처투성이가 되었으며 밥을 굶고 허기진 배를 쥐고 참아야만 했다.

넘너 공학이라 개구생이들은 여학생 도시락을 점심식사 전에 몰래 먹고 빈 도시락에다 개구리를 잡아넣어서 밥 먹으려고 도시락

을 열면 개구리만 펄떡 뛰어나가서 여학생들이 놀랠 뿐만 아니라 점심을 굶는 상황까지 있었으니 웃지 못할 동창들 간의 추억을 웃음으로 이야기한다.

한강변 모래밭에서 친구들과 알몸 비벼대며 씨름하다가 기운이 모자라 지면서 모래만 한입 물어 분을 참지 못했으나 서로 위로를 하고 버들가지 꺾어 호데기 틀어 불면 흥분한 마음이 가라앉았다.

그러던 어린 시절 친구들은 모두 떠나가고 출렁이는 파도는 산허리만 깎아내리는구나.

해방 후 우리 글, 우리말을 제한받지 않고 배우고 익히면서 운동회를 열어 학부형과 아이들이 같이 손잡고 운동장을 돌면서 즐거운 하루를 보내기도 했으며, 학예회라 하여 무대를 만들어 노래와 연극을 하며 학생들의 예능을 발휘하기도 했다.

강점기 시절에는 일본 사람 외에 타국인은 한 사람도 보지 못했다. 외국인은 어떻게 생겼는지, 검둥인지 흰둥이인지, 코가 큰지 작은지 상상도 하지 못하고 어린 시절을 보냈었다.

그러나 지금은 어떠한가? 전 세계를 주름잡을 정도로 발전했고, 각국 나라 사람들이 우리나라에 많이 들어와서 살고 있지 않은가?

인심 좋고 아름다우며 해맑았던 산촌과 모교는 없어진 지 오래고 진초록 광야도 오간데 없이 검푸른 충북의 바다를 이루고 있으며 어부는 뽕밭에 뱃머리를 대고 졸고 있어서 내 살던 곳이 어디냐고 물어보지도 못하겠다.

학교 울타리는 측백나무로 막아주었고 아름드리 사시나무는 무더운 더위를 식혀 주는 냉풍지대였다. 내 고향에 봄이 들면 진달

래꽃이 산허리에 불 지르고, 소 모는 쟁기소리가 구성지게 울려 퍼졌다.

새벽을 여는 장닭은 홰를 치며 울고, 느티나무 그늘이 여름방학 놀이터가 되었는데, 들판 멀리서 논매는 소리가 아늑하게 울려 퍼지면 점심 함지박을 머리에 인 아낙이 땀 흘리며 들판으로 달려가던 전형적인 농촌 풍경이 눈에 삼삼하고, 매미와 청개구리가 요란하게 울면서 일기예보를 했었다.

서리발에도 국화는 아름답게 피고, 단풍잎이 정열을 바치다가 땅에 굴러 떨어지면 소금 같은 눈이 자박자박 올 때 집집마다 구수한 살림살이 소리가 흘러나왔었다.

유적비는 이런 모든 애환들을 천년만년 말해줄 것이리라.

살아있는 망부석 · 09

향수鄕愁

충주호 깊은 물속이 내 고향이다. 야생화 흐트러진 언덕에 꽃사슴 뛰놀고, 물오리 한가로이 떠다니는 달래강변에 옹기종기 모여 사는 평화로운 마을이었다.

다정했던 이웃이 검푸른 호수 속에 가라앉아 보이지는 않아도 아직도 그대로 살고 있는 듯한데, 출렁이는 물결소리만 서글프다. 가슴속 깊이 도사리고 있는 정이 그대로 살아있어 지나간 그때 그 시절의 일들이 영화처럼 돌아가며 뇌리를 울린다.

청년시절 동산에 올라 풀향기, 흙냄새 맡으면서 친구들과 어울려 희망찬 미래를 약속했는데 이제 와 생각하니 허망한 꿈으로 사라지고 저녁노을만 붉게 물들어 황홀하구나.

댐 주변 언덕에 올라 새소리 들으며 눈감고 누웠으니 들판에서는 소 앞세워 쟁기 부리는 소리가 기운차게 울려오고, 한가롭게 피어오르는 저녁연기가 온 마을에 퍼지는 듯하구나.

무더운 여름이면 느티나무 그늘 아래 낮잠으로 휴식을 취하고, 장기바둑에 홀려 소먹이 장만할 생각도 안하고 있다가 해가 넘어가서야 땅거미 그물 치는 산에 올라 서툰 낫질해 보지만 꼴짐은 채우지 못하고 달만 한 짐 지고 왔었다.

설익은 밀밭에 들어가 푸른 밀을 한아름 잘라서 불에 구워 손바닥이 까매지는 줄도 모르고 싹싹 비벼 호호 불어서 입에 넣으

면 쫄깃쫄깃 왜 그리도 맛있었는지, 밀서리에 반해서 얼굴이 도깨비가 된 것조차 잊어버리고 서로 바라보며 깔깔 웃던 때가 어제 같은데 세월만 물 흐르듯이 가고 있다.

때로는 참외서리 하면서 농사지어 놓은 남의 밭에 마구 들어가 한입 물어뜯으면 써서 못 먹고 버렸다. 요즘 같으면 큰 도둑이라 하고 잡히면 전부 변상을 할 것이지만 그 시절엔 그런 대로 봐주었으니 참으로 인심이 한없이 좋았다.

비 오는 날이면 울타리에 주렁주렁 달린 애호박 따다가 빈대떡 부쳐서 이웃 불러 보리막걸리로 잔치 벌이며 하루해를 즐겁게 보낸 것이 이제 와 생각하니 한없는 정이었나 싶다.

젊은 청년이나 아이들을 보면 이유 없이 주먹을 휘두르는 이씨 할아버지가 가꾸는 호박엔 나무말뚝 치기가 일쑤였으나 그런 대로 웃으며 넘어갔다. 심지여 밤중에 남의 닭을 잡아 밤참으로 나눠 먹고 입을 닦아 버려도 말없이 넘어갔던 시절이 있었으니 호랑이 담배 피우는 때라고나 해야 할까 싶다.

그 순박했던 이웃 정이 모두 다 용궁 속에 가라앉아 건질 수도 없으니 어렴풋한 향수에 젖어 미칠 것만 갔구나.

장돌뱅이 트럭이 신작로 한복판으로 뿌연 흙먼지 일으키며 털털털 굴러오면 그것이 신기해서 달음박질치던 시절엔 보리밭 이랑에 종달새가 둥지 틀어 새끼를 깠었는데, 이제는 모두 다 잊어버리고 꿈을 꾼 듯하구나.

출렁이는 물결은 산허리만 깎아 내리지만 관광인파 실은 유람선은 유유히 물살 가르면서 월악산과 단양팔경을 자랑하고, 농사짓던 사람은 어부가 되어 강태공이 되었는데, 정들었던 향리는 깊은 물속에 사정없이 가라앉아서 물귀신이 되었나 보다.

그래도 인적 끊어진 고립지역에 조상의 묘소가 남아있어 한 많은 혼령들이 새소리 물소리 서글프게 새기면서 고이고이 잠들어 있다. 말 못하는 혼백마저 외로운 곳에 누워 있어 자주 마음 내킬 때 가 보지 못하는 후손들의 마음은 더할 나위 없이 안타까울 뿐이다.

곰바위는 물속에 가라앉아 잉어집이 되고 물새들은 호수 맴돌며 조용히 파문만 그리는데, 그 속에 일그러진 고향 산천이 뜬구름 밑으로 얼룩얼룩 일렁거린다.

맥주거품 일듯이 부글부글 물기둥 일어나는 뱃머리에 앉아 명상에 잠기면 혼자의 몸처럼 외롭고 서글퍼지는데, 물에 잠기지 않은 크고 작은 산들이 고향 찾은 나그네를 반기는 듯하고, 철찾아 돌아온 부엉이가 시름없이 우는구나. 그리움으로 일관했던 모든 과거들이 물속에 숨어 있어 되찾을 수는 없지만 영원히 잃어버린 고향을 생각하면 가슴 미어진다.

국가는 소외된 수몰민들의 아픈 가슴을 달래주길 바란다. 물은 물대로 제길 찾아 흘러만 가고 되돌아올 줄 모르듯이 우리 인간 또한 세월의 뒤안길에서 부귀영화를 기대하며 부질없는 욕망을 채우려고 애쓰고 있지만 역시 가면 다시는 되돌릴 수 없는 나날을 까맣게 모르고 있는 것이다.

까마득한 옛날 내가 살던 곳에서는 일식日蝕을 보고 하늘 개가 해를 먹다가 뜨거워서 다시 토해 낸다고 했으며, 월식月蝕은 토끼가 달을 삼키다가 너무 차서 못 삼킨다면서 마을 주민이 한자리에 모여 태산 같은 근심을 했고, 어머니는 상위에 물 한 사발 떠다 놓고 "제발 하느님이시어, 다 삼키지 말고 밝게 하소서" 하며 빌기까지 했으니 이 얼마나 어리석은 시절이었는가 싶다.

무더운 여름날에 덤벼드는 모기떼를 막기 위해 집집마다 쑥대 태우는 모닥불 연기가 온 마을을 뒤덮었고, 앞마당에 멍석 깔고 누운 할미는 손자 끌어안고 "별 하나 나 하나" 별을 세며 자장가를 부를 때, 풀 한 입 물은 누렁이 황소도 쇠꼬리 부채질로 모기를 날렸었다.

밤이 깊으면 모닥불도 꺼지고 소쩍새 구슬피 우는 소리에 손자는 할머니 가슴 파고들어 아늑한 잠을 자곤 했다. 삽살개가 외딴집 싸리문가에 누워서 짖을 줄도 모르고 오고가는 사람을 바라보는 광경은 지극히 순박한 시골 인심이 동물에게까지 전파된 듯싶었다.

쇠똥이네 막내아들이 빈대떡 들고 자랑하다가 강아지에게 뺏기고 분통 터져 전구통 끌어안고 애걸복걸했던 곳이 이제는 흔적도 없이 깊은 물속에서 꿈이라도 꾸는지….

어둑했던 일제강점기 시절 소나무 관솔불로 어둠을 밝히면서 애써 지어놓은 곡식은 전부 공출로 뺏기고 쌀이 귀해 죽으로 배를 채우며 일본인들에게 뼈저린 포악과 시련을 당하면서도 이웃끼리는 정이 넘쳐흘렀고 웃음이 담을 넘었다.

강변 모래사장은 벌거숭이 친구들의 씨름판이 되었고, 피라미와 메기 잡아 시원한 매운탕 끓여먹으며 장래를 약속했던 것은 모두 다 잊어버리고 이제는 향수병만 남아있다.

지금은 끈끈한 고향 소식 영영 사라지고 물거품 꺼지듯이 괴지는 없어졌는데, 그때 그 시절 그리워 충주호를 찾아왔지만 쏴-하는 파도소리가 사자처럼 달려들어 가슴만 울렁거리고 싸늘해진다.

살아있는 망부석 · 10

공원 의자

나라의 대동맥을 이루는 넓은 도로에는 밤낮 없이 많은 차들이 서로 다투듯이 달리며 생활을 만들어 가고 있다. 그래서 대도시는 보이지 않는 먼지로 옷의 목 부분이 금방 까매지고 공기는 탁하고 불쾌하다. 사람들도 인정 없이 냉정하며 서로를 의심해서 조금이라도 틀리면 용서 없이 다투기 때문에 늙은이들이 생활하기란 대단히 어렵다.

직장에서 퇴직한 젊은 사람과 늙은 노인들이 집 나오면 갈 곳이 없어서 흔히들 공원을 찾아서 배회하다가 다리가 피곤하면 기다란 나무의자에 앉아 흘러가는 구름만 바라보다가 벌렁 누워 잠을 청하기도 한다.

공원 의자는 누구나 앉을 수 있는 차별 없는 휴식처다. 잠시 쉬는 데는 이보다 더 편한 의자는 없다. 빙빙 도는 회전의자가 편할 줄 알지만 그 의자에 앉은 사람은 많은 고민을 하며 사무를 본다. 문제해결과 일의 성공을 위해 노력해야 하는 늘 불안한 의자가 회전의자이다.

공원 의자는 안락하지는 못해도 나무그늘 밑에서 앉아있거나 누워서 귀담아 들으면 별의별 소리가 다 들린다. 말매미가 가죽나무에 허물을 훌훌 벗어 걸고 맴맴거리면 시골의 운치가 나고, 그 소리는 신선하고도 한가롭다.

공원 의자에 누우니 세상이 편안하다. 불행한 사람, 행복한 사람, 괴롭고 고달픈 사람들이 정담도 나누고 세상사도 이야기하면서 편히 공원 의자에 앉아본다. 나무그늘 밑에 묵묵히 있는 의자는 비가 오면 비에 젖고 눈이 오면 그대로 맞아서 사람들한테 무시를 당하지만 날만 좋으면 한몫을 한다. 마치 막노동하는 사람같이 비 오고 눈 오는 날이 쉬는 날이다.

또한 공원 의자는 많은 사람들의 이야기를 청취하면서 묵묵히 비밀을 지켜주고 인간의 고뇌와 피곤의 열기를 식혀준다.

일없는 사람들이 서로 저 잘났다고 소란을 떠는 도심 한복판 작은 공원 구석구석에서 윷판이 벌어지고 장기와 바둑이 해 가는 줄 모른다. 윷을 던지고 덩실덩실 춤을 추는 사람도 있다.

"장이야, 장 받이라!" 하는 소리도 꽤나 한심하다. 하늘 뒤덮은 느티나무 그늘 아래 중년 된 남자 둘이 앉아 두런두런 이야기하는 것을 엿들어 본다. 한 사람이 "요즘 어떻게 지내시요?"라고 질문하자 물음이 미처 끝나기도 전에, "나야 뭐 하루 놀고 하루 쉬지요?"라고 대답한다. 얼핏 들으면 매일 노는 사람같이 들리지만, 그래도 하루 놀고 하루 쉬는 것은 약과다. 하루를 쉰다는 것은 일한 끝에 잠시 쉰다는 것이기에 완전한 백수는 아니기 때문이다.

점심을 때우기 위해 무료봉사 국수를 기다리며 긴 의자에 누워 있는 사람이 있는가 하면, 팔 다리 허리가 쑤시고 아파서 피로운 몸을 의지하려 해도 의자 하나 차지하지 못해 신문지 깔고 누운 자도 있다. 이것이 오늘날 노인들 삶의 끝머리인지도 모른다. 이렇게 할 일 없는 이 나라 노인들의 생활이라고 하면 무척 서글플 것이다. 그러니 전 세계가 그러한 추세에 있음은 누구도 부인할

수 없다.

어떤 늙은이가 타고 온 이륜차에서 울려 퍼지는 노래 곡조 역시 "청춘을 돌려다오 젊음을 다오~" 해서 무척 흥이 났으나 그들은 날마다 들어서인지 별로 흥미를 느끼지 못하는 듯했다.

수많은 노인들이 득실거리는 한심한 장소에서 얼굴에 붉은 핏기가 있는 한 노인이 "왜 요즘 유행하는 9988,234라는 말도 있는데, 건강 유지가 제일이오!" 하면서 아흔아홉까지 팔팔하게 살다가, 한 이삼일 앓고 사흘 만에 죽으라는 말이다.

행복한 죽음, 죽은 자도 행복을 느낄 수 있을까? 다만 산 자들이 말하는 허망한 생각이며, 죽음의 두려움을 조금이라도 탈피하고자 하는 욕심일 것이다.

물론 백세를 넘기기 어렵기 때문에 이런 용어도 나옴직하다. 아무런 생각도 없이 편안하게 긴 의자에 누워 나무로부터 흘러나오는 시원하고도 신비스러운 운치에 푹 빠지는 것보다 더 한가한 행복을 맛볼 수는 없을 것이리라.

아무리 살기가 힘들고 어려워도 역시 이승이 좋기 때문일 것이다. 공원 의자는 공공의 장소로서 때로는 보따리 장사 영업대가 되고, 밤하늘 아래 노숙객의 침실이 되면서 아늑함을 주기도 하며, 남녀 간의 진솔한 사랑 이야기가 넘치기도 한다.

그렇지만 모두가 비생산적이고 이 사회가 달가워하지 않는 늙은이들의 휴식처일 뿐이다. 꼬부라진 인생, 황혼의 안락의자, 물론 한세월 보내기 위해 조용히 앉아 하루해 넘기려는 노인들이 있는가 하면, 자기 몸을 마음대로 움직이지 못하는 중풍환자, 치매로 삶의 느낌을 잊은 사람도 많다.

공원 의자는 빈부격차가 없다. 지난날 우물가 돌의자에 앉아

며느리들이 시어머니 흉보던 시절이 있었고, 시어미는 짚멍석 깔고 앉아 며느리 따갑게 부려먹던 세월은 멀리 갔다.

그 시절 기억하듯 물방개 한가로이 노는 연못, 인동꽃 향기 풍기는 공원 나무의자에 앉으면 편안함을 느낀다. 공원에는 늙은이들만 오는 것이 아니다. 가끔 병아리 같은 유치원 어린이들을 선생이 이끌고 와서 의자를 중심으로 술래잡기도 하고 의자에 누가 먼저 앉나 내기도 하는데, 의자를 뱅뱅 돌게 하다가 갑자기 앉아 하고 소리치면 먼저 앉는 어린이가 장원이 된다. 그것도 계속 하다 보니 아이들이 꾀가 나서 의자 곁에서 제자리걸음만 하다가 일시에 앉아 버리면, 리듬은 깨지고 히히덕거리며 웃고 떠든다. 그것을 보니 돌아가는 세태의 꼴을 보는 듯 마음이 착잡해진다.

사람은 할 일이 있어야 한다. 그저 편안하게 의자에 앉아서 세상 타령이나 하고 '어떻게 하면 저 사람 머리 위에 설까? 어찌해야 저 사람을 속이고 내가 많은 것을 가질 수 있을까?' 그런 고약한 생각만 한다면 그야말로 지구는 멸망하고 인간의 참된 삶은 없어지리라.

먼 훗날을 생각해서 보다 건실하고 생산적인 활동을 하지 않는다면 농부는 쟁기를 부수고 선비는 붓을 꺾어야 할 것이다. 인간은 결코 빈둥거리며 놀면서 잘 먹고 잘살 수는 없기 때문이다.

사람들의 몸은 때에 따라서는 혈압이 높고 인슐린 부족으로 당뇨가 심하면 생각지도 못한 합병증이 일어나고 인체를 괴롭히는 콜레스테롤 과나중세로 중성지방이 쌓여서 열심히 운동하지 않으면 대사증후군에 걸리기가 쉽다. 뿐만 아니라 노화가 되면 절로 건망증이 일어나서 금방 한 일도 잊어버린다. 그래서 간혹 가스불에 냄비를 올려놓고 깜박 하는 바람에 불을 내기도 한다.

젊어서 심한 노동을 한 사람은 관절의 디스크가 닳아서 걸음을 잘 걷지 못할 뿐더러 척추의 물렁뼈가 낡고 튀어나와 허리는 절로 휘어져서 늘 누워 있지 않으면 코가 땅에 닿도록 고개를 숙이고 걸어야 한다. 이런 어려운 노인들이 집에 있으면 답답하므로 공원까지는 기듯이 와서 종일 의자에 앉아 있든가 누워 있어서 고정으로 의자를 차지한다.

무료 점심국수도 남이 타다 주면 근근이 먹는 불행한 노인들도 허다하다. 어쨌거나 공원 의자는 엄청난 봉사를 하며 세상 돌아가는 모든 소리를 다 들으면서도 말없이 번갈아 사람들을 쉬게 하는 고마운 의자이다.

살아있는 망부석 · 11

63 병동炳棟

바람과 함께 가을비가 으슬으슬 내리는 날에 갑자기 으스러지게 아픈 몸을 가누질 못해 119구급차에 실려 모 병원 응급실로 들어갔다. 검정 두루마기에 검정 갓을 쓰고 얼굴이 하얀 저승사자가 데려가려고 왔는데 응급차와 병원이 한사코 말리며 먼저 손을 쓰는 바람에 사자는 되돌아갔고, 몸은 병원에서 접수했다.

여기저기 급한 환자들이 아우성치는 한쪽 구석에 나도 침내 하나를 차지하고 누웠다. 하얀 옷을 입은 의사들이 급하게 움직이고 숨넘어가려는 사람들을 치료하기에 급급하다.

조물주가 만들어준 신비하고 성스러운 우리의 육체야말로 존귀하며 너무나 세밀하게 만들어져서 그 누구도 흉내 낼 수 없다.

사람은 다 같아 보여도 조금씩 달라서 이 세상에 단 하나뿐인 귀한 보물이다. 평생토록 큰 병 없이 잘 살기만을 바라지만, 오래 사용하다 보면 녹이 쓸고 부속을 갈아야 할 때 다시 바꿔주는 고난이도의 의술을 발휘하는 참 좋은 시대가 됐다.

의사들의 신속한 처리로 CT촬영까지 마치고 입원을 했다. 핑펑 날리는 하얀 눈이 유리창에 척 붙었나가는 소리 없는 눈물처럼 흘러내리고, 마른 잎이 떨어져 바스락거리며 구르는 소리가 쓸쓸하게 들려와 나의 아픈 몸을 사로잡는다.

마치 유도선수가 유니폼을 입은 듯이 아픈 사람들이 환자복으

로 갈아입고 무서운 병마와 대결하기 위해 잠시 휴식을 취하듯 편안하게 침대 위에 누워들 있다.

환자들 중에는 위암 선고를 받고 수술을 대기하는 자, 심장병으로 숨을 쉬지 못해 산소마스크를 착용한 자도 있다. 가래가 끓어올라 금방 숨이 멎을 것 같은 자도 있으며, 오래 전부터 식물인간이 되어 가족은 물론 곁에 있는 사람도 몰라보고 대변을 받아내는 자도 있다. 과연 이런 사람이 확실하게 병을 떨쳐 버리고 새로운 삶의 현장으로 돌아갈 수 있을까?

이런 사람들도 한때는 산을 옮길 듯한 기운과 엄청난 패기로 당당하게 살아왔을 것이다. 하지만 아무리 의술이 발달하고 극진한 간호를 한다 해도 깨어나질 못하고 2~3년 동안 병마에 시달리며 인공호흡기에 의존하여 오랜 세월을 허비하는 환자는 얼마나 고통스러울 것이며 보호자와 그 가족의 고통과 경제적 손실은 또 얼마나 크겠는가?

그래서 법적으로도 존엄사尊嚴死를 인정해 주자는 판결이 나온 모양이다. 나 어릴 적만 해도 61세 환갑還甲을 넘기지 못하고 돌아가시는 분들이 많았고, 40세만 되면 긴 수염을 단 할아버지가 되었다. 그럴 수밖에 없는 것이 16세에 시집 장가가서 자식을 보면 그 자식 역시 일찍 장가가기 때문에 40세면 손자를 봤다.

그러나 지금은 노인인구가 점점 증가하여 70~80세도 노인 청년에 해당된다. 비경제활동 인구인 노인들의 수발을 위해 젊은 사람들이 고달픈 인생을 참고 견디는 것이다.

내가 입원한 병원만 해도 70%는 노인들이고 60대가 뒤를 이을 정도다. 인간의 생명에는 한계가 있어 보편적으로 79~89세 사이에 저 세상으로 가고들 있다. 바로 이것은 대자연의 진리이자

조물주가 우리 인간을 만들 때 한계를 지은 슬픈 일이다.

사람들이 나이는 숫자에 불과하다고들 말하지만 부질없이 가는 세월 속에 녹이 슬어 잘 돌던 혈관은 절로 막혀 제 구실을 못하게 된다. 그러면서도 90세를 넘기는 자는 특별한 체질이라 생각된다. 아무리 의술이 발달해도 아직은 백 살을 넘기는 사람이 숫자로 셀 정도며, 대개는 그 자식들이 먼저 죽어 불행한 여생을 보내는 자가 많고 쓸모없는 인생 한계에 직면하는 것이다.

세월이 가면 자기도 알지 못하는 사이에 귀가 먹고, 이는 다 빠져 틀니를 하고, 안경을 써도 잘 보이지 않아 돋보기를 겹쳐 써야 한다. 그래도 그 정도는 살만하다. 중풍으로 거동이 극히 불편하여 보호를 받아야 하고 치매에 걸려 세상사를 알지 못하고 사꾸딴짓만 하는 노인도 있으니 이 얼마나 인생의 종말에 혹독한 시련을 당해야 하는 것인가?

어떤 할머니는 허리가 굽고 팔 다리가 아파서 움직이기에 불편을 느껴서 날이면 날마다 죽었으면 하면서도 죽지 못하는 것이 인생이다. 할아버지 한 분은 오랜 세월 동안 병마와 싸우느라 문밖출입을 못하는 지경이었다. 그래서 손자에게 "나 죽는 약 좀 사다 달라"고 애원했단다. 그렇게 날마다 성화를 해서 손자가 약국에 가서 원비 한 병을 사다주며 이것 먹고 돌아가시라고 했더니, 서운한 할아버지는 문을 열고 마당에 내버리면서 "빌어먹을 놈, 날 죽이려고 녹약을 사다 주냐!"며 화를 냈다고 한다. 이렇듯 삶에 대한 욕심은 한이 없는 것 같다.

사람은 고희古稀를 넘기면 책임질 일이 없어지고 몸은 무거워져서 있는 자나 없는 자나 매한가지고, 희수喜壽를 맞이하면 극도로 뇌가 쇠약해져 어린 아기가 되어서 활동성이 없어지게 되며

조그만 일에도 삐지는 경향이 많아진다. 88세 미수米壽를 넘기면 배운 자나 못 배운 자나 같으며, 95세 이상이 되면 산 사람이나 죽은 사람이나 똑같아진다고 이구동성으로 말한다.

생명에는 한계가 있다. 인간은 나이가 먹으면 제구실을 못해서 마구 먹은 음식의 영양분을 제대로 흡수하지 못해서 아픈 곳이 많아지게 마련이다.

나는 입원실에서 밤을 새우기가 너무도 괴로웠다. 내 앞 침대에는 86세 할아버지가 숨을 잘 못 쉬어 헐떡이고 있다. 옆 침대에는 87살 먹은 늙은이가 기침을 심하게 하면서 정신이 왔다 갔다 하는 모양이다. 나도 80세이지만 그래도 젊은 늙은이인 편이다.

몸은 괴롭고 아픈데 옆 침대에서는 자정을 넘었는데도 딱딱딱 소리를 내며 자기 침대 밑을 지팡이로 뒤지다가 다시 내 침대 밑을 더듬었다.

소란스러워 잠을 잘 수가 없어서 급기야 참지 못하고 일어나 "무엇을 찾으십니까?" 물으니 틀니가 없어졌다고 법석이었다. 80세를 넘긴 보호자라는 할머니는 곤한 잠을 자고 있으니 누가 환자인지 알 수가 없다. 자식들이야 부모님 병원비 마련을 위해 밤새워 작업을 하고 있을지도 모른다.

내가 일어나서 옆 노인의 침대 밑에서 무시무시한 틀니를 찾아 주었으나 입에 덜컥 끼우고 돌아누워 버렸다. 조금 서운했지만 아픔을 무릅쓰고 한잠을 자려는데 또 보호자인 할머니를 깨워 무슨 음식을 먹는지 그 소리에 도저히 잠을 잘 수가 없었다. 밤이나 낮이나 눈만 뜨면 먹어대고 오줌똥을 가리지 못하고 싸기 때문에 하루에도 몇 번씩 침대 커버를 갈아야 했다. 그래서 기저귀를 채우고 음식을 조절시키려 해도 굶어죽겠다고 소리를 고래고래 지

른다.

과연 이렇게라도 살아야 하는 것인가? 그래서 죄와 벌이란 말이 생겨난 모양이다. 뿐만 아니라 보청기를 손에 들고 있으면서 잃어버렸다고 법석을 떨다가 급기야 내가 "당신 손에 들고 있는 것은 뭐냐?"고 했더니 슬그머니 보청기로 귀를 막으면서도 기색 하나 변하지 않는다. 참으로 기막힐 정도의 치매 환자인 듯하다.

개도 길을 잘 들이면 말귀를 알아듣고 재롱을 부리는데 하물며 사람이 아무것도 모르고 아픈 자기만 생각하는 괴로운 세상이다. 자기의 불행 자체도 모르고 이웃의 아름다운 공간을 인식하지 못하며 두뇌가 극히 쇠약해져서 갓난아기보다 못할 때 과연 인간 구실을 하고 있는 것인가? 우리 모두가 깊이 생각해 봐야 할 과제이자 운명론자들의 풀지 못하는 숙제인 듯하다.

일몰日沒의 시간이 되니 여기저기 병실로 찾아와 떠들어 대던 문병자들의 발길은 끊어지고 병실은 고요한데, 침침하게 어둠이 번지는 63병동은 신음소리만 간간이 나고 낮에 죽었던 형광등이 애절하게 살아나고 있다.

가장 소중한 인간의 생명 연장을 위해 그렇게들 모였다가 다시 생활의 수레를 굴리며 일터로 가면서 사람들은 생의 두려움도 잊은 채 무심하게 살고 있을 뿐이다.

살아있는 망부석 · 12

노인종합복지관을 찾는 사람들

사람은 누구나 건강하게 오래오래 살고 싶어 한다. 신체적인 장애와 가난의 수렁에서 벗어나지 못하고 평생을 어렵게 산다 해도, 이승이 저승보다 더 좋다고들 이구동성으로 말하고 있으니 저승에 가보지 않고서야 이렇다 저렇다 말할 수 있겠는가? 영원히 없어지는 어두컴컴한 죽음 뒤의 세상을 누가 알겠는가?

인생을 비관하는 자는 죽음이 행복한 것이라고 하지만 인간의 행복을 어느 누가 장담하고 떠들 수 있겠는가?

인간의 생生과 사死의 의미를 쉽게 말할 수 없듯이 해 지면 달 떠오는 대자연의 진리를 과학의 논리로만 풀어야 하는지 등등의 유익한 대화를 나눌 수 있고 다양한 놀거리가 있는 노인을 위한 복지관이 곳곳에 있어 심심찮게 하루를 보낼 수 있다. 이곳을 이용하기 위해 아침 일찍들 와서 문 열어줄 때를 기다리다가 열자마자 노래방에서 청춘을 돌려달라고 아우성들을 친다.

체력단련실에서 운동기구에 매달려 땀을 뺀 할아버지 한 분이 여러 노인들이 쉬고 앉아 있는 틈에 덥석 앉으며 "어험, 며느리 앞에서는 마음 놓고 약도 못 먹겠고 운동하는 것도 눈치가 보여!" 하며 혼자 중얼거린다.

물론 며느리가 약을 못 먹게 하는 것도 아니고, 운동을 못하게 말리는 것도 아닐 텐데, 자기 스스로 오래 살고 있다는 죄책감과

자식에게 짐이 된다는 미안함 때문일 것이리라. 그래서 요즘 늙은 이들은 자신들의 힘으로 살기 위해 나름대로 노력을 하고 있다.

가면 다시 돌아오지 않는 냉정한 세월 속에 제각기 생명을 유지하기 위해 엄청난 고난과 시련을 겪으면서 작고 큰 행복을 추구하며 하루하루를 살아가고 있다. 하지만 늙으나 젊으나 병으로 인해 죽어지는 자연적인 현상을 조물주는 더 이상 만류하지 않고 있음을 사람들은 직시해야 한다.

사람은 누구나 자기 불행을 이 세상에서 제일 크다고 생각하는 것이 인지상정人之常情이다. 그 불행하다는 것을 다소나마 덜고 뭇 사람들과 어울려 이야기하며 젊어서 지녔던 실력을 과시하면서 하루해를 즐겁게 넘기라고 종합복지관을 건립하여 노인들을 위해 제공하고 있다.

싱거운 소리로 말하자면 현대판 고려장이다. 물론 건물은 초현대식으로 승강기도 있고 화장실 역시 안방같이 깨끗하게 만들어져 있을 뿐만 아니라 다양한 운동기구가 설치되어 있으며 당구대, 탁구대도 있고 체력단련실과 넓은 강당에서 즐겁게 춤도 출 수 있다.

늙은이들은 다리가 불편해서 거의 승강기를 이용하기 때문에 잠시도 기계가 쉴 틈이 없다. 그래도 몇몇 사람들은 계단을 걸어 올라가는데 한 번에 두 계단씩 디디며 올라가면서 건강을 과시하는가 하면, 겨우 4층까지 걸어 올라온 노인이 숨이 하늘에 닿을 정도로 헐떡거리는 경우도 있다. 동작 하나 하나가 다 느리고 힘들다. 이런 행동은 노인의 정상활동이라고 보면 족할 것이다.

늦은 오후 바지저고리를 입은 노인 한 분이 서예실 문을 열고 들어왔다. 그는 아무 말 없이 벽에 붙어 있는 글씨들을 휘 돌아보

고 내 앞에 와 한참 서 있다가, 입을 열어 "도대체 글씨라고들 써 붙여 놨느냐?"며 책망하듯 나에게 말을 건넸다.

나는 몹시 기분이 좋지 않음을 꾹 참고 이제 모두들 배우는 글씨들이며 잘되고 못됨을 발견하기 위해 붙여놓았다고 해명은 했으나 불쾌한 마음은 영 가시질 않았다.

도도한 분의 글솜씨를 보기 위해 화선지와 붓을 제공하고 한번 써 주기를 요구했다. 그는 한복 소맷자락을 걷어올려 붓을 주먹 쥐듯이 움켜쥐고 벌벌 떨며 용龍 자 하나를 휘갈겨 썼다. 와들와들 손이 떨려서 글씨가 영 말이 아니었다.

그렇다면 남이 써 놓은 글씨는 왜 그리도 쉽사리 평을 하는지 도대체 이해가 가질 않는다. 사람마다 개성이 있고 성격이 있는 것은 사실이지만 늙으나 젊으나 말이 앞서기 전에 많이 생각을 해야 한다. 그는 패기 넘치던 젊은 시절의 솜씨를 과시하려 했지만 뜻대로 되지 않자 아쉬워하면서 시무룩하니 지팡이를 질질 끌고 서예실 문을 나갔다.

정장에 넥타이를 매고 모자를 눌러쓴 한 신사 한 분은 모 공단 이사장을 했다며 목에 힘을 주면서 화려했던 젊은 시절을 토해냈다. 노인복지관에 와서 큰 소리로 떠드는 사람마다 젊어서 호랑이 안 잡은 사람 없고, 출세하여 좋은 자리에 안 앉아본 사람이 없다.

얼마 남지 않은 여생을 왜 그리도 과시하려 하는지 이해되질 않는다. 그 사람도 별수 없이 중식시간이 되니 여러 사람들이 길게 늘어선 줄에 서서 대기하고 있었으며, 빌딩을 여러 채 가지고 있다는 사람도 밥그릇을 들고 눈을 지그시 감은 채 배식配食을 기다렸다.

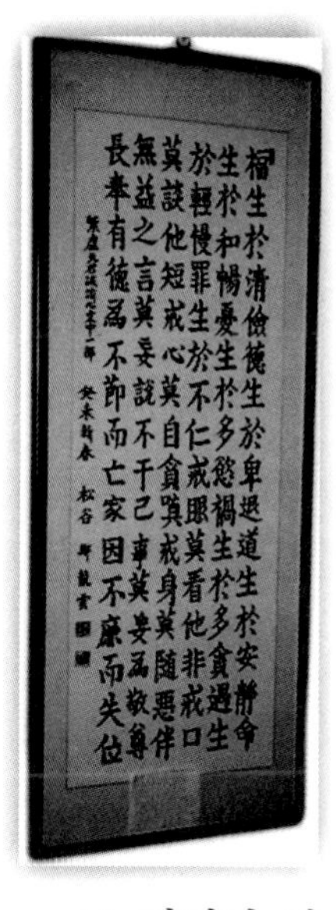

약국집 늙은 주인도 수족을 떨면서 밥 줄 때를 기다렸다. 약국을 하면서 약이 없어서 손을 떨고 수저를 흔드는가? 다 그들에게 주어진 운명이리라. 잘 먹고 운동을 많이 하며 혈기왕성하여 건강에는 장담하는 사람도 암이란 질병에 걸리면 일찍 죽을 수도 있다.

복지관에 와서 젊은 시절에 한자리했다고 거만하게 행동하면 머지않아서 따돌림을 받게 되고 혼자 어슬렁거리다가 점심 먹고는 바로 집으로 돌아가게 되는 사람도 더러 있다.

회사 사장을 지낸 사람, 선생 아니면 교장으로 퇴임한 자, 일반직 공무원, 공기업 직원 등 다양한 일터에서 나온 사람들이 복지관으로 모인다.

얼굴만 보면 나이도 짐작이 가는데 모두들 나이가 더 먹은 척하고 80 먹은 자가 90이라고 하며 존대를 받으려 하니 사람의 마음을 어찌 알겠는가?

적당한 운동으로 몸관리를 잘하면서 돈 있는 사람은 수시로 병원 출입을 하기 때문에 오래 살기도 한다지만, 장수하는 집안에 태어나 장수 유전인자를 지닌 사람은 운동을 하지 않아도 오래 살고, 단명短命인 집안의 유전자를 받은 자는 아무리 움직이고 좋은 약을 먹어도 오래 살지 못하고 일찍 죽는 수가 많다.

부모나 조상들이 당뇨를 앓은 집안은 언젠가 그 자손도 당뇨병을 앓게 되고, 중풍이나 치매환자가 있었던 가정에서는 언제인가는 그 자손도 그러한 병에 시달리게 된다는 의사진들의 학설도 있기 때문이다.

복지관에 모인 사람들은 나이가 많다는 것이 그렇게 자랑일 수가 없다. 나이가 많을수록 죽을 날이 가깝다는 것을 깨닫지 못하고 대접받을 생각만 하는 모양이다.

이런 사람 저런 사람들이 화려했던 젊은 시절을 보내고 노인들만 우글거리는 복지관에 와서 나름대로 자기를 과시하며 얼마 남지 않은 여생에 불복하며 발악을 하는 듯하다. 하얀 머리에 깊이 파인 주름살과 검버섯이 인생의 마지막 선물임을 입증하고 있고 해는 저물어 노을은 검붉어졌는데 말이다.

살아있는 망부석 · 13

부자富者와 빈자貧者의 차이

바람소리 물소리도 자동차 소리같이 들린다. 사회가 급속도로 발전하여 늘어나는 것은 자동차뿐이다. 그래서 한 집에 한 대 이상으로 차를 보유하고 있어서 대체적으로 문화적인 혜택을 많이 받고 있다. 이제는 스피드 세상이라서 월세방에 살아도 자동차가 없으면 생활이 불편할 뿐만 아니라 젊은 사람이 활기차게 움직이기 위해서는 집은 없어도 차는 있어야 한다.

우리나라 경제가 2만 불 시대를 넘어서서 3만 불 시대로 가고 있지만 아직도 없는 자는 지지리도 없고 있는 사람은 돈을 주체할 수 없을 정도로 많아 빈부격차貧富格差가 심하다는 것이다. 돈이 있어야 돈을 버는 자본주의 국가에서는 이를 탓할 수는 없다.

지구는 온난화로 각종 기상이변이 일어나고 있으며, 세상 곳곳에서는 시도 때도 없이 테러와의 분쟁과 더불어 서로를 속이고 속으며 산다. 그러면서 남보다 더 잘 먹고 더 좋은 집에서 고급스러운 생활은 물론이고 돈 걱정 없이 살고 싶어 하는 것이 사람이다. 명예와 재산을 동시에 거머쥐고 호의호식하며 알미움을 떠는 일부 부자들의 안일한 태도는 사회의 독버섯이 된다.

이런 자들의 생활상을 동경하며 그들의 모습을 흉내 내기 위해 범죄행위가 시도 때도 없이 발생하고 있고 죄의식도 없이 남의 돈을 뺏기 위해 살인행위를 하며 성폭행까지 한다. 이를 근절하

기 위해 각계각층에서는 부단히 노력하고 있지만 엄청난 파괴력을 가진 기근氣根에 대한 해결책은 없다. 뿐만 아니라 강대국들은 핵을 다 보유하고 있다. 핵을 무기로 삼는 북한은 공포를 주며 인간을 죽음으로 몰아넣으려고 하니 엄청나게 악독한 꼴불견을 보는 듯하다.

돈으로 포장한 인간사의 모든 것들을 보고 듣고 욕심이 나서 시시각각으로 일어나는 무도덕한 행위들이 밤낮으로 일어나고 있으며, 이로 인해 마음씨 좋은 사람들까지 악인으로 만들고 있다.

곧 이런 것들은 혼탁한 사회가 만들어 주고 있는 것이다. 그래서 더 큰 재앙을 당하게 되고, 이것들이 바로 신종 바이러스이다.

인간은 돈이 있건 없건 세월이 가면 다 같이 늙어진다. 늙어지면 고독한 그리움으로 한세월 보내면서도 재물에 대한 욕심은 그대로 있다. 하지만 나이가 많아지면 있는 자나 없는 자나 매한가지로 가진 재물 다 버리고 저승 문전을 두드려야 한다.

무덥고 오래 가물던 여름도 성큼 지나가고 아침저녁으로 제법 손끝이 시리다. 동산에 붉은 단풍이 기세를 세우고, 하늘 드높고 들국화 향기가 진동하면, 도시락 싸가지고 소풍가는 아이들의 해맑은 목소리 귀에 쟁쟁하고 삼삼하게 보이며 손자 손녀들이 할아버지 할머니 하며 달려와서 안기는 즐거움은 돈으로 살 수가 없다. 하지만 돈 때문에 미움으로 가득한 원수지간에는 만나는 것을 배척하며 두려워할 때가 있을 것이다.

승용차가 집 앞에 머물면 아이들이 싱글벙글하며 차에서 내리면서 할머니를 찾는다. 며느리는 과일 보따리 들고 시부모를 찾아뵙고 바쁜 남편의 일상을 소상하게 보고를 한다.

역시 모두가 돈이다. 돈이 있어야 차를 움직일 것이며 돈이 있

어야 시부모에게 과일이라도 사다줄 수가 있다. 이와 같이 돈은 우리 인간을 지배하는 몹쓸 존재다.

벌거숭이 아들이 친구들과 앞뜰에서 말 타기 하고 실개천에서 물놀이하던 때는 돈이 없어도 즐거웠다. 그러나 지금은 돈이 없으면 되는 일이 없다. 그래도 자식이란 재물은 항상 귀엽기만 하고 돈 없어도 든든하다. 이러하듯이 가진 자는 주변에 많은 사람들이 옹호를 하지만 없는 자는 따르는 사람이 없다. 늘 혼자서 외롭게 산다. 그래서 독거노인들이 집에서만 일상을 보내면서 죽고 싶다는 말을 하는 모양이다.

역시 많이 가진 자는 통이 크다. 호텔 식당에서 값비싼 양주를 먹으며 거만을 떨지만 없는 사람은 길가 천막 노점에서 소주를 먹고 취한다. 고급 승용차를 몰고 다니면서 마치 길 위에 왕이나 된 듯이 과시를 하지만, 없는 자는 털털거리는 중고차를 몰며 보물 재산 다루듯 한다. 의복도 차별화되어서 있는 자는 백화점에서 최고급으로 구매를 하지만 없는 사람은 전통시장에서 값싼 옷을 사서 입고 다닌다. 물론 정장을 할 때는 차별이 없다.

다이아반지와 팔찌, 목걸이가 장차 썩어야 할 몸을 휘감지만 없는 자는 그를 흉내 내기 위해 값싼 가짜로 포장하고 아름다운 몸매를 과시한다. 그래서 가짜상품이 득세를 하는 부도덕한 상행위가 거침없이 벌어지고 있는 것이다.

죽은 뒤에도 부자는 묘를 능같이 만들어 삭송 석불을 세우고 동상까지 만들어 놓고 근저에 울타리를 쳐서 아무도 근접을 못하도록 했다. 뿐만 아니라 북한은 김일성과 김정일을 박제하여 산 사람처럼 해놓고 있다. 그러나 없는 자가 죽으면 화장하여 물에 띄우든가 하늘로 날려버린다. 이와 같이 죽은 뒤에도 차이가 있

다. 물론 집은 최고급이고, 식모를 두고 옛날 종 부려 먹듯 하지만 없는 자는 묵묵히 순종하며 시중을 들어줘야 한다. 이것이 부자와 빈자의 차이다.

그래도 세상이 좋아져서 노령연금을 지급해 주고, 생활보호대상자에게는 사회 각층에서 연탄이며 김치, 그리고 쌀과 이부자리를 지원해 주고 있어서 다행이다.

근간에는 모든 물자가 거의 외국에서 수입되어 오고 게다가 중국산 식품이 시중에서 득세하고 있는데, 생각지도 못했던 환경호르몬이 함유되어 있어서 그것을 많이 먹으면 죽을 수도 있다고 한다. 과자에서부터 각종 채소며, 개, 물고기 사료에까지 첨가했다니 사먹기도 무척 불안하다.

시대는 변하여 농촌에는 젊은 청년은 하나도 없고 노인만 남아서 논밭에서 땀을 흘린다. 하지만 농촌을 위한다고 시위하는 사람들은 전부 젊은 청년들이다. 그들은 흙을 파며 일하는 사람들이 아니고 오직 정치적 돌발사항을 시위示威로 사회에 고발하며 자기들의 욕구를 충족하려는 무리들로 볼 수밖에 없다. 진정으로 농촌을 위하는 마음을 가지고 하는 행위가 아니고, 가진 자와 못 가진 자의 차별화된 정치적 기氣 싸움일 뿐이다.

쌀값이 싸다고 도청 앞에 노적을 해놓고 "도지사는 각성하라!"고 한다. 도지사가 어떻게 각성해야 시위자들의 마음이 흡족할 것이며, 도지사 마음대로 쌀금을 하늘같이 올리면 소비자들은 어찌 한단 말인가?

데모를 하려면 일하는 노인들이 해야지 손에 흙도 묻히지 않은 젊은 청년들이 왜 한단 말인가? 그럴 시간 있으면 농촌을 도와주라. 그리고 배추값이 너무 싸다고 배추밭을 갈아엎는 광경도 방

송에 나오고 과일값이 싸다고 버리는 광경도 있었으나 그것은 농민을 위하는 것이 아니라 농민을 욕 먹이는 행위이다.

그렇게 곡식을 괄시하면 안 된다. 무서운 태풍이 휩쓸고 지나가서 온통 사과 배들은 다 떨어지고 벼도 태풍에 맞아서 그냥 말라버렸고 바다에 가두리 양식장도 온통 수라장을 만들고 비닐천막은 물론 고목까지 뿌리째 뽑히고 방죽이 깨지고 무너졌다. 이 모든 행위를 창조주가 그냥 들여다보고만 있는 것이 아니다.

생활에 바쁜 청년들이 언제 남을 위해 봉사하고 언제 애국하는 마음으로 살겠는가? 오직 자기를 위해 살다 보면 그것이 바로 남을 위하는 길이라는 것을 명심하며 고운 마음가짐으로 사회생활을 해야 저절로 돈이 들어와 주머니를 채워준다고 생각한다.

살다 보면 다소 불만스럽고 피곤하며 고달플 때도 있지만 참고 견디어 내는 인내심도 강해야 한다고 본다. 내 생각과 다르다고 단체를 구성하여 시위를 하고 자기 맘에 안 든다고 사람들을 모아 인해전술을 펼친다. 밤에는 촛불로 군중심리를 돋우니 돈은 누가 댄단 말인가? 낮이나 밤이나 고함을 쳐서 주변 주민들의 생활에 지장을 준다.

정치 또는 행정을 보는 자는 미리 국민을 다독여 주어야 한다. 일하지 않고 시위만 한다면 나라꼴은 어떻게 되겠는가? 그리고 대기업주이건 중소기업주이건 다 반성해서 종사하는 일꾼들을 사랑해 주어야 한다. 돈을 수제하지 못해서 벽장에 숨겨 놓는가 하면 열 살 먹은 아이에게 많게는 531억이란 주식을 넘겨준 자들도 우리나라에 82명이나 있다는 언론보도를 보고 엄청난 회의감이 들었고 그래서 시위를 하는가 싶었다.

많은 돈을 회장이나 사장 혼자서 벌지는 못했을 것이다. 종사

하는 직원들이 벌어준 것을 가만히 앉아서 돈이나 세는 모양새가 되었다. 바로 이런 것이 사회의 불만요소가 되는 것이다. 많이 가진 자라고 밥을 섬으로 먹지는 못할 것이고 부자라고 학교 운동장 같은 침대에서 자지는 않을 것이다.

잘난 자나 못난 자나 똑같은 사람임에는 틀림이 없지만 정신적 육체적 유전자적으로는 똑같을 수가 없다. 그래서 조물주는 인간을 만들 때 서로 다르게 만든 모양이다. 그러할진대 모두 태산같이 부자일 수는 없는 것이다. 일등한 자가 있으면 꼴찌한 자도 있으며, 부자가 있으면 빈자도 있게 마련이다. 그러나 가진 자는 인생을 고민스럽게 살면서 늘 다투고 재판하면서 굴곡진 길을 시무룩하게 걸어갈 것이지만, 없는 자는 웃으면서 화목한 가정을 지키려 노력할 것이다.

살아있는 망부석 · 14

도농都農 간 어린이 교류체험

도농 간 어린이 교류체험

느티나무 숲에서 매미가 요란하게 우는 삼복지경이다. 사무실 뜰가에 서 있는 회나무 그늘에서 지원들과 주거니 받거니 이야기하면서 도기조능학교 어린이들이 올 때를 기다렸다.

산 높고 골 깊은 시골 조그만 면사무소 마당은 자갈로 바닥을 덮어서 걸을 때마다 뿌두둑 철썩거린다. 민원인도 오는 사람이 드문 아주 조용한 전형적인 농촌이다.

오래지 않아 까맣게 그을린 아이들이 털털하게 생긴 선생님 손을 잡고 모여들기 시작하면서 학부모들도 같이 가방을 들고 온다. 마치 큰 잔치라도 벌어진 듯하다.

관광버스가 마당으로 들어오고 차 앞으로 나가선 아이들이 차근차근 버스 안에 자리를 채웠다. 나는 학부모들과 작별하고 아이들의 보호자가 되어 인천으로 달려갔다. 이 행사는 농촌 어린이들과 도시 어린이들이 서로 교체 방문해서 커 가는 아이들의 견문을 넓히고자 마련했다.

농촌 어린이는 도시학교를 견학하면서 도시 어린이들이 배우는 과정, 그리고 도시의 가정생활상은 어떠한지를 살펴보는 기회를 주기로 한 것이며, 반면에 도시 어린이들이 시골에 와서 농촌을 체험해 보고 생활해 보는 기회를 삼기 위한 행사로서 이로 인해 도 · 농 간 자매결연을 맺어 농촌에서 생산되는 모든 농산물을 직거래할 수 있는 기회를 만들었다.

이 행사는 행정의 지시로 시작된 것이 아니고 주민 스스로 새마을 지도자 협의체를 앞장 세워 곡물의 대도시 유통은 물론 직거래를 함으로써 도시민들도 싼값에 싱싱한 농산물을 구입할 수 있으며 동시에 농촌도 판로개척이 되어 상인들에게 밭떼기로 싸게 넘기는 것을 방지하기 위함인 것이다.

그래서 나는 인천동 구청 새마을회와 자매결연을 맺어주고 그 첫 사업으로 어린이 교류사업을 시작한 것이다.

차안에서 어린이들에게 간식을 나눠주며 조심해야 할 행동들을 설명하고 당부를 했다. “여러분들이 오늘 저녁에는 각자 따로따로 도시 어린이집에서 하룻밤을 투숙하게 된다”고 하니 신바람이 난다고 야단이다.

이렇게 오랜 시간 끝에 인천시 동구 가정2동 새마을회를 찾았다. 뿌연 안개 속 같은 도시 공기는 눈이 아플 정도였다. 빽빽하게 들어선 아파트 하며 게다가 고층건물들이 자랑이나 하듯이 치솟아 있다. 뿐만 아니라 꼬리에 꼬리를 물고 쏜살같이 달려가는 자동차와 그 소음으로 곁에서 말하는 소리도 잘 들리지 않았다.

매일같이 조용한 산과 해맑은 하늘만 바라보고 살던 아이들이라서 정신이 벙벙한 모양이다. 마치 어린 병아리가 솔개에 홀린 듯이 내 허리만 붙들고 맴돌았다.

얼마 후 동장과 부녀회장을 비롯하여 새마을 지도자가 달려나왔는데, 시골은 모두가 남자로 짜여 있는데 도시는 동장부터 새마을 지도자까지 모두가 여자들이다.

참으로 신기한 일이었다. 이처럼 직업전선에 나가는 남자들은 시간적 여백이 없는 모양이었다. 차에 싣고 간 배추며 무와 오이 등을 선물로 나눠주니 좋아서 어쩔 줄을 모른다.

마치 친족들이 온 양 반가워들 하며 아이들을 데리고 각자 집으로 갔다. 아이들을 다 보내고 나니 후련했지만 불만 있는 집안이 있을지 몰라 걱정을 떨칠 수는 없었다.

부녀회원들이 얼마나 잘 먹였는지 아이들의 얼굴이 더 반질반질해진 것을 보고 미음 한구석이 흐뭇했다. 뿐만 아니라 진부 보기 좋은 노란색 유니폼으로 갈아입고 있었다. 과분하고 고마운 마음에 인사를 하니 동구청장이 특별히 생각해서 사 입힌 것이라고 한다. 역시 도시와 농촌은 차이가 있구나 하는 생각이 들었고 시골서 떠나기 전에 단체복을 해 입히지 못한 것을 후회했다.

하룻밤을 지난 뒤에야 구의원과 부녀회 연합회장을 만나서 내 고장의 농산물 자랑을 하고 직거래 해줄 것을 당부했다. 도시 아이들이 시골 농가에서 잠도 자보고 고추, 벼, 콩, 오이, 수박 등을 직접 따보는 농촌체험을 했으면 좋겠다고 도시 학부모들이 제의하기에 나는 쾌히 승낙을 했다.

노시나 농촌이나 할 것 없이 가지지 못한 자는 가진 자를 시기하며 스스로의 무능력함을 깨닫지 못하고 노력을 게을리 하는 경향이 있다. 이런 정신으로 사회에 도전해서는 안 될 것이다.

인전시 농구의 유지들을 다 초청했는지 여러 명이 와서 아이들의 새로운 가방은 물론 노트북이며 손목시계까지 사주는 사람도

있었다. 마치 아프리카인을 후원해 주는 것 같은 감회가 들어서 그리 반갑지는 않았다.

부슬비가 오는 날, 인천시 가정2동 사무장과 부녀회장이 아이들을 대동하고 시골 농촌에 왔다. 내가 다녀온 대가로 도시 아이들과 같이 왔기에 나도 푸짐한 접대에 보답은 못할망정 아이들 배치는 잘해야 하겠기에 인천에 다녀온 아이들의 가정으로 배치해 주었다.

불과 삼사일 동안에 시골 친구를 만나 얼마나 돌아다녔는지 까매진 얼굴로 그동안의 정을 잊지 못해 서운한 마음으로 인천 집으로 돌아들 갔다.

평생 잊지 못할 도시와 농촌 간의 어린이 교류는 자라나는 아이들에게 살아있는 유익한 교육이 될 것으로 본다. 점점 세상은 복잡해지고 문명은 바야흐로 스피드로 발전하고 있는 사회 속에서 어린이들이 체험을 통해 장래를 설계할 줄 알았으면 좋겠다.

그렇게 함으로써 장차 도시와 농촌의 격차를 줄이는 계기가 될 것이고 도시인은 보다 싱싱하고 저렴한 가격으로 농산물을 구입할 수 있는 계기를 마련해 주어서 마음 한구석이 흐뭇했다.

해가 지면 달이 대신 떠서 세상을 환하게 만들듯이 우주의 돌아가는 법칙에 의해 살면서 남다른 지혜를 짜낸다면 힘겨운 가난의 굴레를 벗어날 수 있으리라 본다.

살아있는 망부석 · 15

정들었던 짐승들

산토끼가 쏜살같이 동산을 넘어갔다. 야생동물들은 사람만 보면 기절하듯이 도망을 가다가도 장등에 올라서면 반드시 한참을 두리번거리며 주변을 살피다가 간다.

그리고 사나워서 마구 잡을 수가 없다. 반면에 집에서 키우는 짐승들은 온순하면서도 집을 지켜주고 인간에게 정을 주며 주인만 보면 좋아하는 개는 고개를 쾌쾌 놀리며 꼬리치면서 달려들어 언제 봐도 밉지가 않다. 사람들이 저를 죽이려 하는지, 살리려 하는지 알지도 못하면서 무조건 주인에게 달려들어 반기며 좋아하는 동물들은 간덩이가 무척 큰 모양이다.

물론 밥을 주며 보살펴 주는 주인이라야 반기고 좋아하지만 처음 보는 사람은 사납게 멍멍거리며 달려들어 물어뜯을 듯이 야단법석을 떨지만 역시 사람이 무서워서 호들갑을 떠는 것이 아니라 방어작전을 펼치는 것뿐이다.

나는 한때 어린 강아지와 병아리를 구입하여 키웠다. 강아지는 재롱을 떨고 병아리는 머슬이 나오고 날갯짓을 하며 한마당 커가는 것을 보면서 세월 가는 줄도 모르고 뒷바라지하기에 여념이 없었다.

꼬물꼬물하는 똥강아지 나섯 마리가 서로 뒤엉켜 장난을 치는 네 서희들끼리 엎어지고 능위에 올라타며 자빠지면서 친구의 귀

를 자근자근 깨물면 앙앙거린다. 마당을 휩쓸며 놀다가도 나만 보면 달려들어 껑충껑충 뛰다가 신발을 물어뜯으며 뱅뱅 내 주변을 돌면서 반기는 귀여운 강아지 떼들이 무척 신기해서 끌어안고 다니기도 했다. 그리고 강아지들에게 이름을 지어 주고 사람 부르듯이 부르면 뽀르르 달려와 빤히 바라보면서 내 지시를 기다리는 듯했다.

세월이 가면서 차차 낯선 사람이 오면 짓기도 하며 큰 개 구실을 하기 시작했고, 주는 대로 잘 먹으며 활발하게 움직이기 때문에 목에 끈을 매어 제멋대로 활동을 못하게 잡아매 놓았다. 우두커니 집 앞에 앉아 내가 하는 행동을 주시하며 둥근 눈만 떴다 감았다 한다. 끈에 매달려 있어 감옥 아닌 감옥살이를 시킨 것이다.

그리고 마음속으로 대화를 하면서 '너는 지금 무슨 생각을 하고 있으며, 내가 어떻게 해주기를 바라고 있는지, 밥을 달라는지 아니면 같이 놀아달라는지?' 대충 짐작을 했었다.

멀리서 들려오는 발자국 소리만 들어도 주인인지 모르는 사람인지 감각으로 아는 모양이다. 뿐만 아니라 내 차 소리만 나도 달려나와 꼬리를 치며 마중을 한다.

참으로 개는 영리하고 후각이 발달하여 해외여행자들의 가방속에 든 히로뽕을 찾아내는가 하면, 건물이 붕괴된 사고현장에서 사람을 찾아내기도 하며, 훈련이 잘 된 개는 심부름을 척척 해내기도 한다. 물론 장구한 훈련이 필요하겠지만 말귀를 알아듣고 잘 따라주기 때문에 귀여워서 끌어안아 주고 싶은 충동이 일어나기도 한다.

나는 친구로부터 조그만 개 한 마리를 더 입양했다. 조금씩 먹기 때문에 사료도 많이 들지 않고, 수시로 목욕을 시켜서 냄새도

나지 않으며 옷을 입히니 개 같지 않았다.

변은 따로 화장실을 만들어 훈련을 시키니 늘 그 장소에서만 변을 봤다. 잠은 반드시 내가 마련해 준 곳에서만 잘 뿐만 아니라 모르는 사람이 나를 때리는 척하거나 고함을 지르면 사정없이 짖으며 달려들어 물고 놓지를 않는 짐승으로서 주인에 대한 충성심이 대단하니 더욱 예쁘고 정이 들 수밖에 없다.

등산을 할 때도 앞장서 가면서 내가 따라오나 안 오나를 수시로 뒤돌아보며 확인을 한다. 사실 말을 못했을 뿐이지 한 가족과 다름없다. 이렇게 정이 들어서 개가 없으면 허전할 정도로 관심이 많았으며, 심심할 때 먹이를 들고 놀리면 앞발로 탁 쳐서 뺏으려고 하는 행동이 왜 그리도 귀여운지 몰랐다.

그래서 요즘 아이들과 철없는 부인들이 자기 부모보다 더 개를 위하는 경향이 있는 모양이다. 개도 야생동물과 같이 한 짐승인데 어찌하여 사람을 겁내지 않고 잘 따르는지, 동물의 세상 속으로 들어가서 연구해 보고픈 충동이 일기도 했다. 물론 야생짐승도 어려서부터 사람 손에서 크고 놀면 개와 같이 되리라 보지만 끝내는 야생의 본성을 바꾸지 못하고 자연으로 돌아가게 된다.

나는 한적한 울안에 아담한 닭장을 짓고 사료와 물을 주며 그야말로 애지중지 잘 크기를 기다렸다. 그 안에서 크는 햇병아리들은 차차 벼슬이 나오기 시작하면서 암탉과 수탉으로 구분되면서 닭 구실을 하기 시작했다.

병아리들이 삐약거리며 울다가도 맛있는 먹이를 주면 조용해지고 저희들끼리 조잘거리며 떠드는 소리가 흐뭇했다. 동물은 먹이만 주면 이내 익숙해지면서 친해지기 때문에 자기에게 밥을 주는 사람을 기억하면서 먹이사슬에 매달려 시키는 대로 하는 것이다.

필자가 키우던 닭

닭은 무럭무럭 자라서 수탉은 제법 수놈 노릇을 하면서 암탉을 리드하며 옆에 거느리고 다녔다. 수탉이 암탉에게 먹이를 주는 광경이 대단했다. 수탉이 먹이를 찾아서 입에 물었다 땅에 놨다가 하면서 구구거리며 암탉을 부르면 암탉은 뽀르르 와서 냉큼 주워 삼킨다.

수탉도 먹고 싶음을 참으며 암탉을 불러 먹이를 제공하는 닭의 심성이야말로 본받을 만하다. 먹이를 다 먹고 나면 부리를 땅에 비벼 청소를 하고 홰를 치면서 꼬끼오 울면 온 마을의 닭들이 덩달아 울어서 서정적인 농촌은 더욱 한가로워진다.

내가 떠다 놓은 물통 주변에 둘러서서 물 한 모금 먹고 하늘 보고 또 한 모금 먹고 하늘을 본다. 마치 노인복지관 늙은이들이 점심을 먹고 나서 정수기 앞에 모여 물을 마실 때 고개를 뒤로 하는 것과 다름이 없다.

닭은 억센 발톱으로 땅과 퇴비를 파내서 벌레를 찾아 씹지도 않고 집어삼키는데 해가 저물면 닭장에 올라 잠을 청하고 끝없이 높은 곳으로만 올라가려는 성질이 있다. 이것이 닭의 특이한 행동이며 반드시 달걀을 낳으면 꼬꼬댁 꼬꼬댁 하며 눈도 코도 없는 자식 하나 낳았다고 자랑을 한다.

내가 먹이를 들고 닭장 문을 열기도 전에 내 앞으로 우르르 몰려와 기웃거리는 것을 보니 닭에게도 정이 붙은 모양이다.

사자나 호랑이 같은 육식동물은 죄의식 없이 저보다 더 약한 짐승을 무자비하게 살생하여 먹는다. 사람의 뿌리근성도 동물과 다름없이 모두가 자기 생각이 최고이고 주변 인물들을 얕보며 저 위엔 더 없다는 듯이 제 잘난 멋에 살고들 있다.

소도 언덕이 있어야 비게실을 한다고 했듯이 사람도 의지할 곳이 없으면 힘겹게 사회생활을 해야 한다. 짐승도 마찬가지로 사람이 정을 주어야 먹을 걱정 없이 편안하게 살 수 있는 것이다.

Part. 3

도둑고양이

하루는 마당 어귀에 의자를 놓고 사색에 잠겨 있는데,
얼룩얼룩한 고양이가 굴뚝 모퉁이에서 달려와서 조그만 개의 뺨을 후려갈기고
수채 구멍으로 빠져나갔다.
고양이에게 뺨을 얻어맞아서 화가 난 개는 분을 참지 못하고
이리 뛰고 저리 뛰면서 야단법석을 떨지만 끈으로 매어 있어서
따라갈 수도 없어 끙끙대며 뱅뱅 돌았다.

도둑고양이 · 01

주차공간

주차공간이 없을 정도로 자동차가 많은 나라가 되었다. 나날이 발전하는 문명세상에서 자동차가 없으면 모든 일을 빠르게 처리할 수 없으며 물건을 운반하지 못하여 후진국의 생활을 면할 수가 없다. 인간들의 이동을 돕는 유일한 도구로서 불편을 해소해 준다. 반면에 차가 있으므로 게을러지고 자만하게 되며 마구 질주하면 극히 위험한 동산動產이다.

88올림픽 개막식 첫 마당에 어린 소년이 굴렁쇠를 자유로이 굴리고 다녀서 수많은 관중들이 환호성 치는 것을 보고 감회가 새로웠다. 그 상징적 표현은 과거와 현재에 대한 차이였으며, 이제는 스피드 세상임을 실감했다.

우리가 사는 지구가 둥글기 때문에 자동차 바퀴도 둥글어서 잘 굴러간다. 모든 물체는 둥글어야 마찰이 심하지 않고 부서지질 않으며 세상을 둥글둥글 살라는 뜻인 듯싶다.

모난 돌이 잘 깨진다고 하듯이 사람도 마찬가지로 세상을 긍정적으로 생각하면 일이 잘 풀리지만 매사를 부정적으로만 보면 삐걱거리는 생활을 하게 된다.

물론 옛날이야 말할 것도 없이 말馬이 교통수단이었으며 그로 인해 임행어사가 출도할 때는 반드시 마패를 지급받아 놀아다녔다. 마패에 말 그림 있는 대로 무료로 갈아탈 수 있는 권한을 부

여받은 것이다. 그래서 암행어사가 마음대로 전국을 누비고 다니며 임무를 완수할 수 있도록 국가가 지원해 주었고, 그로 인해 말을 교체하는 지역 이름을 역말이라고 했다. 지금이야 각 관공서마다 차가 있어서 공무를 수행할 때는 공공 자동차를 이용한다.

과거에는 시멘트가 없어서 모든 건물들은 나무로 건축했다. 그래서 집 재목이나 화목은 뗏목을 이용하여 운반했는데, 강원도 정선 같은 곳에서 뗏목을 만들어 한강에 띄워 노를 저으며 운반하기 때문에 오랜 세월이 가야 인천이나 서울에 도착했고, 그로 인해 운반 도중에 많은 사람이 죽기도 했다. 아무리 멀고멀어도 목선을 이용하지 않으면 물동량 운반은 할 수 없었고 몇 백 리라도 걸어서 볼일을 봐야 했으니 정보가 느려서 얼마나 답답하고 고단한 삶을 이어 왔겠는가 싶다.

옛날에는 우마차와 지게가 운반 수단이었으며 도시에서는 인력거가 지금의 택시 역할을 했다. 2차 세계대전 당시에는 비행기도 목화기름이나 들기름, 참기름, 콩기름 등을 썼기 때문에 이 모든 기름 재료들을 재배하느라고 피땀 흘렸지만 속절없이 일본으로 뺏기고 먹을 것도 없었다. 기차도 석탄을 피우고 다녔으며, 목탄차라고 해서 장작을 때어 근근이 굴러가는 트럭도 있었다. 하루 한 번 뿌연 흙먼지 일구며 지나가는 자동차가 신기해서 구경하려고 신작로로 달려갔던 동심 어린 시절도 있었다.

왜정이 끝난 후 자전거가 가장 유일한 교통수단이었으며 한 가정에서의 큰 재물이 되기도 했다. 지금이야 자전거는 사람들의 운동기구가 되고 있지만 과거에는 상당히 요긴하게 쓰이는 운반기구이기도 했다. 심지어 양조장에서도 자전거로 탁주 배달을 했으며, 각종 생활용품을 운반했으니 택배의 근원은 이때부터라고

해도 과언이 아닐 듯싶다.

50년대에는 승용으로 포니차가 개발되고 세발 자동차가 득세를 했다. 서울역을 비롯하여 각 지역의 터미널마다 지게꾼이 즐비했고 손님들의 무거운 짐을 지게에 지고 힘들게 운반했다.

60년대가 되면서 자전거에서 발전한 이륜자동차가 흔해지고 택시사업이 활발하면서 지게꾼도 하나 둘 없어지기 시작했다. 이와 같이 인간들의 생활은 그때그때의 환경에 따라 달라지고 있음을 실감하고 있다.

서양문물이 들어오면서 모두가 개방된 예식을 선호함으로써 구식 예식은 차차 없어졌다. 신식 예식을 하고 택시에 풍선과 깡통을 달아 덜덜덜 끌고 다니며 시내를 일주했기에 이것이 유행처럼 번져나가 모두가 예식장으로 몰리기 시작했고, 그때부터 예식장이 늘고 택시가 많아졌다.

자동차 문화가 발전됨으로써 사람들의 이동이 잦아지고, 이륜자동차가 늘어남으로써 이륜차의 단체행동이 많아졌다. 그래서 지금의 폭주족이라는 단체들이 이륜차로 시위라도 하듯이 멋대로 활주하는 세상이 되었다.

차차 생활의 여유가 생기기 시작하면서 승합, 승용, 자동차가 늘어나기 시작했고 국내에도 현대차를 비롯하여 대우, 기아, 쌍용 등 많은 자동차공장이 건설되기 시작했으며, 경부고속도로가 뚫리고 부산과 서울이 1일 생활권이 되자 차량이 더욱 늘어나기 시작했다. 중고차는 헐값으로 판매되므로 영세민들이 싼 차를 구입하여 거리를 질주하다가 갑자기 발동이 꺼짐으로써 황당할 때도 많았으며 수시로 고장이 나서 자동차 정비공장과 카센터가 우후죽순처럼 생겨났다.

그러나 문제는 그 많은 차들의 차고지가 없다는 것이다. 주차할 공간이 없어서 잠시 볼일을 보고 곧 떠나야 할 차들도 주변을 뱅뱅 몇 바퀴 돌고 빠듯한 공간을 파고들어가 세울 정도였다. 주차공간을 발견하고 차를 세우려고 하는데 뒤따르던 차가 재빨리 그 자리로 쏙 들어가는 염치없는 사람도 늘어나고 있다. 법으로 정해놓은 곳이 아니면 용서 없이 불법주차로 딱지를 떼고 벌금을 내야 한다.

그런가 하면 주부들이 운전면허를 획득하고 장이나 보러 다니는 장바구니 차들도 즐비한데 차를 운전하는 자는 판단력이 빠르지 않으면 곧 사고로 이어질 우려가 있고 운전을 하면서 딴 짓을 하면 위험천만하다. 차를 몰고 가면서 담배를 피워 정신을 몽롱하게 만든다든가 전화를 하며 단 몇 초라도 방심하면 사고로 이어진다.

대형화물차는 도로 위의 무법자다. 고속도로에서 마구 질주하는 큰 차는 그야말로 생명을 담보하고 달린다. 근자에는 도로가 넓어지고 곳곳으로 연결이 잘 되도록 개설해 놔도 늘 복잡하기는 마찬가지이고, 서로 앞 다투며 가려는 것을 보면 생활의 절규를 느낀다. 운전은 조급한 마음으로 하면 대형 사고를 당하기 일쑤지만 차분하고 느긋한 마음으로 양보하면서 운전한다면 안전을 기할 수 있을 뿐더러 일도 잘될 것이다.

지금 이 시간에도 택시, 승용차, 화물트럭 할 것 없이 서로 쌩쌩 다투며 달려간다. 밤낮도 없으며, 비가 오나 눈이 오나, 너와 나의 만족과 욕망 그리고 행복을 찾아 돌아다닌다. 그리고 꽉 막힌 차고지에서 주차공간을 찾아 신경을 쓰다가 고달픈 차에서 내려 피로의 긴 한숨들을 내쉰다.

도둑고양이 · 02

도둑고양이

오늘도 다락에서 천둥소리가 난다. 하늘에서 치는 천둥이 아닌 도배한 천장 속에서 도둑고양이가 쥐 잡아먹느라고 호들갑을 치기 때문에 천장이 부서질 듯이 와당탕거리고 버스럭대서 밤이면 영 잠을 잘 수가 없다.

나는 오랜 직장생활에서 퇴직하여 몇 년 동안이라도 물 좋고 공기 좋은 산간 오지마을에서 휴양 삼아 전원을 일구고 가축을 기르면서 한가롭게 살기로 결심하고 다 쓰러져 가는 오두막집을 대충 수리하여 살아오고 있다.

앞뒤 텃밭에는 옥수수를 심어 심심풀이로 꺾어 먹기도 하고 채소를 재배해서 반찬을 만들기도 하며 개와 닭을 기르며 한세월을 보냈다. 밤이면 소나무 자락에 걸려 있는 달빛 보며 저절로 시 한 수 읊으며 조용히 회상에 잠기기도 한다. 여름에는 실개천에서 가재와 피라미를 잡아 매운탕으로 속을 데우면서 남부럽지 않게 세월을 보내고 있는데 유독 도둑고양이가 내 뇌리를 어수선하게 한나.

하루는 마당 어귀에 의자를 놓고 사색에 잠겨 있는데, 얼룩얼룩한 고양이가 굴뚝 모퉁이에서 달려와서 조그만 개의 빰을 후려갈기고 수채 구멍으로 빠져나갔다.

고양이에게 빰을 얻어맞은 개는 분을 참지 못하고 이리 뛰고

저리 뛰면서 야단법석을 떨지만 끈으로 매어 있어서 따라갈 수도 없어 끙끙대며 뱅뱅 돌았다.

동물들도 자기에게 만만해 보이면 건드려 보는 모양이다. 우리 인간들도 집요하게 남을 깔보는 경향이 있다. 워낙 산중이고 인적이 드문 곳이라서 동물들의 동향을 잘 살피게 되고 재미나는 행동을 보는 낙으로 산다.

대낮인데도 안방 천장에서 나는 소리가 너무 소란스러워서 참다못해 도배지 한 칸을 뜯어내고 손전등을 들이대고 천장의 좁은 공간을 들려다보는 순간 깜짝 놀랐다. 왜냐하면 수십 개의 새파란 불이 깜박거리며 손전등 불빛 앞으로 달려왔기 때문이다.

잠시 후에 정신을 차려 다시 천장에다가 불을 비춰 보니 고양이가 새끼를 쳐서 한참 크고 있는 듯했고, 새파란 불빛은 그 새끼 고양이들의 눈빛이었다. 도둑고양이는 사납기 때문에 손전등 불빛을 무서워하지 않고 오히려 불빛으로 달려들었던 것이다.

어찌하랴, 그들도 생명이 있어 사람과 같이 살고자 천장에다 새끼를 친 듯싶어서 내가 참자고 생각하면서도 밤에 잠을 잘 수 없기 때문에 궁리 끝에 어미가 나간 사이에 전부 꺼내서 비어 있는 사랑채 외양간에 집을 마련하여 새끼들을 이사해 주었다.

그런데 하룻밤을 채 자지도 않고 사람이 안 보이는 곳으로 새끼를 다 끌고 갔다. 참으로 영리한 도둑고양이다. 그래도 천장에서 쥐 잡는 소리가 날 때가 있어서 찾아보니 수컷 도둑고양이가 또 돌아다니고 있었다. 하지만 새끼들 있을 때처럼 끊임없이 소란을 피우지 않기 때문에 잠은 잘 잘 수 있어서 다행이었다.

그런데 찍찍거리며 쥐 물어 가는 소리가 나서 하는 수 없이 쥐 잡는 틀을 길목에다 놔두었는데 쥐는 잡히지 않고 애먼 고양이가

걸려들어 요동을 쳤다. 빼내주려고 하면 깨물려고 하니 이러지도 저러지도 못하다가 긴 막대기를 이용하여 풀어주었다.

고양이가 고맙다는 말도 없이 절룩거리며 뒤도 돌아보지 않고 슬금슬금 도망가길래 따라가 보니 숲 속에 가랑잎을 깔고 새끼를 데려다 놓은 것이다. 고양이 새끼는 작은 병아리처럼 예뻤다. 새끼들은 영문도 모르고 나에게로 달려들며 기웃거렸다. 그러나 어미 도둑고양이는 나를 보자 새끼를 버리고 다리를 절면서 또 도망을 쳤다. 이처럼 야생동물은 사람만 보면 도망을 간다. 물론 본능적이긴 하겠지만 만물의 영장인 인간보다 더 무서운 것은 없기 때문이다.

도둑고양이는 산으로 다녀봐야 먹을 것이 없기 때문에 사람 사는 집 주변으로만 다니고 지붕이든 부엌이든 가리지 않고 수변을 배회하면서 도둑질을 한다.

고등어 한 손을 사다가 불에 구워 상위에 올려놓고 잠깐 물 뜨러 간 사이에 고등어가 없어졌다. 그야말로 눈 깜작할 사이에 도둑질을 해대니 나에게는 얄미운 적이다.

내가 살던 시골집은 빨간 양철지붕으로 이은 함석집이다. 물론 여름에는 더 뜨겁고 겨울은 다른 집보다 더 춥다. 하지만 더없이 한적하며 시와 수필의 원고 쓰는 장소로서는 더할 나위 없이 좋은 곳이다. 새소리 물소리 들으며 개와 더불어 집짐승들 틈에서 사는 감회도 쓸쓸하다.

한동안 툇마루에 멀거니 앉아서 두둥실 떠가는 구름을 바라보며 지나온 과거를 생각하고 있는데, 고양이가 행랑채 지붕 위에서 한 다리를 들었다가 다시 다른 다리를 들곤 하면서 지나갔다. 꽤나 양철지붕이 뜨거웠던 모양이다. 그러면서 쥐 한 마리를 발

견한 모양인지 뜨거운 양철지붕 위에 납작 엎드려 뭔가 노려본다. 그때는 뜨거운 것도 상관하지 않고 오직 먹이사냥을 위해 신경을 쓰는 모양이다.

얼마간 그렇게 힘겹게 조준하고 있다가 드디어 펄떡 뛰었다. 그리고는 쥐 한 마리를 낚아 물고 도망치듯이 달아나 버렸다.

해는 서산 잔등에 걸려 있고 사시나무 그늘이 추녀 끝에 올라올 때쯤이라서 배고픈 고양이가 먹이사냥에 성공한 것이다. 사람도 때가 되면 밥을 먹어야 하고 낮에는 활동을 하다가 밤이 되면 편안한 휴식을 취하며 잠을 자두어야 다음 날 피곤하지 않고 돌아다니면서 생활의 리듬을 깨뜨리지 않는 것이다.

그런데 갑자기 또 하나의 수컷 고양이가 나타나서 나에게 앙갚음을 하듯이 개 등에 올라타서 물었는지 개가 악을 쓰며 짖었다.

참담하기 그지없었으며 야생짐승들로 인해 이곳도 살 곳이 못되는구나 싶었다. 그런데 나중에 알고 보니 고양이가 아니라 살쾡이라는 짐승이었다. 야생동물들은 푸른 초원을 누비면서 사냥에 혈안이 되어 있다. 그것도 아주 사납게 말이다. 사람도 그와 같으니 남다를 수가 있겠는가?

동물들 중에는 인간에게 의지하여 사는 짐승이 많다. 아니 인간이 야생동물들을 잡아다가 길들이면 사람을 무서워하지 않는다. 사람도 마찬가지로 많이 배우고 단련해야 세상을 두려워하지 않을 것이다. 해는 지고 밤은 어두운데 또 도둑고양이가 나타나서 괴롭히지 않을까 염려된다.

도둑고양이 · 03

산돼지의 심술

진달래가 봄동산을 불태우고 있다. 세상 문화가 발전하고 생활이 근대화되면서 옛날에는 생각지도 못했던 댐을 만들어 영영 내 살던 정겨운 곳이 물속으로 가라앉았다. 사람 구경할 수 없는 외로운 고립지역에 부모 산소 모셔놓고 1년에 몇 번 성묘를 다녀오곤 한다.

숭조회가 만들어 놓은 배가 유일한 고향 가는 길이다. 구슬픈 뱃고동소리 귀담아 새기면서 건너가야 묘소를 갈 수 있다. 수몰 전이야 동네 사람들이 옹기종기 모여 정겹고 후한 인심으로 한 가족처럼 살았다.

한가로운 낮닭의 울음소리가 울타리 너머로 구성지게 들려오고, 똥강아지만 홀로 남아 낮잠을 자고 있는데, 노인 아이 할 것 없이 화전밭 가꾸느라 산모롱이 밭에서 해를 지우고, 노을 짙어지면 저녁연기가 구수하게 퍼지는 아름답고 포근한 마을이었다.

그러나 시대의 물결과 생활문화에 밀려 댐이 건설되고 주민들은 낯설고 물 설은 타향 땅으로 이수했다.

넓은 들은 물에 잠겨 바다와 같은 장엄한 호수가 되어 유람선이 지날 적마다 쏴아 하고 밀려와 검은 바위 부딪히며 철썩 하고 하얀 거품 뱉으면서 사라지는 파도에 밀려 산허리는 깎이었다.

인적 없는 향촌은 고요하기 그지없는데 이름 모를 산새들만 울

고 있어서, 지나간 사연들이 울먹여진다.

60년 전만 해도 나무를 때서 밥도 짓고 난방도 했기 때문에 산에 나무가 없고 바위와 흙만 있는 붉은 산이 많았다. 그러나 지금은 냉난방은 물론 밥도 전기와 가스, 기름보일러에 연탄이 다 해결해 준다.

이제는 산에 가서 나무를 할 필요가 없기 때문에 숲이 우거지면서 야생동물들이 득세하더니 요즘은 서울 변두리까지 산돼지가 출몰하여 사람을 놀라게 하는 지경에 이르렀다.

산돼지도 높은 산에서 바라본 세상 풍경에 도취되어 저도 모르게 기막힌 사회를 풍자하기 위해 기를 쓰고 왔을 게다. 아니면 아름답고도 지저분한 인간세상의 짭짤한 냄새에 꼬여 두 코에 힘을 주고 까만 눈을 번득이며 바위고개를 타고 넘으며 몰래몰래 사람 사는 곳으로 달려왔을지도 모른다.

마치 빨치산 무리들처럼 참나무 밑에서 쓴 도토리 먹고, 개구리, 뱀 할 것 없이 잡아먹으며, 이산 저 산 헤매다 바위토굴 속에서 낮잠을 자고, 해가 지면 평화로운 마을로 습격하여 선량한 양민을 해치면서 먹을거리를 뺏어갔던 50년대 생각이 떠오른다.

요즘 산돼지는 도시 나들이를 출입허가도 없이 마음대로 한다. 뿐만 아니라 산허리에 달려있는 전답을 맴돌며 애써 지어놓은 옥수수, 고구마, 콩, 벼 할 것 없이 마구 먹어치우며, 마치 사람이 삽으로 파듯 땅을 파헤치고 발로 문질러 뽑고 캐고 질겅질겅 씹어놓고 온갖 심술은 다 부려 아수라장을 만들어 놓으니 누가 좋아하겠는가?

그런가 하면 먹을 것도 없는 묘는 왜 땅굴 파듯이 파헤치는 것일까? 봉근은 물론 묘제절의 뗏장을 훌렁훌렁 뒤집어놨으니 전생

에 산돼지와의 악연이 깊어서일까? 깊은 산속에서나 발견할 수 있는 귀한 짐승 중의 하나인 산돼지가 많이 번식되어 돌아다니는 것은 극히 드문 일이다.

그 이유는 너 나 할 것 없이 성묘하고 묘전에 술을 뿌리는 경향이 있어서다. 술을 묘전에 뿌림으로써 짜릿한 술냄새가 오래 지속되어 후각이 발달한 돼지는 무엇 하나 찾으려고 애써 팠으리라고 본다. 그러므로 음식 찌꺼기를 함부로 묘전에 버리지 말아야 하겠다.

돼지가 묘를 판다는 소문에 의심이 나서 휴일을 맞아 성묘길을 떠났다. 도로는 붐볐으나 차창 너머로 배꽃 같은 하얀 첫눈이 사뿐사뿐 내려앉는데 어린아이처럼 가슴이 설렌다. 부모 혼백이 사무쳐 흐느끼듯 소용소용히 내리면서 이승과 저승이 아주 가까운 곳에서 만나는 재회의 기쁨을 미리 앞질러 말해주는 듯하다.

바다와 같은 댐물은 넓은 호수를 이루고 있다. 댐을 건너와 보니 반기는 사람 하나 없고 솔가지 스치는 찬바람소리만 서글프게 들려 공포감이 들기도 한다.

장등에 올라서 멀리서 바라본 어머니 아버지의 무덤 위에는 갓 내린 눈이 하얗게 덮였다. 허둥지둥 한참을 올라 외로운 묘 근처에 이르니 마른 찔레나무 덩굴 속에서 열심히 땅을 파는 검은 그림자가 눈에 번뜩 뜨였다. 누르칙칙하고 주둥이가 뾰족한 동물, 바로 산돼지였다.

공포에 떨면서 가슴 졸이다가 나도 모르게 악! 하는 비명이 절로 터져 나온 순간, 그 짐승은 버스럭 소리와 함께 산비탈로 바윗딩이 구르듯 달아났다. 나도 놀랐지만 돼지 또한 기절할 만큼 놀란 모양이었다.

나는 한 발짝도 움직이지 못하고 한동안 멀거니 서 있다가 얼마 후 정신을 차려 성묘는 했으나 사정없이 파헤친 묘전에 엎드려 부모님께 사죄를 드렸다. 그리고 못된 심술쟁이 돼지만 원망했으나 분은 풀리지 않았고 다 내 잘못이구나 싶어 하루 빨리 납골당으로 모셔야겠다는 생각도 간절했다.

소리 없는 하늘도 우울해서인지 먹장 눈구름만 두둥실 떠가고 간간이 보이는 파란 겨울 하늘 사이로 엷은 눈발이 날린다. 길섶의 쓸쓸한 호숫가에선 물오리만 놀고, 산바람 달려와 등을 밀며 빨리 가라고 하는 듯했다. 하지만 모든 삶의 움직임을 대자연의 섭리攝理로 받아들여야 할 것 같다.

도둑고양이 · 04

삼계탕蔘鷄湯

먹구름 사이로 금빛 햇살이 쏟아진다. 움직이지 않고 앉아 있어도 땀이 줄줄 흐르는 삼복지경이라 누렁이도 혀를 빼물고 침을 줄줄 흘린다.

마치 숯가마 속에 들어와 있는 듯 숨 쉬기가 어려울 정도이기 때문에 걸어서 외출하기에도 너무 힘겹다. 그런 와중에도 얼음공장에서는 빌빌 떨며 더운 여름을 실감하지 못하는 사람이 있는가 하면, 쇳물이 펄펄 끓는 용광로 앞에서 일하는 기술자들은 땀으로 범벅이 되어도 인내력으로 버티며 말이 없다.

매미도 옷을 벗어 느티나무에 걸어 놓고 홀가분한 몸으로 흥겹게 노래하며 엉덩이춤을 추고 있다. 논물도 뜨듯해서 방개가 숨을 죽이고 있지만 벼는 신이 나서 무럭무럭 자라고, 새들도 목 축이느라 도랑으로 몰려든다.

그야말로 더운 날에 이열치열이라고 펄펄 끓는 삼계탕 한 그릇을 먹기 위해 친구와 같이 삼계탕집을 찾았다. 종업원은 주방을 향해 "삼계탕 두 개!"라고 소리치며 싱글벙글한다.

드넓은 업소에는 많은 손님들이 찾아와서 자리를 잡고 앉아 옆 사람은 아랑곳하지 않고 와글와글 떠들어대며 즐겁게들 먹고 있으며 정신없이 뛰어나니는 종업원 아가씨들은 구슬땀을 흘린다.

이윽고 검은 질그릇에 담긴 햇병아리가 옷을 발가벗고 주방의

뜨거운 국물 속에서 담방구질을 한다. 병아리가 미처 크기도 전에 사람에게 좋은 음식이 되어 흐물흐물하게 익어 나오면 즐겁게들 먹는다. 닭똥집은 따로 꺼내 익혀 썰어 상에 오르면 술안주로 일품이고 닭발은 모아두면 즐기는 사람이 사다가 푹 삶아서 고들고들할 때 양념하여 먹으면 그 또한 맛이 좋다.

마침내 우리 차례가 되어 삼계탕이 나왔는데, 희뿌연 국물이 먹음직스럽게 끓으면서 투가리 속에 엎어진 닭을 뛰어넘는다. 힘차게 내 앞에서 끓기 때문에 좀처럼 수저가 가지 않고 있다. 그래도 보신탕보다는 약과다.

한참을 기도하듯이 앉아 있는데 "맛있게 드세요~" 하는 종업원의 말이 고마웠다. 맛이 있는지 없는지는 먹어 봐야 알기에 잠시 후에 수저를 닭의 등에 힘차게 꽂으니 그 속에는 차진 찰밥이 흐물흐물하고 동시에 인삼 두어 뿌리가 수저 끝에서 흩어진다.

'아, 이래서 삼계탕이라 하는구나!' 혼자 생각하며 다리 하나를 쳐들며 "황 선생, 다리부터 먹으세요" 하니 "잘 모르시는 말입니다. 닭은 등이나 배 따위의 맛이 덜한 곳부터 먹어야 합니다!" 하며 가슴살을 쥐어뜯었다.

알고 보니 처음부터 맛있는 살을 먹으면 배가 불러서 다음에는 진짜로 맛있는 부위의 살은 못 먹게 된다는 것을 배웠다.

나는 조심스럽게 뜨거운 국물 한 모금을 목구멍으로 넘기니 "아– 시원하다!" 하는 소리가 절로 나왔다. 바로 '이열치열以熱治熱'이라는 속담이 거저 생긴 것이 아니란 것을 실감하였다.

사람들은 무더운 날이면 보신탕과 삼계탕집을 찾아 죄의식 없이 자기 몸을 보호하기 위해 힘차게 먹어댄다.

애완동물인 개는 귀엽고 재롱을 잘 떨어서 사람과 같이 자고

데리고 다니면서 심지어 뽀뽀까지 해대며 마치 자식이라도 되는 듯이 귀중하게 여기면서도, 잡아먹는 데는 인정사정없다.

봄, 여름, 가을, 겨울 할 것 없이 먹어대는데 특히 여름 복날만 되면 보신탕집은 자리가 없어 줄을 설 정도로 성황을 이룬다. 뿐만 아니라 삼계탕집이며 염소탕집도 대기를 해야 한다.

인간들은 몸에 좋은 것이라면 독약도 삼킬 정도로 몸을 위한다. 조물주가 우리 인간을 만들 때 자기 몸은 자기가 돌봐야 하고 스스로 자기 목숨을 끊는 자는 살인자가 된다고 했다.

몇 년 전만 해도 '신토불이身土不二'란 표어를 만들어 배포함으로써 식당마다 붙어 있었고, '우리 식당에서는 결코 수입 농산물을 쓰지 않는다'고 장담해서 손님들이 많이 몰렸다.

그러나 지금은 수입해 온 물건으로 식당 운영을 하지 않으면 이문이 없어서 한국 농산물인 양 속이면서 터무니없이 비싸게 팔고 있으며, 소비자들은 신토불이 음식이려니 하고 먹지만 먹고 나면 속는 것이다.

쇠고기도 저 멀리 호주산이든가 미국산이고 더군다나 중국산은 별별 것이 다 들어오기 때문에 닭고기를 먹고도 이것이 참말로 국산인가 하는 의문이 든다.

뿐만 아니라 개는 거의가 외국산이고 추어탕은 미꾸라지가 아닌 외국산 꽁치나 고등어 등을 곱게 갈아서 판다고 한다. 그러면서도 양심을 속이며 우리나라 고래실논에서 잡아왔다면서 제멋대로 음식 값을 받고 있다. 그야말로 비양심적인 장사치가 있기 때문에 선량한 국민들만 허리띠를 졸라매야 하는 형편이다.

도둑고양이 · 05

천대받는 쓰레기장

높은 산엔 눈이 있는데 평지에는 부슬부슬 겨울비가 오고 있다. 궂은 날씨인데도 미화원들이 쓰레기차에 매달려 골목골목을 누비며 오물을 걷어가느라 바쁘게 움직이고 있다.

창 너머로 그들을 물끄러미 바라보고 있으니 지나간 과거들이 영화처럼 뇌리를 스쳐 돌아간다.

그때 그 시절 특별한 일이 없어도 보통 직원들에 비해 사무실에 일찍 출근하여 일과를 시작했다. 말단 면사무소가 시골인데다가 농민들은 새벽부터 논밭에서 일하기 때문에 직원 중에 누구라도 일찍 나와서 찾아오는 민원인의 요구를 들어주어야 하기 때문이었다.

아무도 없는 사무실에서 일과준비를 하고 있을 무렵 머리 덥수룩한 주민들이 사무실로 몰려들어와 텅 빈 사무실을 휘 둘러보며 말했다.

"해는 벌써 중천에 떠서 농촌에서는 아침 간식을 먹을 텐데 아직도 출근들을 안 했으니 밥해서 죽 끓여 먹을 일이다!"

그러더니 밑도 끝도 없이 면장 불러오라고 고함을 쳤다. 참으로 어처구니없는 일이 벌어지고 있는 무리 중에는 마을 이장을 비롯하여 지도자와 개발위원까지 합세하여 동민들을 몰고 왔다.

그곳에 오래 근무했기 때문에 나한테 뻐진 말은 못하고 무조건

새로 온 면장만 불러오라고 호통을 쳤다. 그들은 마치 성난 사자처럼 책상을 툭툭 치면서 위협적으로 나왔다.

울컥하는 감정을 가라앉히면서 의자를 권해 앉도록 하고 자판기에서 차를 빼다 주며 면장은 출근 중이니 진정하고 자세한 말을 해보라고 권했다.

그러자 한 사람이 밑도 끝도 없이 "우리 마을 근처에 대형 쓰레기장은 절대로 안 돼요!" 하면서 무지한 행동을 보여줘야겠다며 일어서서 의자를 들었다 놨다 했다.

나는 스스로 진정되기를 기다렸다. 약간 진정될 무렵 말문을 열어 "아직 쓰레기장이 확정된 것도 아니고 그 쓰레기장 위치가 여러분 마을로부터 많이 떨어진 곳이기도 하니 이해해 주세요"라고 했으나 어찌 되었든 사기네 부락 내이기 때문에 절대 불가라고 야단들이었다. 그리고 새로 부임한 면장이 오기만을 기다리면서 공포감을 조성했다.

고함을 지르며 달려드는 농민들을 달랠 길이 없어 위압감이 들기도 했지만 꾹꾹 참으며 사연을 들어주었다.

직장의 부 책임자라고 해서 내 마음대로 사업을 좌지우지하며 바꾸거나 취소시킬 수도 없지 않은가? 그들도 나를 제쳐놓고 면장만 찾아대니 나는 뭐란 말인가? 최종 결재자의 의견을 들어야 속이 시원할 것이지만 좀 서운하기도 했다.

물론 사람이라면 더럽고 냄새나는 쓰레기장 설치하는 것을 환영할까마는 우리나라 방방곡곡이 다 이런 식으로 쓰레기장 설치를 반대한다면 도대체 그 많은 쓰레기를 어찌 할 것인가? 하늘로 날리든지 바다에 버려야 한단 말인가?

그래서 쓰레기를 잘 치우는 사람이 유능한 기관장이라고 했다.

모두가 사욕을 버리고 조금씩만 이해한다면 제대로 쓰레기장을 설치할 것이지만 왜들 반대만 하는지 안타까웠다.

그렇다면 자기네 집 쓰레기는 어떻게 처분할 것인가? 물론 오물 수거비는 내고 있지만 왜 자기네 집 오물을 길거리에 내놓는 것인가?

불과 60년 전만 해도 대형 쓰레기장이 없었고 비닐 봉투가 없어서 밥찌꺼기라든가 오물은 마당에 쓸어 모아 썩혀 퇴비로 사용했다. 이와 같이 티끌을 모아 퇴비를 만들어 다시 논밭으로 나가기 때문에 집집마다 퇴비장이 있었다.

그랬던 것이 오늘날에는 퇴비장은 없어지고 불과 수년 사이에 온 나라가 쓰레기로 인해 환경오염은 물론 나쁜 공기로 사람 살기가 대단히 어려운 지경에 이르렀다.

항의하는 삼정마을은 쓰레기장으로부터 산을 몇 고개 넘어야 하는 곳인데도 반대를 하는 것은 필연적인 요구조건이 있을 것이라고 생각했다. 그래서 말머리를 돌려 "삼정마을은 가로등이 없어 밤에는 답답할 것이고 산길 농로가 없을뿐더러 포장이 안 되어서 다니기도 어렵지요?" 하고 먼저 마을의 애로사항을 말했다.

"그리고 급수시설도 되질 않아 쪽박 샘을 이용하느라고 부인들이 얼마나 고생들이 많겠습니까?" 하고 더 깊은 곳을 찔렀다.

그들은 눈을 크게 뜨고 "잘 알고 있군요!" 하며 기다리고 있었다는 듯이 자기네가 쓰레기장을 핑계로 사업을 얻으려 했는데, 내가 앞질러 말하는 바람에 쓰레기장 이야기는 쏙 들어가고 지금 부면장이 말한 것을 해달라고 오히려 목을 맸다.

당시에는 면장 재량사업비가 있어서 쓰레기장을 해결하려면 주민의 애로사항을 들어줘야 할 입장이라 면장과 상의하여 추진할

것이니 농사일이나 잘 하시라고 돌려보내고 나니 사무실은 적막같이 고요했다.

그 후에 상부의 지원과 면장 재량사업비로 해결하여 숙원사업을 쓰레기장과 동시에 시행했다. 삼정마을 동민들은 문화혜택을 누리게 되어 좋아했다. 말단 공직자들은 농촌주민들이 고루 혜택을 받을 수 있도록 마을 순회를 수시로 하며 대화해서 행정의 사각지대를 없애야 한다.

사람은 밤이나 낮이나 쓰레기를 만들고 있다. 물론 몸속에 있는 노폐물은 배설로써 해결되지만, 사후처리를 오래전에는 식물의 거름으로 썼으며 똥강아지의 먹이로도 사용했다. 이웃사람들과 놀다가도 소·대변은 반드시 집에 와서 보곤 했으며 농사짓는데 없어서는 안 될 중요한 거름이었다. 남이 대변을 퍼 가면 도둑으로 몰리기까지 했던 시절도 불과 80년 전 일이었다. 농사짓는 사람들은 새벽부터 망태기를 걸머지고 길가에 돌아다니며 소똥과 말똥을 주워 거름으로 썼다. 그로 인해 몸속에 많은 기생충이 생겨서 고생들을 했다.

현실사회는 참으로 편리하고 깨끗한 세상에 살고 있음을 행복하게 여겨야 할 것이다. 이제는 없어서는 안 될 쓰레기장이 사람들에게 천대받는 일은 없어져야 할 것이며, 또한 각 가정마다 쓰레기 줄이는 운동을 벌여야 할 것으로 본다. 이것이 바로 애국하는 길이다.

도둑고양이 · 06

아이들의 세상

아기 우는 소리는 흥미롭게 들리지 않는다. 그러나 애기의 울음 속에는 다양한 말이 내포되어 있다. 신비한 조물주가 성스러운 사람을 만들어서 한 여자의 몸을 빌려 세상에 내보낼 때 갓 태어난 아이가 으앙! 하고 소리치는 것은 또 한 사람이 지구상에 나타났음을 알리는 고함이다.

아이는 우는 소리로써 말을 대신하여 불평과 불만을 표현하며 자기의 욕구를 해결한다. 배가 고파 우는 소리, 주변이 축축하여 젖은 자리를 피해 달라는 울음, 엄마를 찾아 슬피 울며 마구 뒹글면서 불만을 토해내는 등 울음소리도 다양하다.

어린아이들이 성장하면서 차차 두뇌가 발달하여 영리한 사람이 되는가 하면 머리가 둔하여 세상을 어렵게 사는 자도 있다.

아버지들은 아이들과 같이 있는 시간이 그리 많지 않아 어린 자식들의 마음을 확실하게 읽을 수는 없지만 어머니는 아이를 뱃속에 넣고 다니며 정신적으로나 신체적으로 괴로움을 참아냄으로써 마침내 고귀한 인간을 만들어 내기 때문에 여자는 인내력이 강하고 성스러우며 하늘같이 위대한 존재이다.

뿐만 아니라 낳은 다음에도 어머니와는 떨러지지 않고 자나 깨나 금이야 옥이야 하며 길러낸다. 그러기 때문에 누구보다도 어머니는 장하고도 강한 인물이다.

요즘에는 부부가 같이 어린애를 키우려고 노력을 하지만 수년 전만 해도 아비는 자식 키우는데 등한시하며 잘 돌보지도 않았기 때문에 아이들이 바라는 욕구를 모르고 제 스스로 커가기만 바라는 무뚝뚝한 아버지들이었다. 우리나라는 동방예의지국이라 해서 할아버지 앞에서는 제 자식을 맘대로 안고 다니지도 못했기 때문에 아버지와 자식 간의 정은 멀어질 수밖에 없었다.

나는 수년간 어린이집을 배회하며 서예와 사회, 윤리, 도덕을 가르치다 보니 연약한 아이들을 보살피는 능력을 가지게 되고 사람을 사랑하는 법을 배우게 되었다.

해맑은 웃음소리와 샛별같이 초롱초롱한 눈이 내 맘을 사로잡고 천진난만한 행동도 예쁘게만 보였으며 더러는 어른스러운 말솜씨로 할아버지를 도와주겠다고 하며 팔을 걸어 올리는 아이를 보면 가슴이 뭉클해진다.

어깨동무

요즘 늙은이들은 오갈 데가 없어 집에서만 답답하게 세월을 보내는 사람도 있고, 노인정에서 화투놀이를 하지 않으면 공원 의자에 한없이 앉아 흘러가는 구름이나 쳐다보는 늙은이도 많다.

국가는 노인들을 위해 복지관을 건립하여 그 속에 각종 운동기구와 오락시설을 설치하여 이용하도록 하였으며, 취미활동을 위해 다양한 프로그램을 만들어 활용함으로써 많은 사람들이 이곳에서 즐겁게 생활하고 있다.

늙은이는 비경제활동 인구로서 국가에 보탬이 되지는 않는다. 하지만 나는 서예 도구를 챙겨서 자동차에 싣고 어린이집을 찾아가면 아이들은 야단법석을 떨며 안아달라고 활개를 벌린다.

아기들을 안아주다 보면 어떤 아이는 무게가 있어서 힘에 부칠 때도 있다. 한 아기를 안아주면 다 한 번씩 안아주어야 한다. 뿐만 아니라 다리에 매달려 떨어지지 않는 진드기형도 있다.

요즘에는 길거리에서 어린아이들 만나기가 쉽지 않다. 어린이집에는 차로 실려 가고, 피아노니 영어니 태권도니 하는 학원으로 돌아다녀서 만나기도 어려울 뿐만 아니라 아이들도 몹시 고달프기 때문에 집에 오면 파김치가 되고 만다.

물론 아이들은 부모의 유전자를 타고 낫기에 마음과 행동이 부모를 담지 않을 수는 없겠지만 노는 것을 보면 물어보지 않아도 부모직업을 알 수가 있다. 장난감차를 훌렁 뒤집어놓고 망치로 땅땅 두들기는 아이의 아버지는 차를 고칠 듯싶고, 묵묵히 1234만 쓰는 아이의 부모는 은행 직원이나 사무원일 것이다.

"사과 배, 복숭아 왔습니다!" 하며 혼자 떠드는 아이는 부모가 떠돌이 장사를 하는 듯싶다. 이렇게 아이들이 노는 것을 보면 그들에 성격과 가정환경을 조금은 알 수 있을 것 갔다.

교실 바닥에 깔판을 펴고 벼루와 붓 그리고 화선지를 나눠주며 여러분 여기 뭐하려고 앉아 있느냐고 하면, 서예 공부하려고 한다고 대답한다. 여섯 살 먹은 아기들이 공부하겠다고 얌전하게 앉아있는 것을 보면 마치 어른들이 둘러앉아 있는 듯하다.

서예도구의 명칭을 알려주고 먹물을 옷에 칠하지 않도록 방법을 지도하며 붓 잡는 연습을 시키면서 꽃잎 같은 부드러운 손을 잡아주는 감회는 남다르게 즐겁다. 가늘고 짧은 손가락으로 굵은 붓대를 잡느라고 애를 쓰며 고개를 기우뚱거리는 모습은 혼자 보기에 아깝다.

책상이 아닌 교실바닥에서 쓰는 곳도 있다. 이런 기관에서는 붓글씨를 쓸 때는 반드시 엄마다리를 하도록 권장을 한다. 그래야만 먹물이 옷에 안 묻기 때문이다.

그러면 엄마다리가 불편함으로 아빠다리(책상다리)를 하든가 아니면 제멋대로 배를 바닥에 붙이고 엎드려서 쓰려고 하니 어색할 뿐만 아니라 붓글씨를 쓸 수가 없다. 그런데도 배를 바닥에 붙이고 넙죽이 엎드려서 쓰려고도 한다.

아이들의 천국은 참 재미있는 세상이다. 내가 하는 행동 하나하나를 보고 따라하기 때문에 몸가짐에 조심이 되고 옷도 너무 혼란스럽거나 격에 안 맞는 것은 피하면서 말조심을 한다.

자라나는 새싹들은 나의 발부터 머리끝까지 보고 배우기 때문에 행동을 반듯하게 하려고 애를 썼고 사투리를 마구 쓰지도 못했다.

아이가 잘못한 점이 있어도 먼저 칭찬부터 해놓고 옳고 그름을 느끼도록 한 다음에 가르쳐준다.

붓을 흔들어 까만 먹물을 훌 뿌릴 때도 그 아이만 미워하듯 꾸

짖으면 앙- 하고 울며 떼를 쓰기 때문에 아무리 잘못해도 즉흥적으로 큰 소리를 치면 오히려 손해를 본다.

먹물 먹으면 큰일 난다고 하면 오히려 장난꾸러기 아이는 더 어깃장을 부려 혓바닥에 먹물을 칠하는 엉뚱한 아이도 있다. 이런 어려운 사항을 견뎌내지 못하면 아이들의 서예는 견뎌내지 못할 정도로 온몸에 먹물을 뒤집어쓰고 얼굴을 비벼 대서 꺼먹 황소 눈이 되기도 한다. 그렇다고 웃고 넘길 수도 없다.

낮은 소리로 해야 내가 무슨 말을 하는지 듣기 위해 조용해지고 힘겨움을 면할 수 있어서 늘 그런 식으로 아이들을 대한다.

바른 자세로 앉아서 붓을 세워 쓰도록 하고, 예의와 효심 그리고 도덕이 있는 문구를 쓰며 효도정신을 불어넣어 주어 엄마 아빠에게 잘하겠다고 다짐을 하기도 한다. 화선지에 잘 썼다고 하는 것을 골라 집으로 보내 부모로부터 칭찬을 듣게 하면 더욱 효과적이었다.

그렇게 함으로써 아이들이 먹물을 조심스럽게 다뤄서 깨끗한 서예를 하고 재미스러워한다. 이런 식으로 자라나는 아이들의 참교육을 시키면서 즐거운 자부심을 느낀다. 친구들과 잘 지나도록 하며 올바른 길로 인도할 책임을 느끼며 산다.

장애인 복지관과 어린이집을 돌아다니며 또 다른 아이를 대할 때마다 새로운 감회가 들 때가 많다.

세 살 버릇이 여든까지 간다고 하기 때문에 자랄 때 바로 잡아주는 역할을 하는 선생이야말로 고운 마음과 슬기로운 행동 그리고 참는 인내력이 있어야 한다고 본다.

동서남북을 쓰게 하며 해는 동쪽에서 떠서 서쪽으로 너머 간다고 하면, 해는 왜 동쪽에서만 뜨고 서쪽으로만 넘어가느냐고 하

는 등 다양한 의문의 질문들이 쏟아진다. 바로 이런 의문이 과학의 시발이 되는 것이라고 본다.

뿐만 아니라 아이들은 남에게 지지 않으려 한다. 글씨를 써도 얼른 먼저 써놓고 "내가 일등이다!" 하며 우월감을 표현한다. 남보다 더 월등히 잘하여 선생님에게 칭찬을 들으려는 동심이야말로 인간들의 본능이 아닌가 싶다.

비는 하늘에서 내려오고 물은 높은 곳으로부터 흐르며 산에는 산 짐승이 살고, 들에는 들짐승이 살듯이 우리 인간들도 모두 살 곳이 따로 있으며, 예의를 지키기 위해 앉을 자리 설자리를 가리는 것도 인간 문화의 척도 가 된다.

늙은이의 본질적 고향은 어린 시절이다. 그 시절로는 결코 되돌아갈 수 없다. 아주 멀고도 가까운 아이들의 세상에서 노인들은 세상풍파를 겪으며 걸어왔다.

어머니의 신비로운 재주와 괴롭고 고달픈 노고로서 당신이 태어났으며, 자기도 모르게 어린이는 소년이 되고 청년이 되며 장년이 되어 늙음의 계급장을 이마에 부치고 다니다가 막다른 골목에서 좋은 것 나쁜 것 모든 가진 것을 다 버리게 될 것이다.

이 모든 삶의 진리를 잘 이해하고 터득한자는 늘 해 맑은 어린이들의 정신을 이어 갈 것이고 고래고래 욕심을 내는 자는 항상 침을 하게 살다가 자기도 모르게 벌어놓은 전 재산 홀홀히 버리고 세상을 하식할 것이다. 아름답고 깨끗하며 더러움에 물들지 않은 어린 시절이 그립기만 하다

도둑고양이 · 07

묵향墨香에 젖어

해맑은 아침 햇살이 창문을 넘어온다. 내가 머물고 있는 방은 고요하기 그지없지만 도심거리에 나가면 꼬리에 꼬리를 물고 활기차게 달려가는 자동차들은 각자의 생존경쟁을 위한 도구가 된다. 세상만사는 모두 하나의 예술이고 생활의 리듬이라고 해야겠다.

이런 생각을 하며 터덜터덜 찾아간 노인복지관 서예실書藝室에는 나보다 더 일찍 나와서 먹을 가는 80세 노파가 있는가 하면, 힘 빠진 손으로 꾸불꾸불 쓴 붓글씨 한 장을 벽에 붙여놓고 "글씨 한 장 썼으니 한잔 하러 갑시다!" 하며 막걸리가 좋아 평생을 막걸리로 산다는 늙은이가 앞장서고 그 뒤를 내가 따라나섰다. 사실 이보다 더 학자적이고 신선한 것은 없다.

선술집 목로에서 사기그릇 술잔에 철철 넘치도록 막걸리를 붓고 엄지손가락을 푹 담가 높이 들며 외친다.

"자, 딱 한잔으로 건배합시다!"

건배를 한 오륙 명의 늙은이들은 숨넘어갈 정도로 그릇에서 입을 떼지 않고 단숨에 꿀꺽꿀꺽 마시니 마치 도랑물이 바위고개 넘듯 한다. 마시고 난 빈 잔을 상 위에 탁 놓으면서 껄껄껄 한바탕 웃음보를 터트린다.

이렇게 서예를 하면 제 흥에 취하고, 묵향에 젖어 지는 해도 잊

어버려 손자 손녀들이 끌고 가는 가짜선비 늙은이들이다. 이래서 선비가 도끼 자루 썩는 줄 모른다고 하는 모양이다.

도대체 글씨의 미美는 어디에서 비롯되었을까?

그 첫째는 점획미點劃美에 있다고 본다. 점과 획이 잘 어울려 미를 창조하는 것이고, 둘째가 결체미結體美이다. 결구를 반듯하게 쓸 때 마음속 깊은 안정감과 반듯한 생각을 가지게 되며, 셋째가 연면미連綿美이다. 글자와 글자의 흐름이 원만해야 미가 도출되는 것이니, 바로 쓰는 자의 정서적 감각으로 기술성과 예술성을 나타내는 고금에 없는 표현의 자취라고 논할 수 있다.

넷째는 포치미布置美라고 생각한다. 즉 글씨의 전체적인 짜임새를 나타내는 미로서 동양인의 자부심을 가지게 하는 아름다움이라고 말해도 손색이 없을 듯하다.

서예는 점과 선, 획의 구성에 의해 쓰는 사람의 감정이 표현되는 독특한 예술이며 글자의 크고 작음과 길고 짧음, 시원한 뻗침 그리고 가늘고 굵으며, 가볍고 무거움 등 점과 선의 구성과 비례 균형에 따라 공간미空間美가 이루어진다.

붓의 움직이는 속도, 즉 필순筆順에 운필의 강약 등으로 율동미가 전개되는 것이다. 먹은 오채五彩를 겸한 것이라 검정색이지만 농담濃淡, 윤갈潤渴, 선염渲染, 비백飛白 등이 운필에 따라 여러 색을 사용하는 것과 같은 영묘靈妙한 결과를 낳는다. 문자 상호간의 비례균형이 혼연일체가 되어 미묘한 조형미가 이루어져서 아름다움이 신해야 한다. 특히 중봉中峯과 역입逆入 그리고 바른 자세와 곧은 마음은 서예의 생명이라고 해야겠다.

이렇듯이 붓글씨는 정서생활과 정신건강 그리고 집중력 향상에 아주 좋다고 본다. 서체書體도 다양하여 한자에서는 전서篆書, 예

서隸書, 해서楷書, 행서行書, 초서草書로 구분되어 있을 뿐만 아니라 육조문이니 갑골문이니 하여 다양한 필체가 쏟아지고 있어 역시 글씨도 현대문명을 따르는 것 같다.

우리는 경제적 사회적으로 지금 아주 별난 세상에 살면서 글씨도 여러 필체로 쓰고 있음을 알 수가 있다. 한글도 역시 세종대왕께서 펴낼 당시에 나무판에 조각한 판본체(고체), 궁녀들이 썼던 궁체, 그리고 흘림체, 민체 등이 있으며, 서한체는 궁체에서 더 발전한 글씨체로서 다양한 필체를 표출하고 있는 것이다.

집필법執筆法과 완법宛法 그리고 운필법運筆法을 능숙하게 익힘으로써 더욱 묘미를 맛볼 수 있다. 그 옛날에는 천자문 옆에 끼고 서당에서 현대문명을 등진 엄한 훈장으로부터 종아리를 맞아가며 한문을 배우고 익혀야만 했다.

비문명적이고 비문학적인 학문을 달달 외워 한 권 떼면 책거리라고 하여 떡 한 시루 해놓고 고사지내는 때도 있었다. 그야말로

호랑이 담배 피우던 시절에도 글씨의 미와 쓰는 묘미가 살아있었고, 우리 조상들이 살면서 배우고 익힌 것이다. 그리고 단계별로 명심보감에서 인성과 예의범절을 배우며 소학 · 대학의 학문을 터득하면서 먹을 갈며 묵향에 젖어 세상 돌아가는 줄도 모르고 양반 노릇을 했으니, 과학 문맹자들이어서 세계문명에 뒤질 수밖에 없었을 것이다.

서예는 전통예술로서 한반도를 비롯한 동양 고유의 서체이며 단순한 취미활동의 범주를 넘어 정신수양이 되는 고상한 경지이다. 하얀 화선지 위에 힘차게 잡은 붓의 율동과 그 풍기는 묵향은 서예에서만 맛볼 수 있는 특질로서 많은 사람들의 사랑을 받아왔다. 나이 많은 늙은이의 취미활동으로는 더할 나위 없이 좋다.

차분하고도 아름다운 마음씨를 간직하고 표현하며 그 자취를 남길 수 있는 묵향이야말로 좋은 향기라고 생각한다.

도둑고양이 · 08

우암 어린이회관에서

겨울 햇빛이 유리창 너머로 들어와 따듯한 오후다. 우암산 도시 산책로를 굽이굽이 돌아 어린이회관에 도착했다. 어린이들이 모형 공룡을 구경하며 천문학 교육도 받으면서 체험도 하고 실습을 하기 때문에 많은 관람인이 온다.

이름도 유명한 명암약수터 아래 웅장하게 자리 잡은 우암 어린이회관의 넓은 1층 홀에는 공룡의 모든 것을 전시하고, 천문우주과학관은 2층에 있으며, 3층에 첨단과학 실습실이 있고, 4층에서 밤하늘을 관측할 수 있는 천체망원경이 있다.

이곳에는 유치원 어린이로부터 초등학생을 비롯해 아이 손잡은 주부들, 그리고 늙은 부모와 함께 가족들이 관람을 온다. 나는 이곳에서 관리해설사로서 안내 봉사활동을 한다.

부라키오사우루스 공룡은 마당 광장에 웅장하게 모형을 만들어 놓고 살아서 움직이는 듯하고, 현관을 열면 바로 대형 티라노사우루스 공룡이 동물을 입에 물고 빨간 피를 흘리며 고래고래 소리치며 움직인다.

가을 단풍잎이 찬바람을 안고 구르고 태양의 열기는 쏟아지는데 유치원 어린이들이 재잘거리며 선생님 손을 잡고 몰려왔다. 나는 반갑게 맞이하면서 공룡관을 전부 해설하고 안내한 뒤 제자리로 돌아오는데, 한 어린이가 나에게 달려오더니 "그런데 할아

버지는 왜 늙었어요?" 하며 질문을 한다. "세월이 가면 다 이렇게 된단다" 하고 답하니 "그럼 공룡은 안 늙나요?" 하며 고개를 갸우뚱거리다가 다시 말문을 열어 "그럼 할아버지는 산 공룡을 보셨나요?" 하고 질문을 한다. 보지는 못했어도 역사 문헌에 알려지고 또 화석이 말해주고 있다고 대답하니 아이는 다시 "보지도 못하고 어떻게 잘 아나요?" 하며 눈을 껌벅거린다.

호기심 많은 여섯 살 어린이는 선생님 손을 잡고 걸어갔다.

어린이 무리가 빠져나간 회관 안은 무척이나 쓸쓸하고 고요하다. 역시 아이들은 어른에게 있어야 할 존재이다.

얼마간 영상에서 울려나오는 공룡 소리가 고요를 깨고 있는데 갓난아기를 끌어안은 부부가 늙은 아버지를 모시고 오기에 반가움에 가까이 나가가 인사를 하자 거대한 남자노인이 내게 물었다.

"당신 몇 살이요?" "예 79세입니다." "한참 청년이구먼!"

옛날에 인생 80이면 고려장을 해도 몇 번을 했을 나이인데 한참 청년이라니 듣기 싫지는 않았다.

"나는 88세요! 왜정 때 군대 끌려가서 남양군도(지금의 필리핀)에서 죽을 고비를 당했다. 그때 이런 큰 짐승은 구경도 못했어!"

2억 5천만 년 전에 있었던 동물들의 세상을 보지 못했다고 하는 말은 당연하겠지만 그 노인은 제2차 세계대전을 몸소 겪고 전쟁 속에서 살아남은 장함을 과시하고 있다.

이러하듯이 대우주 속에서 동물이나 인간이나 할 것 없이 그냥 흘러가면 다시 그 후손은 뒤따라갈 뿐이다. 그러면서 배우고 익히며 도움 주고 도움 받으며 살고들 있다.

해그늘은 높은 산을 넘는데 황혼에 타는 구름은 무상한 인생사를 달래고 있구나.

아이들의 세상은 그야말로 천진난만하다. 모든 것이 신비롭고도 의문 덩어리인 공룡 모형이 으르렁거리며 움직이면 눈을 손으로 가리며 선생 곁에서 떨어지질 않는다.

구석기 시대에 벌거숭이 사람들이 돌을 갈아 창을 만들어 야생동물을 포획하는 장면을 보고 신기하다고도 한다.

나무는 틀림없이 나무인데 화석이 되어 두드리면 댕댕 소리가 나고 새가 돌에 붙어 있는가 하면 우주 천체관에서 무수한 별들의 반짝임을 보고 아이들은 저 많은 별들이 어찌해서 서로 마찰하지 않고 제자리를 지키는지 의문을 던지기도 한다.

그 많은 천체가 떠돌다가 떨어질 수도 있지만 대개는 떨어져 나오면서 우주공간에서 다 타버린다고 했더니 아이들은 더욱 흥미로워한다. 우주만물이 소생하는 힘과 지구가 둥근데도 그 위에 있는 사물은 떨어지지 않음은 만류인력 때문이라고 했더니 아이들은 학교에서 배웠다고 이구동성으로 떠들어댄다. 학생들의 산교육을 위해 해설 봉사하면서 크나큰 보람을 느꼈다.

도둑고양이 · 09

용호사의 종소리

동쪽 산머리에서 샛별이 반짝인다. 세상은 고요하고 가로등도 졸고 있는 이른 새벽에 은은하게 울려 퍼지는 용호사의 종소리가 강강- 하며 곤한 잠을 깨운다. 그리고는 연이어서 당당당당- 하는 교회 종소리가 작은 도시를 요란하게 만들며 교인들을 부르는 모양이다.

그런데 일반 교회나 성당에서는 새벽에만 치는 것이 아니라 낮 12시까지는 시간마다 치고, 오후 6시면 또 친다. 도시가 종소리로 인해 소란스러울 정도이다.

나는 무신론자이기 때문에 사찰이나 교회에서 종 치는 의미를 잘은 모르지만 잠시 생각해 보니 절에서는 새벽과 해 넘어간 뒤에 천천히 대종을 울림은 인간들과 떨어져 있는 산사에서 기거하는 승려들의 잠을 깨워 공부를 하게 만들고 세상의 아침을 여는 종소리로 들린다. 그리고 저녁에는 하루 일과를 무사히 마쳤으니 밤에는 쉬라고 치는 것으로 생각한다.

절에서 울리는 종소리는 너무도 부드럽게 들려서 속세의 잡생각을 버리라는 듯하다. 에밀레종처럼 떨리면서 괴이한 소리를 내며 천천히 울려 퍼진다. 반면에 작은 도시의 곳곳에 교회가 있어 서로 다투며 종을 쳐대니 종소리 공해로 싸움이 날 정도다.

예수가 때도 없이 종을 쳐서 사람들을 모으라고 하셨는지는 볼

라도 인간들이 자신의 잘못을 느끼고 회개하기 위해 스스로 교회를 찾아가야 되는데, 종을 치며 교인들을 오라는 것은 강제로 집회를 하는 것과 마찬가지다.

예수님은 옷 한 벌 좋은 것을 걸치지 않은 채 십자가에 못 박혀 죽었다. 석가모니도 그 화려한 왕궁에서 인간세상으로 도망쳐 나와 헐벗고 못 먹으며 살다가 보리수나무 밑에서 깨달음을 얻어 인간들에게 많은 교훈을 남기고 죽었다.

그래서 절은 거의가 산 속에 있으며, 승려들은 머리를 맨둥맨둥하게 삭발을 하고 오직 불교를 위해 살고 있다. 하지만 세상은 변하고 또 변하여 절을 팔기도 하고 사기도 하며 직업적으로 불공을 드린다. 그러기에 사람이 많이 사는 도시로 절이 내려오기 시작하여 지금은 많은 사찰이 도시 안에 많다.

예수를 믿는 기독교와 석가모니를 믿는 불교 그리고 사이비 종교가 판을 치고 있는 세상이다. 그들은 패와 패를 갈라 자기가 믿지 않는 종교를 믿는 자를 괄시하며 등을 돌리고, 돈을 모아 건물을 크게 지으며 떵떵거린다. 도시고 농촌이고 간에 크고 화려하게 지은 건물들은 다 교회가 아니면 절이다. 어떻게 보면 예수와 석가모니가 제일 부자인 듯싶다.

절에서 위패를 어떻게 모시나 싶어 찾아갔는데, 나무를 깎아 어머니 아버지의 이름을 써서 석가모니 불상 앞에 모셔 놓고 향불을 피우고 수백 개의 위패들을 한곳에 모셔서 장엄했다. 신이 있든 없든 간에 중들이 촛불을 켜고 음식을 차려 놓고 초하룻날과 보름에 꼭꼭 상을 올린다니 그런 대로 흐뭇했다. 칠남매 중 막내지만 위로는 다 죽었기 때문에 내가 제사를 모셔왔다.

근 50년을 모시다가 내 나이 80세를 넘어서니 오히려 내가 제

사를 받아먹어야 할 지경에 이르게 되고, 아내 또한 나이가 많아 부려먹을 수도 없기에 장손에게 물려주고 제사를 지내도록 했다. 장손도 쾌히 모셔갔으나 교회에 다니는 관계로 제삿날 제물을 챙기지 않고 그냥 입으로만 기도 제사를 지낸다고 했다.

물론 죽은 조상들이 제삿날 음식을 먹고 가련만 그래도 전해오는 전통과 풍습으로서 제사를 지내야만 마음이 개운한데 전혀 그러하질 않다니 제사를 안 지내는 것과 다름이 없지 않은가?

물론 귀신이 음식을 먹지는 않겠지만 살아있는 사람의 서운함이 있어서 어머니 아버지를 절에다 모시고 중들이 절이라도 잘해주기를 바랄 뿐이었다. 그러고 나니 수시로 절에서 편지가 날아오고 언제 언제 오라고 하면서 4월 초파일에도, 7월 백중에도 등을 달게 하고, 절에서 행사만 있으면 오라고 불러댄다. 신이 있다면 억울할 것은 없겠지만 신이 없다면 되게 억울함을 당한 것이다. 사람의 마음을 흔들어 돈을 요구하라고 예수와 석가모니가 말씀하지는 않았을 터인데 말이다.

교회도 십일조라고 해서 자기가 번 돈의 10분의 1을 헌금해야 한다니 이건 불교보다 더한 모양이다. 천주교도 마찬가지다. 처녀나 부인들을 수녀로 만들어 시집도 못 가게 만들뿐만 아니라 신부는 장가를 가지 못한다. 이는 당대에서 씨를 지우겠다는 심보다. 누가 이렇게 만들었는가? 물론 강제로 시키는 것이 아니라 스스로 신부가 되려고 많은 공부를 하고 스스로 수녀가 되고 승려가 된다. 물론 스스로 그런 길을 간다고는 하지만 그 역시 그렇게 되도록 알게 모르게 무서운 교육이 있었기 때문이다.

신부와 수녀 그리고 승려가 장가 시집을 안 가니 자식이 있을 수 있는가? 산아제한을 그들로부터 하기에 이른 것이다. 뿐만 아

니라 그리스도인들은 성경을 탐독하고 성경을 쓰도록 주지를 한다. 선경을 많이 쓰면 그만큼 복이 온다고 하며 세월을 성경 쓰는데 보내고 있으며, 중 역시 우리말로 해석도 해놓지 않아 어려운 염불 내용을 외우기에 바쁘다.

이렇게 세월을 허송으로 보내며 부처를 자기 부모보다 더 위하는가 하면, 그리스도 교인들도 자기 아버지를 옆에 놓고도 하느님 아버지시어 하며 울면서 애원하듯이 기도를 한다.

저녁노을은 붉게 물들어 화려한데 언제 죽어 한줌의 재가 될지 한 삽의 흙이 될지는 몰라도 언제인가는 이 세상에서 사라져야 할 인간이기에 내일을 알 수 없어 답답할 뿐인데 오늘도 용호사의 범종은 은은하게 세상을 깨운다.

도둑고양이 · 10

산책散策

이른 새벽 신문 배달하는 오토바이 소리에 잠을 깼다. 내가 살고 있는 집 뒤로 산책로가 있어 등산하기 좋기 때문에 어둠이 깔린 골목길을 빠져나와 가로등 밑을 조용히 걸으면 건강을 위한 부지런함을 새삼 느낀다.

신선한 공기를 마시면서 산을 오르면 절로 땀이 나고 숨이 차는데, 동행하는 사람들이 앞 다투어 내 앞을 질러가고 있다.

그런가 하면 벌써 산행을 끝내고 하산하는 등산객이 간간이 지나가는데 그들로부터 풍기는 땀내와 사람 냄새가 바람결에 물씬 풍긴다. 이토록 건강관리를 잘하는 사람들이 한두 명이 아니다.

그들은 손전등을 들고 펄떡펄떡 뛰어 내려간다. 참으로 단단한 사람들이다. 날이 밝기도 전에 불을 들고 산행을 하는 나름대로의 이유가 있을 것인데 고정적으로 시간을 맞추어 운동하는 사람들인 모양이다.

이런 저런 생각을 하며 가파른 경사지를 올라가니 쌀쌀한 새벽이었는데 등에 축축하게 땀이 나고 숨은 차지만 목적지는 한참을 더 올라가야 한다.

산을 내려가고 올라가는 사람들마다 그냥 묵묵히 지나가곤 한다. 모르는 사람들끼리지만 같이 등산하는 입장에서 "안녕하세요, 잘 다녀오세요, 수고하십니다"라고 말 한마디 한다고 뺨 맞는

법 없을 터인데, 그냥 무관심하게 지나갈 뿐이다.

그러나 가까운 일본인들은 "안녕하세요" 하면서 알지 못하는 사람과도 말을 하고 지나간다. 남을 칭찬해 주는 인사에 인색한 우리나라 사람들, 그러나 남이 잘되면 왜 그리도 시기심은 갖는지 모르겠다.

일본이란 나라가 좋다는 것은 아니지만 자전거도로가 잘 되어 있고 거의가 차는 집에 놔두고 그리 멀지 않은 거리는 자전거로 볼일을 보기 때문에 유용한 교통수단이 된다.

자전거를 타고 가면서도 피해주는 사람이 있으면 반가워하면서 고맙다는 인사를 두 번 세 번 고개 숙여 하며 지나가기 때문에 걷는 사람도 기분이 좋다.

산에 올라 야호 소리치며 아직도 건재하고 있음을 과시했다. 아침에 맑은 공기를 마시면 가슴이 터질 듯이 뿌듯하고 상쾌해서 자유로움을 느낀다.

세상 살다 보면 괴로울 때가 많고 쌓여 있는 스트레스를 풀려고 노래방을 찾아 마음껏 노래를 부르기도 한다. 그러나 돈이 앞장서야 노래방도 가는 것인데 산은 돈을 요구하지 않는다.

노래방은 답답하고 칙칙하며 쌓여 있는 먼지와 더러운 공기 속에서 노래해야 하지만 그에 반하여 산은 자유로움과 맑은 공기, 그리고 앞이 탁 트여 멀리 바라다 보이는 올망졸망한 등선을 관람인으로 생각하면서 고함을 지르면 수많은 졸병들 앞에서 호령하는 감회가 든다.

무성한 나무 사이로 빛나는 아침 햇살을 받으며 흘린 땀을 닦을 때 가슴이 확 터진다. 산을 오를 적마다 던져놓은 돌무지는 우리 인간들의 발자취를 말해주고 있다. 졸졸졸 바위틈에서 흘러나

오는 샘에서 생수 한 컵을 마시니 간장이 서늘하고 가슴이 짜릿하여 피로가 일시에 달아나고 하늘 뒤덮은 갈참나무 숲이 더욱 시원하다. 늙은 소나무는 더욱 안온한 감회가 들어서 좋을 뿐만 아니라 종일 이곳에 눌러앉아 있어도 지루하지 않을 듯싶다.

땅위에는 낙엽이 쌓여있고 흐드러지게 핀 진달래와 동백꽃이 산을 아름답게 만들고 있으며, 길가에 개나리는 사랑하는 사람을 기다리듯이 바람 타고 흔들거린다.

많은 사람들이 등산을 하지만 나무 하나 풀 한 포기 건드리지 않고 오직 눈비바람에 고사되고 쓰러진 나무 위에 푸른 이끼가 유구한 역사를 말해준다. 잡목들이 잔득 우거져서 뚫고 다닐 수 없도록 음산하다. 마침 비온 뒤이 아침이라서 산 아래 깔려 있는 인개구름이 신신을 태운 듯이 사옥하고 신비스럽다.

그리고 곳곳에 체육시설이 아주 잘되어 있어서 마음껏 운동도 할 수 있으며 쉴 수 있는 의자도 있어 더욱 사람들을 편안하게 해주고 있다. 높은 산허리에 앉아 땀을 식히면서 서늘한 바람을 맞으니 마치 내 세상 같다.

도시 주변에 있는 산은 많은 사람들이 공원 삼아 오르기에 나무도 인간들의 손때가 묻어 반질반질하고 잘 크지 않는다.

뿐만 아니라 다람쥐도 사람을 겁내지 않고 오히려 사람에게서 먹이를 구하려고 달려들기 때문에 아주 가까이에서 산짐승들이 노는 것을 관찰할 수가 있어서 더 재미스럽다.

복잡한 도심 속에 살면서 새벽에 산을 오르며 여유 있는 생활을 할 수 있어 다행스럽지만 햇빛 쏟아지기 전에 하산해야겠다.

도둑고양이 · 11

도전자들의 숨소리

오늘 따라 쌀쌀한 바람이 옷소매를 파고들어온다. 운동복 위에 잠바를 덧입고 장갑과 마스크로 무장하고 집을 나왔다. 엷은 햇살을 등지고 계단을 오르며 주머니 속 라디오에서 흘러나오는 노랫소리를 들으니 더욱 발걸음이 가볍다.

나무계단으로 상봉까지 층층대를 만들고 나무이름표를 부착하여 교육의 장이 되며 곳곳에 운동기구를 설치해 놔서 나름대로 휴식을 취하며 운동을 하기도 한다. 뿐만 아니라 산 전체를 공원화해서 도시민들의 유일한 휴식처가 되기도 한다.

묵묵히 땅을 보며 얼마간 걷다 보니 하얀 옷이 땅바닥에 제멋대로 벗어 던져져 있다. 그리고 얼마쯤 더 올라가니 또 옷과 신발이 아무렇게나 버려져 있어서 보는 사람들의 얼굴을 찌푸리게 한다. 도대체 누가 옷을 마구 버렸을까 하면서 가고 있는데, 팬티만 걸친 사람이 쿵덕쿵덕 서슴없이 계단을 디디고 껑충껑충 기운차게 뛰어 올라간다.

한참을 서서 보니 수도 없이 계단을 오르내리는 모양인데, 중학생부터 활기찬 청년들이 숨을 몰아쉬며 올라갔다 내려오고 또 오르고 내려온다. 땀을 줄줄 흘리며 씩씩거리는가 하면 헉헉하는 숨소리가 산천을 울리는 듯하다. 도중에 엎어져서 일어나지도 못하는 자도 있고, 계단을 단숨에 뛰어 올라가는 젊은 청년은 팬티

까지 다 젖어 있었다. 이런 광경을 보니 완전무장한 내 꼴이 그들에 비해 말이 아니었다. 그들은 운동선수들이었다. 모두가 살이 통통하니 둔한 살을 빼기 위한 작전이었을 것이다.

옷은 그들이 운동을 하며 땀이 나니 아무렇게나 벗어 던진 것이다. 그네들이 정한 종점에는 코치와 지도교사들이 진을 치고 버티고 서서 더 빨리 뛰라고 호령을 한다. 코치라는 사람도 나와 같이 옷을 단단히 입고 있어서 다소 무안함이 없어지기도 했다.

그들은 자기 체력과의 도전이고 대한민국을 대표할 운동선수들이며, 나가서는 아시아와 전 세계를 향한 도전자들이다.

몸을 쇳덩이처럼 단련하고 사람 위에 우뚝 서서 운동의 달인으로 체력의 왕자로서 행복한 장래를 위하고 나라를 빛낼 준비를 하고 있는 것이다.

도전자의 숨소리는 잔인하고 거칠다. 씨름선수들이 모래판에서 숨을 몰아쉴 때 통통한 배가 들락날락하는 것을 보듯이 호된 숨을 몰아쉰 뒤에 승리의 쾌감을 맛볼 수 있는 것이다.

도중에 삼일공원에서 손병희 선생 외 몇 분의 동상을 향해 참배를 하고 숭고한 업적에 탄복하면서 본격적으로 산을 오르기 시작했다.

소나무를 타던 다람쥐가 쪼르르 내려와서 빤히 쳐다본다. 다람쥐는 내가 먹을 것을 던져주지 않나 싶어서였을 것이다. 줄 것이 없어서 다람쥐에게 다소 미안했다. 한참을 맴돌더니 다시 소나무로 올라가 솔방울을 뒤지는 모양이다.

올라가고 내려가는 사람들의 발걸음 소리가 기운차게 들리고 겨울바람이 모자 속을 파고든다. 어떤 사람은 나에게 잘 올라가시라고도 하고, 어떤 젊은 아줌마 한 분은 몰아쉬는 내 숨소리를

들었는지 "물 좀 드릴까요?" 하며 서슴없이 물을 따라주기에 고마운 마음으로 한 컵을 받아 마시니 속이 시원했다. 그는 벌써 약수터까지 다녀온 모양이었다.

이런 아름다운 행동들은 우리는 한겨레라는 따뜻한 감정에서 우러나온 행위일 것이리라. 누가 모르는 사람에게 물을 줄 것이며 다녀오라고 인사까지 하겠는가 싶다. 말도 통하지 않는 외국인이 그렇게 다정한 마음을 베풀겠는가?

어린아이의 손을 잡고 오를 정도로 산이 순하지만 왠지 나는 멀기만 하고 산을 오른다기보다는 체력에 도전한다는 감정이 들어서 무척 힘들고 숨이 찼다. 멀리서 은은하게 기적이 들려오고 상봉에서 울리는 야호 소리가 가슴을 터트린다.

지팡이에 몸을 의지하면서 상봉에 오르니 산 아래로부터 올라오는 바람이 옷깃을 파고들고 발아래 내려다보이는 도심 풍경이 매우 평화로워 보이고 훤히 트인 길에는 차들이 즐비하게 달려가면서 각자의 생활을 만들어 내느라고 바쁘다.

도시의 복잡한 소음과 매연에 시달리다가 울창한 숲을 지나며 맑은 공기를 마시니 마음이 상쾌하다.

발길을 돌려 올라온 길로 되돌아오지 않고 산 뒤를 돌아 내려오는데 이상하게 생긴 바위 아래마다 촛불을 켠 흔적이 있고 쌀과 떡을 그냥 돌 위에 두고들 갔다. 그 떡을 짐승도 안 먹었는지 모르겠다. 무당이 산에 와서 치성을 올리며 굿을 한 모양이다.

이런 곳을 몇 군데 지나고 나니 본격적으로 '굿당'이라고 간판까지 걸어놓고 징을 치고 북을 치며 굿을 벌이고 있는 중이었다. 호기심이 나서 들여다보니 귀신이란 귀신은 다 써서 걸어놓고 신굿을 하는 모양이었다.

굿당을 벗어나니 골짜기에 작고 큰 암자가 여러 집 도사리고 있고 사람들이 쌀을 이고 지고 들어가는 것이 보인다.

인간들은 그 무엇인가에 의지하고 싶은 것은 사실이다. 바로 이런 토속신앙을 믿음으로써 잘되기를 바란다. 이 모든 행위는 도전정신이고 사람이 숨을 쉬고 있는 한 결코 그 주변을 벗어나지는 못할 것이다.

도둑고양이 · 12

관리자의 콧대

밤사이 아무도 모르게 쌀가루 같은 눈이 온 천지를 뒤덮었다.

눈은 언제 보아도 깨끗하고 마음을 해맑게 하면서 온 대지의 더러운 곳까지 아름답게 포장을 한다. 한 주먹 뭉쳐 꾹꾹 다지니 간장이 서늘하다.

어린 시절 둥글둥글 굴려 포개놓고 솔방울과 가랑잎으로 눈사람의 눈과 코와 입을 만들어 길가에 세워 놨던 동심이 일어난다.

하늘에서 주는 선물은 높고 낮음 없이 골고루 뿌려 준다. 세상이 하얀 소금밭으로 변하여 먹을거리를 구하지 못하는 새들도 앵두나무 가지에 몰려 짹짹거리고 있다.

간간이 휘날리는 왕방울 같은 눈이 차 위에 수북하게 쌓이고 앞이 캄캄한데 길은 온통 빙판이 되어 미끄러지면서도 출근 약속을 지키기 위해 조심스럽게 가고들 있다.

내가 사는 빌라는 비탈길이기 때문에 눈만 오면 차는 물론이고 걷기도 어려워 조바심이 나는 곳이다. 그래서 유경험자 관리인은 미리미리 대비를 잘해서 별 문제 없이 수년을 잘 지내왔다. 그렇게 잘하던 관리인이 신병으로 인해 그만둠으로써 새로운 사람이 와서 관리실에 기거하며 근무하였다.

눈 내린 아침에 빌라 주차장에 쌓인 눈이 그대로 있어 다니는 사람들이 쩔쩔매는데 도무지 눈 치우는 사람이 없다. 그래서 신

경 안 써도 될 늙은 내가 공연히 조바심이 일어 비를 들고 쓸면서 관리사무소 부근까지 갔으나 관리자가 보이지 않기에 문을 열어 보니 편안하게 누워 있었다. 그래서 나와 같이 마당에 눈 좀 치우자고 하니, 그는 벌떡 일어나며 "젠장, 웬 시키는 사람이 그리 많으냐?"며 화를 버럭 냈다.

이는 적반하장賊反荷杖이었다. 마치 관리자가 주민을 위해 있는 것이 아니고 주민이 관리자를 위해 있는 감회가 들어서 오히려 내가 민망하면서도 울화통이 치밀었다.

관리자에게 "눈 좀 같이 치우자는 것이 뭐가 그리 잘못 되었느냐"고 반문식으로 말하자, 그는 또 대거리하듯 중얼거렸다. 나는 더 화가 치밀어서 눈을 안 치우려면 준비해 놓은 염화칼슘이라도 손으로 솔솔 뿌리라고 했다.

자기 딴에는 회장도 아니고 총무도 아닌 늙은이가 아침부터 일을 시키니 나를 주제넘게 본 모양이다. 거기까지는 나도 이해를 했다. 그러나 그는 장갑 낀 손으로 훌훌 뿌리기는커녕 삽으로 푹푹 흙 파듯이 퍼서 뭉턱뭉턱 던져 놓기에 "그런 식으로 뿌리면 염화칼슘을 어떻게 당할 것이며, 나중에 시멘트가 부식된다"고 소리쳐도 귀가 먹었는지 그 일을 계속했다. 화를 참으면 터질 것 같아 그 꼴 보지 않으려고 그냥 두고 집으로 들어왔다.

그러니 눈이 녹은 곳은 녹고 안 뿌린 데는 그냥 있으면서 염화칼슘도 그대로 있었고, 봄이 되면서 시멘트 바닥이 부식되어 푸석푸석 힘없이 깨지면서 엉망이 되었다. 콧대 높고 무식한 관리자로 인해 멀지않은 장래에 길바닥을 새로 발라야 하는 처지에 놓인 것이다. 무엇을 위하고 누구를 돌보려고 관리자를 두는 건지 도저히 이해가 되질 않았다.

수십 년 전에 지금 살고 있는 빌라로 이사하면서 애지중지 화분 속에 키우던 대추나무 한 그루를 가지고 왔다. 베란다에 놓고 그대로 키울까 하다가 마침 빌라 화단에 빈 공간이 있기에 그곳에 이식을 했다. 지금은 나무 위에 올라가서 대추를 딸 정도로 보기 좋게 컸다. 비가 오지 않아 가물면 물을 길러다 주며 퇴비도 주면서 열매가 대롱대롱 달리면 주민들이 보고 신기해했고, 가을이 되어 익으면 지나가는 사람들이 하나씩 따서 입맛을 다시던 대추나무였다.

그렇게 수년을 아무런 말없이 잘 지나왔는데 이번 관리자가 오면서 대추나무 잎이 떨어진다느니 대추를 따서 관리실에 놓고 사람들과 나눠 먹자는 둥 말이 많았다. 그래서 베어버리면 말이 없겠지 싶어 잘라 버렸다. 그런 역사 깊은 나무를 베어내고 나니 마음 한구석이 허전하고 서운함을 감출 수 없었다.

뿐만 아니라 높은 산에서 취나물을 캐다가 단풍나무 밑에 심으니 산나물이기 때문에 나무 그늘 아래서도 잘 크고 신선하며 화단의 경관을 조화롭게 해주었다. 주민들도 수시로 취나물을 몇 잎씩 채취해 먹기도 했고, 나무 밑이 삭막하게 흙만 있는 것보다는 녹색의 푸른빛은 보는 사람으로 하여금 신선함을 주었다. 그런데 이것 역시 화단에 나물을 심으면 안 된다는 것이며 보기 안 좋다며 뽑아내 버렸다. 참 기가 찰 노릇이었다.

아내가 노인복지관에 놀러갔다가 누가 줬다는 고추 모를 얻어 왔기에 버릴 수가 없어 향나무 아래 심어 두었더니 여름이 지나고 가을이 되어 고추가 제법 주렁주렁 달렸다. 그러나 아내는 화단 고추라면서 따먹지 않고 달린 고추를 만져보고 세어보면서 아끼는 모양이었다.

그런 몇 포기의 고추를 하루아침에 싹 뽑아 치운 것이다. 뽑으려면 고추가 달리기 전에 뽑을 일이지 고추를 심은 사람의 말도 들어보지 않고 관리자 마음대로 뽑아 버렸다. 관리자가 일방적으로 자기 눈에 거슬린다고 뽑아냈다는 데 감정이 일어나고 무척 섭섭했다. 물론 화단에는 꽃을 심어야 하고 보는 이로 하여금 마음이 아름다워져야 한다는 것을 모르는 바는 아니다. 그러나 꽃도 심지 않고 빨건 빈 땅으로 있는 것보다는 푸른 것이 있는 것이 더 좋지 않겠는가 싶다.

요즘은 값비싼 상록수보다 유실수를 더 선호하는 시대다. 어느 자치단체에서는 가로수를 감나무로 심어 과실수의 참맛을 보게 하며 심지어 사과나무를 가로수로 길러 가을의 운치를 뜻 깊게 할뿐더러 지역 특산물을 가로수로 대신하며 자랑거리로 삼고 있는 실정이다.

사람의 마음은 천 층, 만 층이고 선호도 역시 각자 다르기 때문에 한 사람을 꼬집어 말하기는 대단히 어려운 것이다. 그러나 공과 사를 가릴 줄 알고 공통의 길이 어느 길인지 판가름할 줄 아는 자가 결국은 삶의 승리자가 되는 것이다.

새가 나뭇가지에서 우는 것도 다 뜻이 있어 울듯이 세상살이는 아무렇게 살아도 되는 것이 아니고, 많은 길이 있어도 내 갈 길이 따로 있으므로 남을 배려할 줄 아는 인간이 되어야겠다.

도둑고양이 · 13

낙상落傷

경인庚寅년 겨울은 유난히도 춥고 눈이 많이 오는 해였다. 입춘이 지났는데도 영동지역은 기후적인 변화로 인해 100년 만에 2m가 넘게 폭설이 쏟아져서 교통두절은 물론이고 이웃 간에도 오고 가질 못하며 비닐하우스가 파괴되어 농작물 피해는 물론이고 모든 생활물자가 유통되지 않아 주민들의 고통은 말이 아니었다.

매서운 날씨에 빙판길이 되어 차량은 물론, 걷기도 어려운 지경이었다. 이런 와중에도 골방에 틀어 박혀 원고 쓰기에 온 정신을 팔고 있을 무렵 핸드폰 소리가 요란하게 울려 전화기를 귀에 대는 순간 "아이고! 나 죽겠다"는 소리에 영문도 모르고 가슴이 턱 무너지는 듯했다.

무슨 소리냐고 되물으니 아내가 길 가다가 얼음판에 넘어져서 팔이 몹시 아프니 빨리 오라고 했다. 허겁지겁 달려가 보니 아내의 팔이 제멋대로 흔들흔들하고 초주검이 되어 있었다.

나는 정신없이 병원 응급실로 싣고 달려갔다. 응급실에서는 급하게 사진을 찍어 확인하더니 응급조치로 관절을 당겨 제자리로 맞춰 주어서 잘 되었으려니 안심을 하였다.

얼마 후에 의사가 와서 사진을 보이면서 팔꿈치 관절이 삐뚤어지기만 한 것이 아니라 뼈가 부서지고 갈라져서 수술하려면 입원해야 한다는 소리에 또다시 놀랬다.

입원실이 없어서 2인실에 입원했으나 금방 수술을 해주는 것도 아니라서 아내의 통증은 더 심해졌고 진통제를 맞고서야 조용해졌다.

예전 같으면 인생 육십 고려장이라고 했지만 지금은 90 먹은 늙은이도 수두룩하고 또 건강들 해서 잘 돌아다니는데 왜 하필이면 내 아내가 낙상이란 호된 벌을 받게 되었는지 답답했다.

자식들은 다 멀리 나가 살고, 두 늙은이가 살면서 살림살이는 전부 아내가 했다. 그런 아내가 병상에 눕고 나니 지금까지 살림이라고는 아무것도 모르는 내가 어떻게 밥을 해먹을지 걱정이 태산이었다. 그렇다고 밥을 굶을 수도 없고 아침부터 저녁까지 식당을 전전하며 사먹을 수도 없는 일이 아니겠는가?

그래서 밥을 지으려고 부엌을 들어가 보니 밥그릇과 수저는 어디 있으며 반찬은 냉장고에만 있는 것인지 또 어떻게 반찬을 만들어야 하는지, 평상시에 배우고 익혀 두지 못한 것이 후회되었다. 생각해 보니 항상 아내 혼자서 음식을 만들고 빨래를 하며 밥을 턱밑에 받쳐 주면 맛이 좋으니 없느니 했던 때가 너무도 행복했던 것 같다. 아내에게 너무도 미안하고 고마웠다고 말해야겠다.

어찌어찌 해서 밥은 했는데 만들어 놓은 반찬도 다 찾아내지 못한 채 김치 한 가지로 죽인지 밥인지 아침을 먹고 나니 또 설거지가 기다리고 있어서 밥 먹고 쉴 틈이 없었다. 세제도 쓰지 않고 밥그릇을 씻으니 질 지시도 않았다.

그 후 설거지하는 요령과 밥을 할 때 물 맞추기와 반찬 찾아먹는 곳을 아내로부터 교육을 받았으나 그래도 어색할뿐더러 몸이 상당히 고달프고 괴로웠다.

콩나물국을 하려고 냄비에 먼저 콩나물을 넣고 들기름을 친다

는 것이 퐁퐁을 넣어서 먹지도 못하고 다 버려야 했으며, 김칫국을 하려고 김치를 썰어 물도 붓지 않고 가스불을 피우고 딴 볼일을 보다가 김치가 다 타는 바람에 매운 연기와 냄새를 견디기가 어려웠고, 까닥했으면 불을 낼 뻔한 큰 실수를 저지르기도 했다.

이렇게 인생살이는 아무렇게나 사는 것이 아니고 단순한 것도 아님을 새삼스럽게 느끼게 되었다. 살다 보면 이것저것 알아두어야 할 것이 많고 당장 써먹지 않아도 세상사의 모든 경험을 겪어보는 것은 생활에 도움이 된다. 그래서 사람은 죽을 때까지 배우면서 스스로 실천해 나가는 것이 가정과 사회를 위하는 길이라고 생각된다.

자기 혼자 넘어지면서 감당 못할 정도로 뼈가 조각이 나고 쪼개져서 다섯 시간이란 긴 수술을 받고 나왔으나 마취에서 바로 깨어나지 않아서 애를 태우기도 했다.

늙으면 혼자 있지 말고, 함부로 떠들지 말고, 넘어지지 말라는 노인의 주의사항이 있다. 아내는 그중에 한 가지를 지키지 못하고 당한 것이다.

근 한 달간 입원치료를 받고 퇴원수속을 할 때 업무과 경리담당자가 착각하고 아내와 같은 이름을 가진 환자의 입원비를 받은 것이다. 내 딴에는 똑바로 계산했을 것으로 믿고 많은 돈을 지불하고 영수증은 보지도 않고 주머니 속에 방치하다가 무의식중에 다시 영수증을 들여다보니 이름은 맞으나 입원했던 호실이 달라서 입원실 간호원에게 영수증을 보였더니, 그는 다른 호실에 입원한 같은 이름을 가진 자의 입원비를 지불했다고 하면서 업무과로 전화를 해주었다.

나는 업무과 경리담당 여직원한테 가서 잘못 계산되었음을 이

야기했으나, 미안한 기색도 없이 "잘못 되었군요" 하며 다시 고치기는 했으나 마음이 대단히 불쾌했다. 그리고 과불금을 환불해 달라고 했더니 오늘은 토요일이라서 다음 월요일 날 다시 와달라고 해서 되돌아섰다.

그 후 월요일이 되어 집을 나섰으나 눈이 많이 와서 자가용을 집에 두고 나오는데 마침 택시가 오기에 타고 병원을 찾았다. 표를 뽑아 내 차례가 올 때를 기다렸다가 쫓아갔으나 토요일 날 만난 그는 나를 보고 어서 오란 말도 없기에 내가 먼저 고객 숙여 인사했다. 그러나 그는 인사는 고사하고 본체만체했다.

그런데 한참을 기다린 후에 그는 "오후 2시 이후에 오세요!"라고 했다. 나는 화가 머리끝까지 솟구치며 저절로 고함이 터져 나왔다.

"왜 당신이 계산을 잘못해 놓고 바로 잡아달라는데, 바로 잡아 주질 않고 다음 주 월요일에 오라고만 했지 월요일 오후 2시에 오라고 언제 말했느냐? 눈 속에 가지 않으려는 택시를 사정하여 타고 왔는데 뭐 또 오후 2시에 오라고? 이게 무슨 늙은이 놓고 장난하는 것이냐!"

내 고함에 병원은 떠나갈 듯했고 앉아 있는 환자들도 불안해하는 모양이었다. 업무과 직원들이 나와서 내 사정을 듣지도 않고 잘 알지도 못하면서 고함치는 나만 진정하라고 했다.

누구나 알 것 없이 병원비 싸아온 사람 없을 것이며, 또 남의 퇴원비를 잘못 계산하여 받아놓고도 미안하단 말 한마디 없고 과불금이 주기 싫어서 발뺌하려는 병원이 어디 있겠는가? 나로서는 대단히 유감스러운 일이었다.

느디어 업무과 직원이 새로 계산하여 꽤 많은 입원비를 환불받

았지만 해줄 거 다 해주면서 미운 사람 고운 사람 따로 있는지, 내가 겪은 종합병원을 세상에 고발하고 싶다.

환자와 보호자에게 대하는 태도부터 고치고 돈을 벌더라도 깨끗하고 다정하게 대할 수는 없는 건지 답답함을 금할 수 없었다.

적어도 종합병원이 사회, 윤리, 도덕적으로 직원교육을 하지 않고 병원 위주의 사무를 본다는 것은 세상의 끝머리에 가게 된다는 것을 직시해야 할 것이다.

날씨가 몹시 추워 온통 길바닥은 얼음판인데 또 어떤 늙은이가 미끄러지고 넘어져서 병원 신세를 질지는 몰라도 제발 어느 병원이든 간에 몸 닳아서 찾아온 환자와 보호자를 대할 때 내 가족 대하듯이 해 주었으면 하는 바람이다.

세상에 태어나서부터 질병을 가지고 사는 사람이 많다. 마치 밥을 세끼 먹고 또 먹어도 끝이 없는 먹을거리 걱정하듯이 항상 건강 때문에 고민하는 것이 인간이고 병원을 가더라도 더 좋은 서비스를 받고 의술이 좋은 의사를 만났으면 하는 욕심은 너나 할 것 없이 다 같을 것이다.

죽을 때까지 고생하지 않고 살고 싶은 것이 인간의 본능이다. 그러기 때문에 의사가 있어야 하고 몸에 맞는 좋은 약을 먹으려고 한다. 마치 물러 터지려는 홍시가 감나무에 대롱대롱 매달려 있다가 때가 되면 꼭지가 빠져 땅에 떨어지고 보기 흉하게 되지만 그래도 그 속에 씨가 있어 2세를 기다리게 된다.

지능이 발달한 인간들이야 식물에 비할 수 있으랴마는 역시 인간도 돌아갈 때는 혼자 말없이 자연으로 가게 마련이다.

노랫말에 있듯이 고추보다 더 매운 세상에 살기 힘들고 더구나 늙은이들은 하루빨리 죽어야 편하겠다고들 하지만 사람의 목숨

은 그렇게 간단하게 죽고 사는 것이 아니므로 건강하여 자식들에게 부담 안 주면 다행이라 생각해야 할 것이다.

치매나 암 또는 불구가 되어 대소변을 못 가린다면 사실 죽는 거보다 더 괴로울 것이리라. 그러나 중풍으로 몸을 가누질 못해도 더 오래 살고자 하는 것이 우리 인간들의 욕망이다.

강물은 밤이나 낮이나 흘러가고 산은 옛 산이 그대로 우뚝 서 있는데 하늘에 구름만 제멋대로 두둥실 떠다니며 해와 달을 가로막으며 심술을 떨지만 일단 벗어진 구름 자리에 밤에는 달과 별이 떠 있고, 낮에는 햇빛 쏟아져서 세상만물을 소생시키는 중요한 역할을 하듯이 사람도 살다 보면 저절로 저세상으로 간다.

그리고 세상에 남아 있는 인간들은 또 생존경쟁을 하느라고 비지땀을 흘려도 삶에 흥미를 못 느낀다. 그러니 낙상을 해서 뼈가 부러져도 그 미끄럽던 길을 원망하지 않는 것이다.

도둑고양이 · 14

무식한 사치奢侈

앞산은 턱을 괴고 뒷산은 덜미를 치는 산골이다. 한적한 시골 농촌 면사무소는 민원인이 그리 많지는 않으나 이따금 찾아오는 사람들에 의해 웃음 짓는 일이 더러 있다.

같은 사무실에 근무하는 보건요원들이 예방접종을 하느라고 북새통을 이루다가 모두 빠져나가서 침묵이 흐르고 있는데, 중년여자 한 분이 문을 열고 들어왔다. 그녀의 얼굴은 온통 분통에 빠진 듯이 하얀 백색으로 포장했고, 입술에 빨간 립스틱을 짙게 칠해서 마치 여우가 짐승을 잡아먹은 듯했다.

양 귀에 주렁주렁 달린 귀걸이와 금팔지 그리고 손가락에는 보석반지가 끼워져 빛을 냈다. 값비싼 시계를 차고 고급스러운 양복과 악어 손가방을 들고 하이힐을 신어 몸매가 어둔해 보였다.

그녀는 껌을 잘강잘강 씹으며 사방을 살피면서 말없이 서 있었다. 무슨 일로 오셨느냐고 용무를 물으니 그는 곧바로 "호적 담당자가 누구냐?" 하기에 "저입니다" 하니 그는 바로 호적등본 떼려면 어떤 서류를 내야 하느냐고 물었다. 물론 현재는 가족관계증명서가 대신해 주지만 그때는 그러하질 못했다.

"들어가는 서류는 없고 본적을 말씀해 주세요" 하니 "본 적이 없는데요?" 물론 그녀는 나를 본 적이 없는 것은 사실이어서 유머감각이 뛰어난 사람으로 알았다. 그렇다고 웃을 수도 없었다.

내 말을 잘못 듣고 하는 말이구나 생각하며 "호주는 누구신가요?"라는 말이 떨어지기가 무섭게 "나 호주 갔다 왔어요" 하며 완전히 동문서답을 했다. 그녀의 엉뚱한 말에 서로 멀거니 바라보며 그녀는 지적장애인이 분명하다고 생각했다. 마침 그녀를 아는 직원이 있어서 호적등본을 발급하여 주고 돌려보내면서 예뻐 보이려는 그의 뒷모습이 너무도 불쌍했다.

세상을 잘 알지 못하면 사치라도 덜했으면 아깝지나 않을 터인데 돈으로 휘감은 몸에 무식한 언어와 행동은 무척 불행스러워 보였다. 문명에 뒤질세라 값비싼 물건으로 온몸을 휘감았지만 상식과 지식의 문턱에서 사람 구실을 못하는 사람인 듯싶었다.

대개의 민원인들은 잘 알지도 못하면서 성질은 급해서 발급이 늦어지면 왜 이리 늦느냐고 호통을 치기가 일쑤다. 호주 성명도 모르는 자가 더러 있어 색출장을 일일이 들추며 이름을 대면 겨우 알아내며 얼굴이 붉어지는 사람도 있다.

옛날에는 아이를 낳으면 이름도 안 짓고 출생신고부터 하러 오는 경우가 있어서 호적 서기가 제 맘대로 이름을 지어 호적에 올려주곤 했다. 그래서 그 옛날 호적 서기는 작명가이기도 했다.

근자에도 호적을 발급하여 주면 도장을 꺼내 주는 사람도 있다. 옛날 호적주임이 도장을 많이 달라고 한 모양이다. "도장은 필요 없습니다" 하면 그때서야 민망스럽다는 듯이 호주머니에 슬그머니 넣고 뒤도 돌아보지 않고 사무실을 나간다.

그런가 하면 민원사항이 있어서 찾아온 사람이 잠옷을 입고, 슬리퍼를 질질 끌고 와서 큰소리로 "면서기 목은 풍뎅이 모가지"라며 허허 웃으면서 유머를 쓴다. 풍뎅이 모가지는 한 바퀴 돌려놔도 언제 제자리로 돌아왔는지 모르게 돌아온다고 하면서, 키는

작아도 통통한 박 주임을 바라본다.

박정희 시절 모심는 논둑에서 국수 한 그릇 얻어먹고 훈계를 받았기 때문이다. 그는 농담 삼아 말하며 민원사항을 요구했다. 물론 시골이고 사무실 분위기가 좋아서 마치 자기들의 이웃 같은 생각이 들었는지는 몰라도 편한 옷에 간편한 신발을 질질 끌고 온 행동은 예절에 벗어날뿐더러 보기에도 좋지 않다. 공무원은 주민의 공복자로서 민원을 다루면서 눈에 거슬린다고 예의를 지키라는 말을 할 수는 없기에 그런 대로 참고 넘길 수밖에 없었다.

공공기관 사무실은 여러 사람이 같이 사용하면서 자기의 욕구를 충족시키는 곳으로 남에게 피해를 주지 않는 것이 하나의 예의다. 사치를 너무 많이 한 사람이나 몸가짐을 아무렇게나 하고 다니는 것을 보면 마치 타국에서 온 사람처럼 이색적으로 보인다.

일제강점기 시절 가난한 사람들은 공부는 뒷전이었으며, 우물 안 개구리처럼 생활했으니 세상 상식에 눈이 어두울 수밖에 없다.

돈이 좀 생기면 무식함을 덮어두기 위해 허황된 사치로 자기를 높이고 타인보다 우월하게 보이려는 열등감 때문일 것이다.

어려운 이웃들이 먹고살기 위해 동분서주하기만 했지 배울 기회가 있었겠는가. 성냥이 없어서 쇠뭉치로 부싯돌을 쳐서 불을 피우고, 화로에 불씨를 꺼트리면 죽을 거 같았던 그 옛날에 어떻게 공부를 했겠으며 사회 물정을 알았겠는가?

그러나 지금도 가끔 그 시절 노인들이 관청에 와서 실수를 저지르고 민망스럽게 가시는 일이 더러 있지만, 상식은 텅텅 비었는데 잘살고 돈 많다는 자랑을 무식한 사치품으로 대변하려는 젊은 여자의 꼴은 보기 흉한 일이었다.

도둑고양이 · 15

정들었던 하숙방

먹구름이 오락가락 하는 음산한 날이다. 찬바람이 싸락눈을 몰고 산고개 넘어와서 문풍지가 하염없이 울고 있는 날이다. 이부자리 얹어 놓는 책상 하나 달랑 있는 좁디좁은 방에 누워 천장만 쳐다보니 외롭기가 한량없으나 직업상 어쩔 수 없이 사랑하는 가족들과 떨어져서 하숙생활을 한 지도 이언 수년이 넘었다.

마을 개들도 바람소리에 하늘 보고 짖어 대서 공포감이 드는데, 멀리서 들려오는 기적이 가슴을 울렁이게 하여 더욱 가족들이 그리웠다.

잠자리는 나름대로 포근하고 음식이 입맛에 맞는다 해도 정신적으로 다소의 부담감이 들고 불편한 점이 있기 때문에 사람이라면 누구나 하숙생활을 선호하지는 않을 것이다.

직장생활은 높은 사람이나 낮은 사람이나 눈치 보며 산다. 하급자는 상급자의 눈치를 봐야 하고 상급자는 차상급자의 눈치를 보며 하급자의 동태도 살펴야 한다.

그런 눈치로 사는 사람이 하숙집 수인 눈치를 보면 오늘은 밥이 하기 싫어서 묵집에서 묵이나 불러줄 것 같고 또 어떤 때는 잔치국수로 저녁을 때울 수도 있다.

사람이 입에 맞는 음식을 골라먹는다는 것은 매우 치사한 것이다. 더구나 하숙 음식은 해주는 대로 먹어야만 한다.

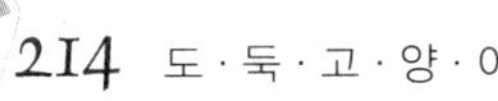

하숙집 아줌마는 화투놀이를 너무나 좋아하기 때문에 동네 아낙들을 모아서 낮이나 밤이나 둘러앉아 "쓰리고다, 쌌다, 피박이다, 몇 점이다" 하면서 화투판을 벌였다. 하숙하는 사람은 안중에도 없이 놀고 있으니 식사시간을 맞춰주지 못할 때가 많았다.

여자들이 술을 먹어가며 화투판에 푹 빠져서 세월 가는 줄도 모르고 괴상한 말들을 하며 돈을 잃은 자는 입술이 파래지며 화투장을 힘들게 깠다.

그러니 식사 때가 되면 쉬운 묵집에서 주문해 주지 않으면 국수로 끼니를 때웠다. 나는 도토리묵이든 메밀묵이든 묵을 좋아하기에 별 탈은 없었으나, 같은 하숙자들은 하나둘 떠나가기 시작하는데도 화투에 정신이 팔린 하숙집 주인은 자기 잘못을 모르는 모양이었다. 나는 왠지 하숙방에 정이 붙어서 떠나지를 못했다.

밤새도록 화투판을 벌인 아낙들은 새벽닭이 울면서 하나 둘 집으로 가고 쪽대문에 전깃불이 마치 초상집을 지키듯이 켜져 있어도 끌 줄 모르는 아줌마는 죽은 듯이 잠이 들었다. 그러니 아침도 일찍 해주지 않아서 밥을 먹지 못하고 출근해야 하는 경우도 왕왕 있었다. 하지만 마음 약한 나는 그 하숙집을 나오지 못하고 그대로 살아온 바보 같은 과거가 새록새록 떠오른다.

오늘도 예정대로 내 하숙집에는 화투판이 벌어지고 여자들이 담배를 피우면서 쌍스러운 말을 가리지 않았다.

주인아줌마도 화투를 치다가 나에게 밥상을 차려주고 다시 달려들어 화투를 쳤다. 나는 예의를 지키느라 "저녁들 드시고 하시지요!" 하며 밥 먹기를 권했으나 한 사람이 "우리 밥은 없는데 뭐!" 하며 고개를 돌렸다. 그리고 남은 사람은 어디 개가 짖느냐는 식으로 아무런 대답이 없었다.

나는 화가 치밀어 밥상을 화투판에 확 뒤엎고 싶었지만 낮은 소리로 "그만들 하시지요! 돈이 왔다 갔다 하는 것은 놀음이니 삼가면 좋겠다"고 해도 곰처럼 말없이 계속 진행할 뿐이었다.

바늘도둑이 소도둑 되고 세 살 버릇이 여든까지 간다고 했듯이 그들의 나쁜 행위와 버릇을 누가 고치겠는가. 모두들 어려운 살림을 하면서 누구의 돈을 먹으려고 저렇게들 정신없는 사람처럼 세상을 살아야 하나 싶었다.

그리고 그들은 날이 새는지 가사가 기우는지 상관없이 돈을 잃어버린 자는 그 돈을 찾으려고 밤낮으로 화투를 했으니 몸이 얼마나 쇠약해졌겠는가.

결국 하숙집 아줌마가 화투판 자리에서 졸도를 했다. 정신을 잃고 쓰러진 화투판은 아수라장이 되고 119구급차에 실려 병원으로 가고 아낙들은 그제서야 자기 집으로 갔다.

물론 그는 돈을 벌기 위해 하숙을 하며 심심해서가 아닌 남의 돈을 따먹기 위해 화투판을 제공하고 고리를 뜯으며 잠도 못 자면서 영업적으로 화투를 즐겼던 것이다. 그 아줌마는 병원에서 단 일주일도 못 견디고 사망했다.

무슨 이유로 그랬는지는 몰라도 유가족들이 농성을 하며 병원이 잘못하여 죽었다고 병원만 탓하는 걸 보니 그 밥에 그 나물이구나 싶었다.

나는 하숙집 아줌마가 땅속으로 들어가는 날 보따리를 싸서 비어 있는 사백으로 이사를 했다. 그리고 내 손으로 밥을 해먹으니 마음은 편했으나 덤덤했던 과거가 생각나고 정들었던 하숙방이 눈에 어른거렸다.

Part. 4

청풍명월

예로부터 충청도를 청풍명월의 고장이라고 했다.
내 고향 제천은 전통문화의 창달을 이어 왔으며
소백산맥을 이어받아 월악산이 우뚝 솟아 있어
그 정기를 받으며 살아왔다.

청풍명월 · 01

신 농정정책新 農政政策

9급 공무원 시절에 겪은 신 농정정책이 새록새록 떠오른다. 김영삼 정부는 군정軍政을 하루속히 탈피하고 민주애국 정치를 하겠다며 문민文民을 외쳤다. 그래서 국민 모두는 환영했고, 민주화가 되어 살기 좋은 세상이 될 것으로 기대했다.

박정희 대통령이 서거한 뒤, 다시 군軍이 강권을 발동하여 군정을 맡은 자들이 국민을 위하기보다는 부정 착복에 혈안이 되어 있음을 안 대다수 국민들은 온갖 부정과 비리를 낱낱이 밝혀서 축재한 비자금을 회수하고 엄한 처벌을 원했다.

김영삼 정권은 고위 공직자들이 저지른 부정을 세상에 알림으로써 국민들은 그들이 상당한 벌을 받고 토해내기만을 기대하고 있었다. 마침내 역사 이래 없는 전두환 전 대통령과 노태우 전 대통령을 구속하고 나라의 질서를 바로 잡는 듯했다.

국민들은 나라의 영도자 대통령이 나랏돈을 마음대로 착복했다는 데 분노하지 않을 수 없었다. 그러면서 말단 공무원들은 봉급이라야 쥐꼬리 정도였으며, 시골 마을에 현지출장을 나가서 모심는 논둑에 앉아 국수 한 그릇 먹는 것도 못 먹게 엄한 지시를 했으며, 발견되면 면직처분을 당했으니 이 얼마나 억울한 일인가?

투명한 사회를 만들겠다고 외치면서 그 첫째 사업이 공직자의 재산 공개였는데 대통령으로부터 고위 공직자까지 재산 형성 과

정을 밝히면서 떳떳이 근무에 임하라는 것으로서 그 제도는 지금까지 존속되고 있다.

그래서 고관들은 있는 부동산을 타인 명의로 등기를 하고, 예금도 차명으로 해서 있는 돈을 숨기기에 이른 것이다. 가지고 있는 돈을 주체할 수 없어 외국으로 빼돌리기까지 했으니 외환 보유고가 차츰차츰 바닥나기 시작했다.

국민들은 절약하면서 많은 세금을 지불했는데 부정한 자들에게 바친 감회가 들어 이 나라가 도대체 어찌 될는지 허탈했다.

대통령이 사욕을 부려 나랏돈을 자기 주머니에 담아두고 호강하며 쓰겠다는 탐욕 때문에 나라경제가 어려울 수밖에 없었던 것을 바로잡으려는 김영삼 대통령의 의지로 인해 당시에는 인기가 높았었다. 그리고 신 농정 발전 계획을 발표하고 대대적으로 농촌을 지원하겠다며 자신만만하게 추진했었다.

그 첫째가 농기계 보급으로서 경운기로부터 값비싼 모심는 기계와 수확하는 기계에 이르기까지 70% 보조에, 30%는 자기 부담을 시키고 부담할 능력이 없는 농가는 융자지원을 받아 구입함으로써 농가 일손에 큰 보탬이 됐다.

그러나 3년이 지나 융자지원 상환기일이 되자 농촌 생활은 더 어려워지기 시작했고 융자를 상환하기 위해 젊은이들은 공장으로 가고, 기계는 논두렁에서 녹슬어 가는 형편이 되었다.

금융실명제를 발표할 때만 해도 대혁신적으로 정치를 펴서 영세민과 부자들 간의 격차를 줄이고 생활상의 평균치를 찾으려 하는가 싶었으나 역시 농촌은 가진 돈이 없기 때문에 별로 신통한 조치가 아니었고 큰 반응이 없었다.

매달 나오는 봉급에서 속일 수 없이 갑근세와 주민세를 또박또

박 공제하고 남은 돈을 실 봉급으로 받았다. 아이들 학비와 각종 공공요금을 제하고 나면 쌀 한 말, 배추 한 포기도 사기가 어려운 형편이었으니 당시의 말단 봉급자들의 생활상이 어찌했는지 짐작이 갈 것이다.

정부에서 일방적으로 신 농정 5개년 계획을 세우고 농촌경제를 살리기 위해서 강력한 추진을 도모했지만 농촌에 힘없고 못 배운 늙은이들만 있어서 제대로 추진할 수가 없었다.

농촌에서도 머리 잘 써서 고소득을 올릴 수 있는 일을 한다면 어느 영세 기업인보다도 더 잘살고 보람된 생활을 할 수 있을 것이나, 요즘 청년들이 고된 일을 하지 않으려 하기 때문에 농촌에는 늙은이들만 수두룩한 실정이다.

사람이나 짐승이나 먹어야 산다. 그 먹을거리가 농촌에서 나오고 농민의 피땀으로 만들어지는 것이다. 아무리 공업기술이 발달했다고 해도 공장에서 오곡을 만들 수는 없다. 1차에서 2차, 3차 산업으로 발전해옴으로써 문화생활을 누릴 수는 있지만 역시 먹지 않으면 죽는다.

도시로 나간 농민들이 다시 돌아오는 농촌을 만들기 위해 각종 특혜를 주는 정부 정책으로 주택개량, 생활개선, 문화마을 조성 사업을 했다. 그러나 농촌은 무색할 정도로 빚더미에 올라섰다. 심지어 토지구입 자금까지 융자 지원하는 정책을 폈으니 그 이상의 농촌을 위한 정부는 없다고 했을 것이다. 그럼에도 농촌은 발전하지 못했고 공산품의 앙등으로 어렵게 생활하면서 보조 받아 고마운 마음은 뒷전이고 융자금 상환에 시달렸다.

금융실명제로 인해 저축을 많이 하지 않고 돈을 부동산에 투자하는 부자들이 많아 토지를 그들에게 매매하고 농촌을 떠나는 농

민이 많아져서 옥토는 쑥대밭이 되고 신 농정계획은 실패했다.

많이 가진 자들이 은행에 예금하지 않고 현금을 자기 금고에 사장시키며 실명제를 교묘히 빠져나갔다. 없는 자나 있는 자나 할 것 없이 외국으로 관광을 다니며 아까운 외화를 펑펑 쓰며 낭비했다.

하지만 정부에서는 바닥나는 외화를 가늠하지 못하고 안일하게 대처하다가 급기야는 외화부족으로 나라경제가 국내외적으로 어렵게 되어 IMF 구제를 받은 것이다.

문민정부의 대를 이은 김대중 대통령이 금 모으기 행사까지 해서 외화를 확보했고, 청렴하다는 김영삼 대통령도 아들의 부정행위로 인해 불미스러운 마감을 하기에 이른 것이다.

정권 바뀔 때마다 서민들을 위하고 농촌경제를 부흥시키겠다고 외치지만 그건 그들의 욕심으로 끝나고 서민과 농민은 어려운 생활을 하지 않을 수 없다. 물론 자본주의 국가에서 생활의 차이는 분명 있게 마련인데 정치하는 사람들이 가려운 곳을 긁어주며 출세하려는 흑심에서 나온 발상이다.

세월이 가면 늙기 마련이고, 갈 때는 누구나 빈손으로 가야 하는데 그 짧은 세월 속에서 부질없는 욕심은 왜들 부리는가? 사업에 실패하고 죽음을 앞당기는 사람들이 너무 많은 세상이다.

청풍명월 · 02

씨감자

경칩驚蟄이 지나고 춘분春分을 맞이한 맹춘孟春이다. 스산하게 찬바람이 몰아쳐서 밖에 나가기가 싫은 봄날이다. 사람들은 조금만 싸늘해도 춥다 하고, 포근한 바람만 불어도 덥다 하면서 참지 못하는 근성을 드러내지만 대우주의 법칙으로 사계절은 거침없이 변하고 있다.

벌써부터 눈 녹은 양지에는 냉이랑 빈들레가 제구실을 다하고 있으며 산골 다락논에 개구리 우는 소리 한가롭게 들려온다. 넓은 들에서 농부의 밭가는 소리가 숨차게 들려오고, 누렁이 황소는 목이 빠지도록 쟁기를 당기고 있다.

햇살도 유난히 따스하여 바둑이도 낮잠을 자고 있는데, 그 옆에서 아내는 씨감자를 오리느라 열심이다. 능숙한 칼놀림으로 감자 눈을 잘게 썰고 있어서 내 마음에 들지 않아 씨가 실해야 굵고 튼튼한 감자가 달림을 알려주고 같이 오리면서 조각난 씨감자의 위력을 존경해 본다.

감자는 보통 식물과 달리 통감자를 그대로 땅속에 묻어서 싹을 나오게 하는 것이 아니라 씨눈대로 오려서 심으면 그 눈마다 새싹이 돋아나고 감자가 열리게 되는데 타 곡식에 비해 신기할 정도로 위대한 식물이다.

모든 식물은 기름진 흙에 알맞은 거름을 주고 수분과 적당한

햇빛이 있다면 잘 크고 열매 또한 실하게 달린다. 사람도 매한가지로 튼튼하고 영리한 부모를 둔 사람은 그 유전자를 타고나기 때문에 영리하고 건실하게 자라 똑똑하고 훌륭한 사람이 된다.

아내가 쪼개준 감자씨를 그리 크지 않은 텃밭에 한 뼘 간격으로 놓고 퇴비와 금비를 섞어서 뿌린 다음에 흙으로 복토를 하는데 마침 봄비가 한두 방울씩 뿌려서 정신없이 일을 끝내자 흙 향기와 퇴비냄새가 싱그러웠다.

한 개의 감자를 여러 조각으로 썰어서 땅속에 묻어두고 얼마간 지나면 눈이 트고 희망찬 새싹이 올라올 것이리라. 그러면서 씨감자는 흙으로 산화해 버린다. 그리고 나 보란 듯이 흰 감자는 하얀 꽃을 피우고, 자주감자는 자주 꽃을, 붉은 꽃은 붉은 감자를 맺어준다. 굵은 감자, 작은 감자가 주렁주렁 한 탯줄에 어울려 달린다. 땅속에 있는 열매와 땅 밖에 꽃이 같은 색깔이 되는 것은 자연의 신비스러운 진미로서 아름다움을 과시한다고 여겨진다.

세상사 살다 보면 지지리 못난 사람에게 감자라고 별호를 붙이는 경우가 많다. 하지만 감자씨앗은 끈질긴 생명력을 지니고 있어 인간들의 먹을거리가 되고 있다. 고구마는 썩으면 먹을 수 없지만 감자는 썩어 분말이 되면 오히려 더 맛이 있어서 많은 사람들이 선호하고 있다. 감자전도 만들고 감자튀김으로 간식거리가 되기도 하며 심지어 일제강점기 시절에는 유일한 식량이 되기도 했다.

어렸을 적에 어머니의 일을 도와드리기 위해 감자를 많이 긁어댔다. 어머니는 들일 하랴, 음식 만들랴 바쁠 때 유기 수저로 실도랑에 앉아 껍데기를 한 바가지씩 벗겨내면 어머니는 일꾼들의 간식으로 삶아서 대접을 했다.

수저는 칼날처럼 반이 닳아서 제구실을 하지 못했었다. 희고, 붉으며, 자주감자 등이 있는데 그중에서도 자주감자는 눈이 많아 번식률이 많고 분이 나서 맛이 좋다. 붉은 감자는 연하여 생으로 먹어도 되고, 희면서 황토색 감자는 보편적으로 한국에서 많이 재배하고 있다. 황토색 감자는 씨눈이 적어 살을 많이 붙여 오릴 수가 있다.

양력 3월에 파종하면 불과 3개월 지나 보통 6월 하순에 수확하는데, 제 몸과 똑같은 새끼를 치고 한 포기에 보통 굵은 것 셋 내지 다섯 개가 열리며 작은 것을 포함해 일곱 알 정도 달린다.

삶아먹고 구워 먹고 썩은 녹말로 떡을 하기도 한 감자야말로 먹을거리가 없을 때 각광반았으며 우리 인간들에게 크나큰 영양분을 공급해 주었지만 지금은 감사의 소중함을 느끼지 못한다.

제 몸을 조각내어 번식시키며 그 자식이 열리면 스스로 썩어 흙이 되는 기막힌 감자의 희생이 있음으로써 새로운 자식이 달려 무럭무럭 자라난다. 말 못하는 식물의 성취감을 생각하며 씨감자를 땅속에 넣고 부드러운 흙으로 가볍게 묻어주면서 희망찬 내일을 기약해 본다.

청풍명월 · 03

채전菜田

집 주변에 조그만 텃밭이 있다. 상추와 근대 그리고 열무를 심어서 푯것들을 뜯어먹는 채전은 소일거리를 만들어 주고 있다.

새벽부터 하늘 가라앉을 듯이 안개구름이 대지에 깔려 더 어두컴컴한데 잠결에 사각사각 삽질소리가 들리고 칙칙한 흙냄새가 코를 찔러 나가 보니 아내가 땅을 뒤집고 있다. 숨이 차고 이마에는 송알송알 땀방울이 흐르지만 아랑곳하지 않고 열심히 일하고 있다. 늦잠을 잔 나는 미안한 마음으로 달려들어 씨를 뿌렸다.

큰 소를 앞세워 밭갈이할 만큼 땅이 넓은 것도 아니어서 쟁기 대신 삽으로 땅을 파고 괭이로 이랑을 만들어 씨앗을 골고루 뿌린 다음 두 손으로 흙을 휘휘 저어 묻어두면 씨는 흙 속에서 제 스스로 발아해서 싹이 올라오는 신비로움을 볼 것이다.

식물이 자라나는 일 단계인 파종을 끝내서 마음이 후련하다. 그 다음 책임은 흙이 져야 하고 수분과 위대한 태양의 힘으로 커야 하기 때문이다. 그래서 우선은 홀가분한 마음으로 싹이 잘 돋아나면 김을 매고 북을 돋워주면 된다.

지금은 큰 도시나 작은 도시나 할 것 없이 도로는 아스콘으로 포장되고 시멘트 건물들이 빽빽하게 건축되어 있으므로 흙은 볼 수 없고 싱그러운 풀향기 맡기는 더더욱 어렵다. 수많은 차량에서 뿜어지는 매연 때문에 온통 가로수도 껌둥이가 되고 있으며

사람은 고사하고 식물도 제대로 자랄 수가 없다.

그래서 도시인들은 싱싱하고 해맑은 시골 공기를 부러워하고 동경한다. 높고 깊은 산골에는 맑은 물이 흐르고 각종 야생화는 흐드러져서 인간의 마음을 평화롭게 해줄 것이다.

손바닥만 한 채전에 씨를 뿌리면 비둘기들이 골골이 돌아다니며 꿀꺽꿀꺽 잘도 삼킨다. 그런 것을 미리 알고 상추씨를 많이 뿌려 둔다. 그래야만 먹고 남은 씨가 싹이 터서 올라오기 때문이다.

씨들은 오래지 않아서 흙을 떠밀고 돌을 밀치면서 힘차게 올라왔다. 푸릇푸릇한 새싹들을 보니 위대하다는 생각이 든다.

하룻밤 지나면 동전만큼 커지고, 또 하루가 가면 상추의 모양이 만들어져서 신발만큼 크는 것을 보니 신기하다. 식물은 좋은 흙과 수분, 그리고 영양분이 많은 거름에 뿌리를 내리며 햇빛을 받아 무럭무럭 자란다. 그래서 크는 모양을 보기 위해 아침 일찍 밭으로 가게 되고 동시에 신선한 공기를 마시게 된다.

채소도 역시 공기 좋고 땅 좋은 농촌에서 나오는 것과 도심 한복판에서 자란 것은 차이가 많이 난다. 도시의 험악한 공기를 마시며 자란 채소는 잎이 두텁고 퍼들퍼들하지만 농촌 것은 연하고 싱싱하다. 도시에서 자란 것은 불냄새가 난다. 그것은 연탄재를 부셔 만든 채마전이기 때문이고, 농촌은 황토밭이므로 단맛이 나는 것이다.

이와 같이 대자연의 거짓 없는 진리를 새삼 느꼈다. 나무와 풀이 무럭무럭 잘 자랄 수 있는 것은 뿌리가 튼튼하기 때문이다. 사람도 마찬가지로 근원이 튼튼해야 훌륭한 사람이 된다.

물론 식물도 단비가 자주 내리고 땅이 좋고 유기질 비료와 햇살이 좋으면 잘 크면서 실한 열매를 맺는다. 그러나 사람이나 식

물이나 과식을 하면 병이 나게 마련이다.

아내는 더 잘 크라고 요소비료를 한 줌씩 주었는데 한 잎 두 잎 적색을 띠더니 전부 죽어버렸다. 날마다 들여다보던 밭에 열무며 상추 등이 죽은 것을 보고, 인간 또한 이런 꼴이 되면 그보다 더 흉한 꼴은 없을 것이라고 생각했다. 그래서 옛말에도 가진 자는 배 터져 죽고, 없는 자는 항문이 찢어져 죽는다고 한 모양이다. 가진 사람과 못 가진 사람과의 차이는 백지 한 장이라 하지만 따지자면 꼭 그런 것만은 아닌 듯하다.

어릴 때 강아지가 귀여워서 끌어안고 다녔다. 그때마다 어머니는 너무 만지면 강아지가 사람 손때가 묻어서 크지 못하고 병들어 죽는다고 하시며 제멋대로 크도록 그냥 놔두라고 하신 말씀이 이제야 가슴에 와 닿는다.

어머니가 말씀하실 때마다 땅 위에 내려놓곤 했는데 역시 강아지도 땅에 내려놓으면 펄펄 뛰며 좋아했다. 채소 역시 너무 손을 대고 만질 것이 못 되는 모양이다. 날마다 만져보고 들여다보니 식물도 손때를 타는 모양이다.

사람 역시 부모들이 자식들을 너무 과잉보호하면 제 스스로 발전하지 못하고 후퇴하며 창의력은 상실될 것으로 본다.

다섯 평도 못 되는 채전에서 자연의 이치가 우리 인간의 삶과 너무 비슷함을 깨달았고, 살아있는 모든 사람의 세포와 뇌혈관의 움직임이 뿌리 깊은 나무와 비슷하다는 진리를 터득했고 대자연의 숨결을 이제야 이해했다.

청풍명월 · 04

붉은 홍시

밤나무골에는 고목이 된 감나무가 여기저기 서 있다. 찬바람 불고 눈과 비가 섞여 오는 어설픈 날에는 가지마다 눈이 척 들러붙으면 추위에 약한 감나무는 고사된다. 그래서 추운 지방에서는 감나무가 잘 크지 못하고 감이 달리지 않기 때문에 주로 감나무는 남쪽지방에서 과수원을 만들어 단감을 많이 재배하고 있는 실정이다.

뿐만 아니라 남쪽지방에서는 감 자체가 떫지 않고 달아서 익히지 않고 그대로 사과 먹듯 해도 좋다. 그러나 북부지방의 단감은 추워서 얼어 죽는 경향이 많아서 자라지 않고 단감 묘를 심어서 단감을 얻으려 해도 떫은 감이 열린다. 그래서 북부지방에서는 떫은 감이 유행하고, 가을에 붉은 감이 되면 따서 저장해 놓든가 그대로 나무에 달아놔도 저절로 빨간 홍시가 된다. 특히 단감은 생으로 먹어도 떫지 않고 달기 때문에 인기가 좋아 남부지방에서 재배하여 전국으로 보내 소비시키고 있다.

감은 전국적으로 분포되어 자라고 있지만 특히 주산지인 충북 영동 지방이나 괴산 연풍 같은 지방에서는 곶감 깎을 감이 대량으로 재배되는데 서리가 내리기 시작하면 어렵게들 수확하여 주홍빛 감을 꿰어 매달아 말리면 맛 좋은 곶감이 된다.

경남 사천에 사는 생질甥姪이 해마다 단감을 정성 들여 포장해

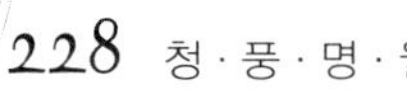

서 보내주면 한 개 꺼내 한입 물어뜯으면 남쪽 향기가 물씬 풍긴다. 그때마다 착한 마음씨를 가진 조카 생각이 난다. 내가 사는 청주에서는 특별한 특산물이 없다는 핑계로 그 뭣 하나 보내주지 못하고 얻어먹기만 하니 무척 미안하다.

주로 북부지방에서 잘 되는 감은 집 앞과 뒤로 드문드문 서서 조화를 이루고 밭두렁에서도 자란다. 무더운 여름에는 짙푸르게 열매를 맺고 있다가 가을이 되어 서리가 오면 잎과 함께 주홍빛으로 변하고 오래지 않아서 홍시가 된다. 농촌의 바쁜 일손으로 미처 따지 못하면 홍시는 영시가 되어 물러터지면 감나무 아래에 흉한 꼴을 만들어 놓는다. 그래야 감은 씨를 퍼트리기 때문이다.

뒤뜰에 백 년 된 감나무가 우람하게 버티고 서 있어서 그 아래서 책을 읽기도 하고 나무 위에 올라가서 바람을 맞으며 한가로이 세월을 보낸 때도 있었다.

하늘 찌를 듯이 자란 감나무 위에 까치 부부가 나뭇가지를 물어다가 집을 짓기에 여념이 없고, 매미는 한여름을 이곳에서 살면서 노래방을 차려놓는다.

봄이 되면 잎을 만들어 고목의 당당함을 과시하면서 꽃을 피워 알알이 감 열매를 맺어놓고, 하얀 꽃을 땅위에 떨어트린다. 그러면 아이들은 떨어진 감꽃을 주워 구슬처럼 실에 꿰여서 목에 걸고 다니며 자랑하기도 했다.

지금은 세월이 좋아져서 사람도 백세를 넘기기도 하지만 자식 만들기는 어림도 없다. 그러나 나무는 고목이 되어도 주먹보다 더 큰 감을 주렁주렁 달아 놓고 있어서 식물의 위대함을 실감해 본다.

그래서 사람이 죽으면 생명을 더 연장한다는 뜻에서 맘에 드는

나무를 골라 유골을 나무 밑에 묻어두는 수목장이 유행처럼 번지고 있는 모양이다. 나무는 천 년이 되어도 베어 내거나 풍화작용만 안 난다면 죽지 않고 오래 살 수 있다. 나무는 사람에게 유익한 산소를 내보내서 이것을 마시고 건강을 유지하고 있으며 우리가 버리는 탄소를 흡수하며 산다. 그러면서 묵묵히 계절 풍파를 다 겪으며 오래오래 그리고 꿋꿋하게 버티고 서서 자기 할 일을 서슴없이 해내고 있다.

주홍빛 감이 붉은 홍시로 무르익게 되면 화가를 불러들여 화려한 동양화를 그리게도 한다. 그러다가 싸늘한 겨울이 되면 남겨놓은 홍시로 까치밥을 먹이고, 떫고 붉은 감은 둘둘 깎아 말리면 곶감이 된다.

옛말에도 우는 아기를 달랠 때 무서운 호랑이가 온다고 해도 울음을 그치지 않지만 곶감을 준다고 하면 울지 않아서 호랑이가 이 소리를 듣고 자기보다 더 무서운 짐승이 있는가 보다 하고 도망갔다고 한다.

감은 예전부터 제사상에 올라가는 과일로서 대추, 밤, 감의 순서가 되며 그 씨가 여섯 개이므로 육조판서가 나오라고 하는 상징적인 과일이기도 하다. 그러면서 물러터진 홍시 속에서 씨가 나와 2세를 싹트게 하고 번식을 하면서 고목이 되어도 위세가 당당하다.

감을 딸 때 다 따지 않고 반드시 몇 개는 나무에 달아놓는다. 그것은 자연의 진리를 따른다는 이미로서 날짐승들이 배고플 때 먹으란 것이다. 사람은 자연과 더불어 살고 숲은 우리 인간에게 건강을 제공해 주고 있으며 풍요로운 가을을 장식하는 감은 평화스러운 과일이다. 감에 대한 시 한 수를 실어본다.

달롱실 밭두렁 감나무 드문드문 서서
감나무골 감나무집 큰아들이
가을을 따는데
홍시는 영시가 되어 말랑말랑해서
영시 빨아먹은 할머니
찌구랭이 되었구려.

풋감 매달아 놓은 여름엔
얼굴색이 푸르더니
근심을 버렸는지
붉그레 혈맥이 도는구나.

까치가 감밥을 먹는데
씨감마저 먹을까 안달이 나고
울화통 터진 감나무가
우수수 잎 떨구고
겨울잠을 자는구나.

청풍명월清風明月

예로부터 충청도를 청풍명월의 고장이라고 했다. 내 고향 제천은 전통문화의 창달을 이어 왔으며 소백산맥을 이어받아 월악산이 우뚝 솟아 있어 그 정기를 받으며 살아왔다.

신라가 망하고 마이태자가 삼베옷을 입고 개골산(금강산)으로 들어가다가 신령스러운 월악산에서 덕주공주와 같이 발길을 멈추고 기거하면서 적들과 대처했었다. 그래서 현재까지 국보급 보물들이 수두룩하여 오랜 역사의 발자취를 더듬어 본다.

신라경순왕의 제1여인 덕주공주가 한을 달래며 절을 짓고 부왕을 그리며 마애불을 만들었는데 그것이 덕주공주의 상이다. 한편 상모면 미륵리 입석불은 마의태자의 상으로서 두 남매가 서로 바라보기 위해 마애불은 남향했고, 석불은 북향을 하고 있다.

월악산은 삼국시대부터 군사적 요충 지역이었다. 덕주공주가 덕주사를 창건하고 머물면서 지세를 이용하여 성을 쌓아 적들과 대치하면서 훗날을 기약하였으며 덕주공주가 쌓은 성이라 하여 덕주산성이라 한다. 남문과 동문 그리고 북문을 세워 외세의 침입을 막아냈다

월악산에는 자연대, 월광폭포, 수경대, 학소대, 망폭대, 와룡대, 팔랑소 등 자연경관이 수려한 곳이 많고, 사자빈신사지석탑과 같이 국보급 보물들이 있으며 산새가 수려하여 1984년도에 월

악산을 국립공원으로 지정하였다. 그러나 기관이 없어서 우선 면에서 관리를 했다. 그래서 날마다 직원들을 교대 근무시켜 산으로 출장을 가서 산불조심에 대한 홍보도 하고 산새 수려한 경관이 손실되지 않게 하기 위해 공원관리를 철저히 했다.

많은 등산객들이 산을 오르기 때문에 그에 따라 장사도 잘되고 약삭빠른 주민들은 배낭에 커피를 걸머지고 상봉에 올라앉아 자판을 벌여 놓고 비싸게 파는가 하면 맑은 물가에서 허가도 없이 식당을 운영하기도 했다.

공원으로 지정된 초창기이기 때문에 공무원은 물론이고 주민들은 더더욱 공원법을 알지 못해 멋대로 장사하기에 이른 것이다. 그러나 상부에서는 국립공원 내에서 무단으로 장사를 못하게 하라는 지휘가 떨어지고 그로부터 산골짝이나 상봉에서 장사를 못하도록 직원들이 진땀을 빼고 있었다. 날마다 현지에 가서 장사를 못하게 해도 주민이 먹고 살겠다고 등산코스 요지에 상품을 펴놓고 사람을 기다리고들 있었다.

나도 직원들과 같이 월악산으로 출장을 가서 현지에 당도하고 보니 남문 어구에 학소대라는 경관 좋은 곳을 점령하고 식당 아닌 식당을 하고 있어서 공원법을 설명하고 자연을 그대로 유지하

기 위해 허가할 수 없음을 주지시켰다. 그러나 그들은 동문서답 식으로 먹고 살기 위해 솥뚜껑 하나 뒤집어놓고 부침을 하든가 술안주로 도토리묵 등을 팔다가 해가 저물면 그대로 숲속에 버려두고 하산하는데 어쩌냐는 식이었다. 사실 위생상 불량한 식품을 팔고 있는 것이다.

그곳에서 장사를 하면 왜 안 되는가에 대해 설명을 하고 자진 철거할 것을 종용했으나 결코 철거할 수 없다며 만약 천막을 뜯는다거나 상품에 손을 대는 자가 있으면 사생결단을 낼 것이라며 악을 썼다.

하는 수 없이 철거반이 달려들어 천막을 거두고 물건을 차에 싣고 있는데 갑자기 고등어가 날아들었다. 자반고등어는 내 머리를 때리기도 하고 철거반의 등을 후려치기도 한다.

주인 여자가 고등어를 던져서 분을 터트리며 행패를 부리는가 하면 남편은 식칼을 휘두르며 너 죽고 나 죽자는 식으로 짐승처럼 발광했지만 천막은 철거되고 상품은 면 창고에 보관되었다.

고등어로 맞아서 아픈 것이 아니라 옷을 버리고 냄새가 몸에서 진동했다. 직원들은 서로 웃으며 고등어로 맞은 내 이름을 불러댈 때마다 창피하면서 아찔한 생각이 들었다.

그들도 역시 생존경쟁을 위해 있는 힘을 다해 방어했으리라. 더구나 젊은 청년이 어디 가서 취직을 못하고 깊은 산중에서 일정한 장소도 없이 등산객을 상대로 생활을 유지하려는 심사부터가 불행을 자처한 것이다.

사실 기초 잡힌 국립공원을 만들기 위해 공직자들에게 막중한 책임을 부여한 것이었다. 물론 공원 관리사무소가 생김으로써 지방 공무원은 손을 놨지만 사실 처음에는 어려운 고통을 견뎌내야만 했다.

무더운 여름 삼복지경에는 야영객들이 계곡에 천막을 치고 휴양을 보내는 사람들이 많아서 술이랑 먹을거리를 파는 사람이 곳곳에 자리 잡고 있었다. 야영객을 관리하기 위해 지서 직원을 비롯하여 각 기관에서 합세하여 출장근무를 했다. 개울을 오르내리며 불법행위를 못하도록 관리를 하는데도 불구하고 빨래를 많이 해서 바위에 걸쳐 말리는가 하면 두터운 담요를 빨아 널기도 했다. 위에서 마구 물을 더럽히므로 아래 있는 사람들은 물에 손도 씻을 수 없게 되었다.

이것을 단속하다가 파출소장이 칼부림을 당하고 입원까지 했으며 그들은 구속되었다. 그는 전과 9범인 자로서 아주 질이 나쁜 사람이었다. 그야말로 맑은 바람이 불고 밝은 달이 뜨는 청풍명월의 살기 좋은 고장에도 이런 악독한 사람이 있었구나 싶었다.

이렇듯 갖은 고충을 다 참아 넘기면서 계곡에서 밤낮으로 관리근무를 했는데 자연은 날 버리지 않고 낮에는 여울이 울어 심심함을 달래주고, 밤에는 산바람 내려와 모기를 쫓아주기도 했다.

청풍명월 · 06

비슬산 참꽃문화제

아침 바람이 선선하게 옷자락을 숨어들어오고 있다. 빠르게 지나가는 봄날을 하루라도 더 잡아 두기 위해 서예동아리 회원들과 비슬산琵瑟山을 등산하기로 약속하고 일찍 떠나기로 했다.

비슬산은 달성군 유가면에 위치하고 있으며, 산새가 온순할 뿐만 아니라 해마다 침꽃(진달래)이 온 산에 만발하면 그 향기가 멀리까지 진동하여 많은 관광객이 찾고 있다. 싱싱하게 우거진 숲의 기운에 푹 빠지고 아름다운 꽃의 향연을 맛보기 위해 남녀노소 할 것 없이 찾아가는 경치 좋은 산이다.

산을 좋아하는 나도 운동화 끈을 동여매고 관광버스를 탔다. 그런데 나를 기다렸다는 듯이 이미 승차하고 있는 일행들이 늦은 나를 원망이나 하듯이 왜 이제 오느냐고 법석들이다. 그러나 분명한 것은 아직 약속시간이 몇 분 남아있기 때문에 약속시간을 어기지 않았다고 큰 소리를 치기는 했지만 왠지 미안한 감이 들었다.

이후부터는 여유시간을 두고 활동해야 하겠구나 하는 생각을 하면서, 친한 사람이 미리 마련해 놓은 자리에 앉으니 편안한 마음이 들었다. 인솔 책임자들이 나눠주는 떡이랑 과자뭉치를 받아들면서 잠시 생각에 잠겼다.

우리 인간들은 세상에 살면서 욕심으로 인해 근심거리를 만

들고 있다. 우리는 늘 이웃의 도움을 받고 이웃들의 도움으로 산다. 그리고 끝내는 이웃들의 서운한 마음을 달래며 영원히 가는 것이 아닌가 싶다. 사람은 미래에 반드시 죽는다. 그래서 그전에 좋은 곳을 찾아다니며 복잡한 마음을 풀고 고운 마음으로 느슨하게 살려고 하는 것이 우리 인간이 아니겠는가?

관광버스는 붕붕거리며 산허리를 돌고 있는데, 팔짱끼고 거만하게 의자에 앉아 밖을 바라보는 마음 평온하다. 눈에서 떨어지지 않는 산수경석에 감동하면서 화려하게 만발한 참꽃을 감상했다.

차에서 내려 한참을 걷다 보니 바위 위에 상큼하게 앉아 손을 싹싹 비비는 다람쥐는 우리 일행을 비웃기나 하듯이 쪼르르 나무 위로 올라가고, 산비둘기 구국거리며 짝 찾아 울고, 까치는 솔방울 씨를 파느라고 정신이 없다. 돌 틈에서 흘러나오는 맑은 물 한 모금 손으로 훔켜 마시니 가슴이 시원하다.

화려한 진달래꽃이 비슬산 천체를 뒤덮어서 보는 이로 하여금 감탄을 연발한다. 하늘은 푸른 포장을 친 듯이 해맑은데 따스한 햇살이 나무 사이를 파고들어서 신선하기 그지없다. 산을 올라오느라고 온몸이 땀으로 범벅이 됐지만 온 산천을 불태우는 참꽃을 바라보니 그야말로 감회가 무량하고 잘 찾아왔구나 싶었다.

인생에 있어서 애락이 무엇인가. 물론 돈이 많아서 흐뭇한 생활을 하며 여유롭게 사는 것도 애락이라고 하는 사람도 있겠지만, 보고 즐기며 감탄하는 가운데 즐거움을 자아내는 것도 한 애락에 해당될 것이다. 그러기 때문에 산길인데도 인산인해를 이루고 있어서 걸음을 마음대로 걸을 수 없다.

대형 관광차는 상봉 아래에서 하차시키고 되돌려 일정한 장소

에서 기다리기로 했다. 그러면서 안내자가 하는 말이 고개 넘어 가면 작은 차가 있으니 타고 차량 대기하는 곳까지 오라고 하기에 마음 놓고 돌아다니며 참꽃 문화제 개막식에 참석하여 달성군 각 유지들의 축사를 그런대로 들어 넘기고, 거기서 밥을 비벼 나눠주기에 비빔밥을 한 탕기 받아서 맛있게 점심을 요기했다.

가는 곳마다 달선군의 유명한 상품들을 선전하는 요원들이 맛보기로 삼겹살도 구워주고 산나물 그리고 온갖 선전물을 나눠주기에 가방에 구겨 넣고 길을 걸어 내려오는데 산나물 파는 아줌마들이 서로 자기 물건 사가라고 소리들을 친다.

길 한쪽에 노 할멈이 두릅나물을 엮어 놓고 앉아 있기에 팔아주니 노인은 후유 하며 일어섰다. 아침부터 지금까지 들여다보는 사람이 없었다며 고맙다고 인사까지 했다.

사람이나 짐승이나 먹어야만 산다. 식물은 물론 땅에 뿌리를 박고 땅 위로 자라지만 땅 위에 있건 땅 속에 있건 다 찾아서 먹을거리로 삼는다. 동물 역시 땅이 없으면 네 발로 걸을 수가 없으며 식물과 동물을 잡아먹고 산다. 하늘에 나는 새도 날기는 하지만 먹을거리는 땅에서 얻는다. 그래서 먹새가 제일 무섭다고들 하는 모양이다.

이런 저런 생각을 하면서 진달래꽃에 도취되어 산만 바라보고 걷다 보니 미니버스는 보이질 않고 자가용들만이 즐비하게 서 있는데, 도시에서만 복잡하게 나니는 자들이 산중에서도 수차할 곳이 없어서 우왕좌왕하는 것을 보니 과연 우리나라도 잘살고 있다는 것을 실감케 했다.

아무리 서빈 중의 서빈이라도 영세민 지원을 해주고 노령연금을 준다. 뿐만 아니라 생활보호대상자는 상당한 금액을 지원해

주기 때문에 쓰고 남을 정도이며, 게다가 무임승차도 하고 병원비도 무료라고 하니 다행한 것이다. 그러나 그 분배의 원칙을 잘 지키지 못하는 경향이 있는 듯하다. 받아야 할 사람이 못 받고, 받아서는 안 될 자가 떳떳하게 지원금을 받아 챙기는 일이 있어서는 안 될 것이다. 아들이나 딸이 있는데도 호적상 같이 안 올라 있다고 생활보호대상자로 지정하고 지원해 주는 석연찮은 분배가 되고 있고, 장애자도 급수에 의하여 많은 지원을 해주고 있다.

그러나 국민의 세금으로 받아먹고 산다는 개념은 전혀 없는 듯하고 오히려 떳떳하게 더 안 주나 하는 욕심을 내는 자도 있다. 국민들에게 미안한 생각을 하지 않는 듯하다. 더구나 법을 역이용하기 위해 부동산이나 현금은 전부 제삼자로 해놓고 노령연금을 받는 자도 있다. 정부는 더 살피고 고쳐서 불평 없는 사회를 만들어야 하겠다.

이런 저런 생각을 하면서 꽃향기에 취해 시간가는 줄도 모르고 걸었다. 산중인데도 발 디딜 틈도 없이 올라오는 사람마다 값비싼 등산복에 등산 모자 그리고 탄탄한 등산화를 신고 활발하게 걸으며 지팡이를 두 개씩 들고 헐레벌떡 올라갔다.

나 어렸을 적에는 나무 하는 사람이나 나물 채취하는 여자들이 산에 올라갔지 지금처럼 운동 삼아 산을 오르는 사람은 없었고, 특히 여자가 높은 산에 오르면 난리가 난다고 했는데 지금은 오히려 남자보다 여자가 더 많이 산을 찾는다.

나무 한 짐을 지고 험한 산을 내려오다가 굴러 넘어져서 다치기도 하고 지게에 눌려서 어깨가 헐어도 약을 구하지 못해 그냥 두면 저절로 낫기도 했다. 참으로 세상은 많이 변하였다. 그래서 오래 살고 볼 일이라고 하는 모양이다.

아픈 다리를 질질 끌면서 미니버스가 서 있는 곳까지 가보니 대형 관광버스까지 인도해 주는 차는 없었다. 안내하는 가이드가 착각을 한 모양이었다. 쉬고 싶은데 앉을 곳이 없고, 게다가 점심을 부실하게 먹어서 배는 고픈데 먹을 것이 없어서 다소 불만이 일어났다. 일행들은 버스가 기다리고 있는 곳이 멀겠는가 싶어서 걷기 시작했다. 값비싼 차, 낡은 차 할 것 없이 계속 앞으로 가는데, 아는 사람 차 아니고는 세워주지 않을 것이라 생각하면서도 혹시 좋은 사람이 태워주지 않을까 하고 손을 번쩍 들었으나 모두 본체만체하며 스쳐 지나가 버렸다.

마침내 한 늙은이가 몰고 가는 구식 콩코드가 멈추고 일행 3명을 신고 달려갔다. 그러나 자리가 없어서 나는 외롭게 떨이지게 되었다. 하는 수 없이 거리가 얼마 되랴 싶어서 그냥 걷기 시작했고 많은 차들은 거만하게 스쳐갔다.

어찌하랴, 별 도리가 없지 않은가 싶을 무렵 순찰하는 경찰차가 오고 있어서 손을 들으니 무슨 일인가 싶어서 바로 섰다. 사실을 설명하니 타시라고 하기에 성큼 올라타니 마음이 느긋해져 버렸다.

30리 길을 나라지킴이들 덕분에 무사히 내려와서 일행들과 만나니 임무를 다한 듯이 흐뭇했다. 돌아오는 길에 옥천에 있는 육영수 여사가 태어나고 살았던 집을 방문하여 살펴보니 과연 세월은 무상하구나 하는 생각이 들었다.

청풍명월 · 07

찢어진 우산

버들강아지가 개울가에서 눈을 부릅뜨고 있다. 얼음장 밑으로 졸졸 흐르는 도랑물 소리가 정겹게 들려오는데, 고래실논에서는 개구리가 밤새도록 소란을 떨며 짝 찾아 울더니 올챙이 알을 낳았다. 이것을 건져 약을 하려고 노 할멈은 구부러진 허리를 지팡이에 의지하며 코가 땅에 닿도록 논두렁을 거니는데 청개구리는 신나게 노래하고 있다.

높은 산봉우리마다 하얀 눈이 풍경화를 그리고 텅 빈 들에 내리는 촉촉한 봄비로 신비로운 새싹이 트고 처마 끝에 떨어지는 낙수소리가 자장가처럼 들려오는 이른 봄날이다.

눈과 비가 섞여 오면서 싸늘한 바람이 사자처럼 으르렁거리는 무척 어설픈 날이지만 빠짐없이 찾아오는 손녀가 찢어진 우산을 쓰고 자박자박 걸어오는 발자국 소리가 창문 밖에서 들려온다.

비가 오나 눈이 오나 하루도 빠짐없이 찾아오는 손녀의 고사리 같은 손을 잡으니 얼음같이 차다. 하지만 우울한 마음을 달래주기 위해 어린 것이 할아버지를 찾아와서 고맙고 반갑다.

종아리는 빗물에 젖어 우산은 쓰나마나 했다. 바람에 펄럭이는 우산을 꼭 잡고 와서 구구단을 외웠다고 나에게 자랑하려는 것이다. 문을 열고 들어오자 차렷 상태로 2,2는 4, 2,3은 6, 2,4는 8 하며 숨 쉴 새도 없이 줄줄 외우고 장원이나 한 듯이 쌕쌕 웃으며

성큼 내 품에 안긴다.

엄지손가락을 올려 최고라 하며 칭찬해 주었다. 손녀는 상기된 얼굴로 한참 서 있다가 "할아버지, 수수께끼 할 테니 알아맞혀 봐요" 한다. 또릿또릿한 말로 "할아버지! 달걀과 돌을 굴렸을 때 달걀이 잘 굴러가겠어요, 돌이 잘 굴러가겠어요?" 하기에 그야 달걀이 더 잘 굴러 간다고 하니 틀렸다고 한다.

"달걀은 굴러가다가 깨지지만 돌은 깨지지 않고 끝까지 굴러가요. 그리고 둥근 돌은 잘 굴러가지만 모난 돌은 잘 못 굴러가지요?" 하며 유치원에서 배운 대로 말을 한다. 사실 나는 어린 손녀에게 세상사는 법을 또 배웠다.

사람을 비롯한 모든 동물들은 생명에 한계가 있는 것이다. 하지만 인간이 인간구실을 못하고 세상을 마구 살다 보면 자기 본연의 수명대로 살지 못하고 일찍 죽을 수가 있다.

우산도 마찬가지다. 비바람에 오래 사용한 우산과 아껴서 사용한 우산과는 차이가 있듯이 인간도 조심스럽게 살면서 도리를 다하면 오래도록 생명을 유지할 수 있다고 생각한다.

욕망을 채우기 위해 때로는 본의 아니게 나쁜 행동을 하고 사람을 속이며 뺏고 뺏기곤 하면서 부질없이 재산을 모으려고 한다. 아무리 애써 모은다 해도 돈과 옷 그리고 밥을 남겨두고 저승으로 갈 뿐이다. 죽으면 영원히 이 세상에서 없어지는데도 불구하고 허무와 슬픔을 잊고 살 뿐이다.

요즘 매스컴에는 노인인구가 급속도로 증가하고 평균수명이 늘어난다고는 하지만 낡은 우산처럼 있으나마나, 쓰나마나한 존재가 되면 안 된다. 2%도 못 되는 사람들이 100살을 넘게 산다. 그래서 노인층이 증가한다고 하지만 결국은 90살을 못 살고 죽는

사람이 많다는 것이다.

100살까지 경제적 활동을 한다면 사회의 일원이 되겠지만 거의 70부터는 비경제활동인구가 되어 젊은 사람들에게 짐이 된다는 것이 안타까울 뿐이다.

이런 생각을 하면서 창밖을 내다보니 오리깃 같은 눈이 한동안 퍼붓다가 다시 비를 훌훌 뿌린다. 눈과 비가 몰아치며 조용한 골목을 뒤흔들고 있다. 작은 도심은 비가 오면 한적하지만 길에는 많은 우산들이 걸어가고 있는데, 거친 바람에 밀려 뒤로 갔다가 앞으로 덮었다 하면서 모두가 갈지자를 쓰며 간다.

검정 우산, 파란 우산, 흰 우산, 비닐우산이 지나가고 노란 우산과 빨간 우산은 어린이들이 쓰고 떠들면서 간다. 크고 넓은 우산 속에서는 두런두런 사랑 이야기가 흘러나오고 근심과 걱정 그리고 포근한 말들이 숨어 걸어가는 듯하다.

일제 강점기 시절에는 우비옷 하나 입지 못하고 그대로 비를 맞으며 일했고, 부지런한 사람들은 짚으로 만든 우비(도랭이)로 등을 덮고 다녔으며 삿갓이라는 대나무 껍질 모자를 쓰곤 했다. 옛날을 상기한다면 김삿갓이 떠오르겠지만 비 올 때는 거의가 삿갓에 짚 우비를 쓰고 일했으니 얼마나 불편했겠는가? 지금은 비가 와도 좋은 우비가 있어서 옷을 적시지 않고 일할 수 있으며 우산은 흔한 존재가 되었다. 우산도 여러 가지라서 일일이 열거할 수는 없지만 옛날에는 한지에 콩물을 입히든가 들기름 칠을 해서 썼지만 역시 대나무로 살을 만들기 때문에 쉽게 부서졌다. 특히 바람 불며 비가 오면 우산은 쓰나마나였다. 바람 부는 곳으로 우산을 돌려도 맞바람이 치면 훌떡 뒤집혀서 사람까지 딸려갈 지경이 될 때도 있다.

우산은 하나의 소모품이고 비가 와야 제몫을 하게 된다. 비가 오지 않으면 어느 곳에 있는 줄도 모른다. 햇빛이 짜랑짜랑 대지를 불태울 때 여자들은 양산을 쓰고 다닌다. 양산을 쓰면 상당히 시원한데 남자는 왜 안 쓰고 다니는지 이해를 못하겠다.

오래전에 일본 관광을 하면서 아내가 일본 양산이 좋다 하기에 기념으로 사주었다. 아내는 일본 양산을 소중하게 간직하고 조심스럽게 햇빛을 가리고 다녔다. 그러나 1년도 못 쓰고 색이 변하고 대가 꺾이곤 하더니 망가져 버렸다.

햇빛 쏟아질 때는 양산이 그 빛을 떠이고 가고, 비 오는 날에는 당신이 편 우산 속에서 생활의 밀담이 오고 갈 것이다. 그래도 인간들은 비가 오면 비를 피하고 눈이 오면 눈을 피하면서 따뜻한 곳 시원한 곳을 골라가며 산다지만 야생으로 살고 있는 길짐승 날짐승들은 눈과 비를 그대로 맞으면서 자연의 섭리를 불평 없이 받아들인다.

그러나 우리 인간들은 날비를 그대로 맞으면 감기라도 걸릴까 우려되어 찢어진 우산도 감지덕지하며 쓰면 마음이 흐뭇해지고 편안함을 느끼게 된다.

청풍명월 · 08

모난 돌이 잘 깨진다

굴러온 돌이 박힌 돌 빼낸다는 말이 있다. 풀잎에 내린 이슬이 아침 햇살에 반짝이는 가을이 되면서 매미 소리도 사라지고, 밤마다 사람을 괴롭혔던 모기도 자취를 감췄는데, 높은 산으로부터 물들기 시작한 단풍은 아름다운 곳으로 여행을 떠나고 싶도록 충동질을 한다.

세월이 가면 절로 늙어지지만 마음은 젊음 그대로 있어서 만날 청춘으로만 생각한다. 그래서 동창회 모임에도 다녀오고, 서예동아리 회의도 참석하면서 아직도 식지 않은 가슴이 있음을 느꼈다.

서예대전 전시회에 참석했다가 바로 집으로 오지 않고 노인 종합복지관 서예실로 들어와 내 자리에 앉으니 편안했다.

그런데 한 늙은이가 가방 하나를 들고 들어와서 인사도 없이 사방을 휘휘 둘러보다가 벽에 붙은 회원들의 필체를 눈여겨보더니 혼잣말로 중얼중얼한다.

여기저기서 누구냐고 의문의 사람을 가리키며 쑤군대는데, 그는 맞받아치며 나는 붓글씨만 쓴 사람이라며 서예실에 등록했다고 큰 소리를 쳤다.

그러나 처음 대하는 사람이 너무 건방진 행동을 하여 모두들 묵묵부답으로 말없이 글씨만 쓰고 있었다. 연이어 그는 과거에 모 학교에서 선생을 했으며 서예에 관심이 많을 뿐만 아니라 많

은 제자를 두고 있으며, 현재는 모 지역에서 서예학원을 운영한다며 자기의 실력을 과시했다.

그러면서 벽에 걸어놓은 필체들을 손가락으로 짚으며 저자는 틀렸고, 이자는 그렇게 쓰는 것이 아닌데 하며 평가 아닌 평가를 해서 다소 기분들이 상했다. 그는 주제넘은 실수를 여러 회원들에게 하고 있었다. 수년 전에 가입하여 오랫동안 써오던 사람들을 얕보는 듯했다. 그는 기존 등록된 사람과 같이 배우는 입장인데 남이 쓴 글씨들을 주제넘게 평가하는 것은 도리에 어긋나고 예의에 벗어나는 행위라서 기분이 좋지는 않았다.

그래서 처음부터 그 사람 대하기를 싫어하는 회원이 많았고, 철없이 헛늙은 사람으로 인정하기에 이르렀다. 사람 위에 사람 없고 사람 밑에 사람 없듯이 잘난 자나 못난 자나 제멋에 살고 있으며 돈이 있다고 밥을 섬으로 먹을 수 없으며 부자라고 운동장 같은 침대를 깔고 자지는 않는다.

각자 생활의 패턴이 다르고, 생각하는 마음이 다르며, 지식과 상식이 어느 정도냐에 따라서 사상이 다를 뿐이다. 그런 일련의 사회적 인륜을 모르고 이웃을 배신한다면 자기만 손해를 당한다는 것을 인식해야 한다. 그럼에도 그 노인은 사람을 볼 줄 모르고 자기만의 이익을 추구하며 주변 사람을 억누르려고 했다.

글씨는 쓰는 사람의 성격을 나타내는 것으로서 글씨체는 타고난다고는 하지만 선생이 써주는 체본을 보며 수없이 쓰면 어느 밴가는 근사체가 나오게 된다. 그래서 세상사 모든 것은 노력여하에 달려있고 생각한다. 하지만 천성적으로 글씨를 잘 쓰는 사람을 보면 인격까지 고매해 보여 여간 부럽지가 않다.

자기 사랑만 일삼는 늙은이가 글씨 한 장을 써서 벽에 건 것을

모두 눈여겨보다가 낮은 소리로 "별것 아니네!" 한다.

그 노인은 별것 아니라고 말한 자를 노려보며 "화무십일홍花無十日紅요 인무백년수人無百年壽라. 꽃은 열흘 붉은 날이 없고 인생은 백 년을 못 사는 법이요!" 한다. 그리고는 연이어 "당신도 늙어 보시오" 한다.

그 말을 듣고 회원들은 이구동성으로 "당신은 몇이요?" 하니 "나는 벌써 칠십 고개를 넘긴 일흔 셋이요"라고 한다.

"한참 청춘이구려. 나는 88세요!" 하는 소리에 그는 민망스럽다는 듯이 말없이 자리로 가서 앉았다.

자기 생각으로는 이곳 회원들을 자기 손안에 넣고 뒤흔들 작정이었던 모양이다. 그래서 굴러온 돌이 박힌 돌을 빼려 한다는 말이 생긴 모양이다.

처음 들어온 사람이 오래전부터 장구하게 글씨 쓴 사람들의 머리 위에 올라앉으려는지 참으로 딱하기도 했으나 계속 미운 소리만 작작하기에 술로 본때를 보이겠다고 맘들 먹고 신입회원 환영회를 해준다고 술집으로 데리고 갔다. 빈대떡 몇 조각을 구워놓고 잔을 돌리는데 얄미운 그 사람에게 집중적으로 잔이 돌아갔고 그는 술에도 지지 않으려고 주는 대로 받아넘겼다.

이윽고 그는 만취가 되어 쌍스러운 말까지 하며 내가 이래봬도 제자가 몇 명이고 모 국회의원이 제자라며 위세를 과시했고 증손자까지 받다느니 하며 점점 더 자기를 높이려 해서 술을 더 퍼먹였다. 즉 미운 놈 떡 한 조각 더 주기식이 된 것이다.

그는 술 자랑, 자식 자랑, 제자 자랑을 하다가 혀는 꼬부라지고 몸을 가누지 못하고 술상을 엎으며 쓰러지고 말았다. 급기야는 위로 토하고 밑으로 소변을 싸는 등 사람 꼴이 말이 아니었다.

그 꼴을 본 88세 먹은 노인은 시원하다는 듯이 빙그레 웃으면서 "글씨도 못 쓰고 술도 못 먹는 졸자가 왜 그렇게 사람들의 마음을 괴롭히느냐!"면서 뒤도 돌아보지 않고 술집을 나왔다.

사람은 늙으나 젊으나 자기 위치를 정확히 알고 조심스러운 생활을 하지 않으면 종래에는 어려운 역경을 당하게 된다는 것을 실감했다. 하늘과 땅이 당신을 보고 있으며, 조물주가 성스러운 인간의 생활을 만들어 주고 있는데, 여기에 순종하지 않고 남을 업신여기는 자는 스스로에게 죄를 지는 행위임을 깨달아야 한다.

청풍명월 · 09

부채바람

가만히 앉아만 있어도 땀이 줄줄 흐르는 삼복지경이다. 하지만 농촌에서는 여름 무더움 속에서도 열심히 일해야만 풍성한 가을 걷이를 할 수 있기 때문에 흐르는 땀을 흙에 뿌리면서 논과 밭에서 일하는 농부들이 있고, 기계소리 요란한 공장에서 묵묵히 일하며, 펄펄 끓는 용광로에서 쇳물을 놓여 사람들의 생활용품을 만들어 편리하게 사용할 수 있게 한다.

이와 같이 인간들의 삶은 잔인하다고 할 정도로 참고 견디면서 무더운 고비를 넘기는가 하면 일도 하지 않으면서 막대한 전기를 소비하는 에어컨을 켜놓고 한세월 보내기도 한다.

물론 우리 인간들의 생활이야 천 층 만 층이기에 멋대로 사는 세상을 막을 수는 없는 일 아니겠는가? 한 가정을 꾸리고 있는 가장들로서는 가족을 위해 더운 고통을 이겨내야 하기에 참으로 책임이란 무거운 것이며 식구들을 돌봐야 하는 임무라고 해야겠다.

일하다가 잠시 쉴 참에 부채가 손에 잡혀 홰홰 저으면 형용할 수 없을 정도로 시원하다. 물론 논과 밭에서 일하는 농부들이야 들에 선풍기가 있는 것도 아니고 그렇다고 자연바람이 불어주는 것도 아니므로 일하다가 모자를 벗어서 부채 대행으로 부치기도 하고 때로는 넓은 갈잎을 따서 부치기도 한다.

아무리 땀이 나고 더워도 얼굴이 시원하지 않으면 더위를 참을

수 없다. 그래서 작은 부채라도 부쳐야 시원해진다. 더울 때는 우선 부채바람으로 얼굴을 마사지해 주어야 한다.

부채는 옛날 옛적부터 전해오는 유구한 바람개비다. 그래서 때와 장소에 따라서 수시로 어떤 도구로든지 편리하게 부치기만 하면 된다. 종이가 귀했던 시절에는 대나무 껍질을 엮어서 부채질도 했고, 갈대부채, 삿갓부채, 망건부채, 또는 갈잎부채 등등 그때그때 손에 잡히는 대로 부쳐대기도 했다.

지금은 에어컨에서 얼음 같은 찬바람이 불기 때문에 오히려 냉방병에 걸리고 여름감기에 걸려 고생하는 사람들도 있다. 이와 같이 문명이 고도로 발전한 세상에 부채가 뭐 필요하겠으며 무더운 여름에도 더운 줄 모르고 지나는 사람들이 많다. 그래서 부채는 뒷전이고 엄청난 전기를 소비시키는 에어컨이나 선풍기에 의존하는 실태다.

그러나 불과 수년 전만 해도 황새 깃으로 부채를 만들기도 하고 대나무살에 창호지를 겹겹이 붙인 부채가 유행이었다. 집집마다 이 부채가 없으면 손님 대접을 할 수 없을 정도로 부채에 의존하여 한여름을 넘겼다.

그러던 부채가 쓸모없게 되자 예술인들이 부채에 그림을 그리기 시작했고, 유명한 화가가 그린 부채는 구하기도 어렵다. 또한 사치품으로 비싸게 팔려나가지만 벽에 걸어놓고 구경만 하려는 것이다. 서민들로서는 그런 부채는 구경하기도 어렵고 만져보지도 못할 정도로 고급화되었다.

이와 같이 부채도 시대의 흐름에 따라 크고 작음은 물론이고 화가의 그림 재료가 되기도 한다.

물론 평범한 부채도 있지만 폈다 접는 부채는 국악을 하는 사

람들의 손에 잡혀 가락에 맞추어 피고 접으며 우리 노래를 부르기도 하며 국악인들의 필수 기구가 되기도 한다.

백부채 몇 채를 사서 그림을 그렸는데 붙인 대나무에 걸려서 제대로 필묵이 나가질 않고 보기 흉해서 몇 개를 버리고서야 친구들에게 주니 그들도 좋다고 들고 다니며 수시로 부치면서 피알을 해주어서 싫지는 않았다. 그래서 더 그리고 싶은 충동이 일어나 많이 사다가 사군자를 그려 지인들에게 주었다.

바람 중에는 자연바람이 제일 시원하고 그 다음이 부채 바람인데 사람들이 들고 다니는 바람을 잊었나 보다. 물론 부채는 손을 움직여야 바람이 일어나는 것으로 몸 운동으로 인한 더위도 무시할 수는 없을 것이다.

물론 양반들이야 여름에 도포를 차려 입고 고대광실에 누워 부채질해 주는 사람도 있었겠지만 그건 그 시절의 이야기고 부채는 제 몸을 움직여야 시원함을 맛볼 수 있다.

책을 읽으면서도 책으로 부채질을 할 수도 있고 심지어 급하면 손바닥을 흔들어 부채질을 하기도 한다. 여하간 부채는 고대로부터 내려왔고 아무리 문명이 발달하더라도 결코 부채는 없어지지 않을 것이다.

청풍명월 · 10

산수경석山水景石

야생화 피고 지는 강변에서 여울 우는 소리를 가슴에 새긴다. 산허리 굽이굽이 돌아나가는 한강은 여러 줄기의 샛강을 모아 바다로 가고 있다. 내 고향은 달래 강변에서 얼마 떨어지지 않은 곳에 있었으나 지금은 천지개벽을 한 충주댐이 넘실거려 일어나는 향수병을 참을 수가 없구나.

밤낮없이 물은 흐르고 여름장마가 지면 여울 속으로 커다란 바위가 굴러가면서 깨지고 부서져서 돌이 되고 모래가 되어 신비로움을 자아내고 있다.

강물 속에 묻혀 있는 돌들을 옥 갈듯이 스치며 수만 년을 흘러가면서 이상한 물건을 만든다. 인간들은 이 괴상하게 생긴 돌을 주워 나름대로 이름을 붙이며 사람이 많이 왕래하는 곳에 세워놓고 위대한 자연의 힘을 보여주기도 한다.

강은 오만가지 돌을 껴안고 엎어지고 자빠지면서 씻고 할퀴며 갈고 닦아 조화롭게 만들어 내며 유구한 역사를 찾아보라고 말해주는 듯하다.

돌은 묵묵히 그리고 묵직하게 누워 하늘구름만 쳐다보면서 인간들에게 소외를 받아왔다. 그러나 지금은 돌은 돌대로 모래는 모래대로 건축자재로 요긴하게 쓰이며 귀중한 존재가 되고 있다.

실개천 머리 시원한 버드나무 아래서 쏘가리 매운탕을 끓여 친

구들과 잔치를 하며 잔돌을 주워 물수제비를 따면서 멀리 던지기 시합도 하며 돌탑을 높이 쌓아 재주를 과시했었다.

납작한 돌, 둥근 돌, 창살같이 뾰족한 돌, 부드러운 돌이 햇빛에 달궈져 있어서 귀를 막으면 목욕할 때 귀에 들어간 물이 흘러나와 신기했다.

물에 깎이며 구르고 굴러 구멍이 생겨서 이상하게 생긴 돌들을 전부 일본 사람들이 무더기로 사가기 시작하면서 귀중한 대우를 받으며 돌이 아니라 돈이 되고 있었다.

우리나라는 6.25를 겪은 터라 경제적으로 어려운 시기였지만 일본은 2차 세계대전에서 망한 후에 재건을 했다. 그래서 일본이 경제적으로 부강한 나라가 되자 보기 좋고 야문 돌은 광물처럼 여기며 사가기 시작하면서 배낭을 지고 드넓은 강변의 돌밭을 뒤지는 사람들이 많아지기 시작한 것이다.

돌의 형태도 여러 가지라 전부 열거할 수는 없지만 오석이라고 하여 돌이 검고 쇠뭉치처럼 땡땡 소리가 나며 수마가 잘되어 명주처럼 곱고 모양도 별난 형의 돌이면 주워서 몰래 집 장롱에 감추었다가 팔기도 했는데, 달라면 달라는 대로 주고 사가서 그야말로 금값이었다.

그래서 당시에는 돌 한 덩이만 잘 주우면 벼락부자가 된다고 하며 돌의 뜻도 잘 알지 못하면서 엄청 귀중히 여겼다. 돌에 문양이 있으면 문양석이고, 돌을 물속에서 건지면 수석水石이라 하는데, 이 수석이 돌 중에도 가장 값이 나갔다.

수석은 물에 하마가 잘되어 반질반질하고 비단 같으며 야물기 때문에 모양은 둘째 치고 저울로 달아서 사갔다. 돌을 사는 사람은 수석을 으뜸으로 여겼으며 하얀 돌이라도 모양 좋게 구멍이

있으면 수천만 원을 받기도 했다.

돌을 수반 위에 올려놓고 산수경석이니 수반석이니 문양석이니 옥석이니 하면서 한때 돌의 존재가 한 역사의 획을 그을 만큼 대유행거리가 되었으며 강변에서 뒤지다 못해 산으로 다니면서 좋은 돌을 채취하기도 했다.

돌에 미친 사람이 돌로 인해 바보 아닌 바보가 되었다. 한반도 문양이 있는 돌 하나를 주워서는 몇 천만 원짜리 돌을 주웠다고 소문을 퍼트리며 술만 먹고 다녔다. 그러나 팔려 나갈 때는 몇 만 원을 못 받았는데 실망하여 또 술로 한 세월 보내며 강변에서만 살기 때문에 가사가 기울면서 아내와 이혼까지 한 사례도 있었다.

당시에는 돌이 많이 나오는 지역에서는 돌 찾으러 오는 사람에게 주식을 제공하여 돈을 벌기도 하고, 돌가세를 차려놓고 가공을 하면서 디자인을 자연석처럼 기계로 옥 갈듯이 갈아내기도 했다. 뿐만 아니라 손재주가 좋은 사람은 돌받침을 만들어 팔기도 하고 집집마다 돌 몇 점씩은 다 가지고 있었다.

돌은 우리 인간들에게 많은 교훈을 준다. 돌과 같이 튼튼하고 묵직하며 가볍게 말하지도 말고 인내력을 가지고 세상을 속임 없이 살아야 한다고 말해주는 듯하다.

돌은 검은색, 하얀색, 푸른색, 자주색, 붉은색 무지개색 등 다양한 색깔을 띠고 있으며 네모 또는 타원형, 사람 모형, 짐승 모형, 산 모형, 폭포같이 생긴 것 등이 자연적으로 만들어져서 드넓은 강변에 말없이 한 백년 누워 있을 뿐이다.

뜨거운 태양열과 선선한 달빛으로 포장하면서 물이 스치면 물에 깎여서 나름대로의 가치를 드러낸다. 사람들은 너나없이 배낭을 지고 수석쟁이나 된 것처럼 강변을 누볐으나 수석다운 돌 하

나 만나지 못해 애를 썼다.

덕분에 나도 소품만 주워서 돌 좋아하는 사람들에게 주기도 하고, 나중에 댐물이 차면 다시는 고향 돌을 구경하지 못할 것 같아서 각 리마다 돌아다니며 내 맘에 드는 돌을 주워 보관하고 있다. 가끔 고향 생각이 날 때는 돌을 보고 위안이 될 때도 있다.

돌은 우리들의 생활 근처에서 막중한 임무를 수행한다. 돌담을 쳐서 도둑을 막아주기도 하고 돌로 집을 짓기도 하며 방죽을 쌓아서 물의 피해를 막기도 한다.

구석기 시대에는 돌이 없으면 살 수가 없을 정도로 다양하게 기구를 만들어 생활용품으로 쓰기도 했고 더구나 부싯돌은 불을 일으키는 데 큰 역할을 했다.

산수경석은 보는 사람마다 경탄을 자아내는 것으로서 일찍이 좋은 돌을 찾아보지 못한 서운한 마음도 있다. 금, 은, 동, 철 할 것 없이 모두가 암석 속에서 나오며 지하자원 모두가 땅속에 묻혀 있다. 그리고 땅 밖으로 떨어져 나오면 바위가 되고 돌이 되며 모래가 되어서 인간들이 요긴하게 사용한다.

입이 가벼운 사람을 사시나무 잎이라 하고, 입이 무거운 자를 돌 같다고 하듯이 가벼운 것보다는 묵직한 것이 믿음직하지 않겠는가.

청풍명월 · 11

검은 용의 해에 윤달이 들었다

임진년은 윤달이 들어서 뭐든 해도 좋다고 한다. 60년 만에 돌아온 검은 용의 해라서 뭣을 해도 무해무득하고 자식을 낳아도 좋고 조상의 묘소에 치산 아니면 파묘를 해도 아무런 해가 돌아오지 않는다는 소문이 퍼졌다. 자식을 임진년에 보려고 미리 임신을 하는 자가 있는가 하면 묘소가 잘못 들어서 항상 께름칙하게 생각하던 사람들이 유골을 꺼내 화상을 하는지 납골당으로 모시는 경향이 많았다.

또는 조상의 묘지가 허물어져서 다시 치산을 하고 싶은 자나 산돼지가 함부로 판 묘지를 손질하고 떼를 심고 비석을 새로 만들어 세우는 등 분주하게 묘지들을 손질했다.

수몰지구 고립지역에 삼촌 묘소가 있다. 삼촌은 일찍이 아들을 보지 못하고 딸들만 낳은 상태에서 돌아가셨고, 또 딸들이 벌초를 하러 다니질 않기 때문에 내가 수년간 벌초를 하였다. 돌아가신 지 60년이 됐어도 딸들은 출가외인이라 해서 시집을 가면 자기를 낳아주고 길러준 공덕은 고사하고 완전히 부모를 잊어버리는 모양이다. 그렇다면 아들은 어떤 존재인가? 아들이라고 해서 부모의 재산을 통째로 삼키지 못하며 현실 법은 아들이나 딸이나 똑같이 재산을 분배하는 것으로 되어 있다.

어쨌든 삼촌은 딸만 낳았기에 다소 있는 땅이며 집 등의 재산

을 딸들이 서로 나누어 가졌다. 그렇다면 삼촌이 죽은 후에도 묘소나 제사를 누가 모시든지 모셔야 했음이 당연한 이치다.

세상이 어수선하여 아들이 아비를 찔러 죽이고 애비가 자식을 죽이며 형제간에 재산을 서로 더 얻으려고 싸움질을 하는 세상이다. 하지만 그런 중에도 대개의 부모지간에는 있는 것 없는 것 다 주고 싶어 하고 알게 모르게 자식걱정, 부모걱정을 하는 사람이 더 많다. 이러하듯이 부모자식 간에는 끈끈한 정이 흐르고 있는 것은 사실이다.

그렇다고 부지깽이 하나도 물려받은 것 없이 오직 위화감 때문에 오랫동안 벌초를 해드렸다. 그럴 바에는 파묘를 해서 화장하든가 납골당으로 모심이 마땅할 듯싶어서 그 자손들에게 이야기했다. 그래서 파묘하여 화장해서 물에 띄우라고 하기에 그렇게 하기로 하고, 그럼 파묘할 때 와보라고 했으나 보면 뭐 하겠느냐고 오지 않겠다고 한다.

항간에 병든 부모를 요양원에 입원시켜 놓고 찾아보지 않는 터라 요양원에서도 국가에서 받는 요양비로 근근이 감당하다가 돌아가셔서 그의 아들에게 사실을 전하니 아들이 하는 말이, 나는 갈 여유가 없으니 요양원 마음대로 치르라고 했단다. 살다가 마지막 가는 부모를 하나의 짐으로 생각한다니 서글픈 세상이다. 피붙이들이 그 모양으로 오지도 보지도 않겠다는 무지한 세상이 두렵기만 하다.

파묘를 하려고 사람을 샀고, 음식이며 도구를 준비했다. 그리고 묘를 향해 가는데 귀신도 슬펐든지 부슬부슬 비가 오고 바람이 불어서 되돌아오고 싶었지만 100여 킬로미터를 차로 가고 배를 타서 호수를 건너야 하기에 우비와 천막을 준비하고 묵묵히

달려갔다. 하지만 묘소에 당도하니 하늘은 구름을 걷고 맑은 해가 찬란하게 떴다.

파묘축을 읽고 섭섭하지만 파묘를 시작했는데 오래지 않아서 앙상한 유골이 햇빛을 본다. 유골이 땅속에 묻혔다가 살아있는 사람들의 손에 의해 파내지고 가루가 되도록 팡팡 쇠절구에 부수어서 물에 띄우니 눈물이 앞을 가린다.

한편 이토록 찾아오지 않는 딸들이 한없이 미웠지만 꾹 참고 검은 용의 해에 윤달이 들어서 삼촌 묘소를 파묘했을 뿐이다.

산 자와 죽은 자의 차이는 백지 한 장 차이이고 불과 5분 거리에 죽음이 도사리고 있다는 것도 알지 못하며 백 년을 그냥 그대로 살 것만 같은 정신을 가지고 있는 것이 곧 사람이다.

그러므로 살면서 남에게 좋은 일을 하지는 못할망정 듣기 싫은 소리 듣지 말고 죽어서도 친척들의 짐이 되지 않아야 한다. 그러기 위해서는 살아있을 때 좋은 일을 해 두면 후세들이 유감없이 잘 해주리라 본다. 이 모든 것을 깨달은 노인들이 가끔씩 있는 재산을 사회에 환원하는 경우가 왕왕 있는 모양이다.

우리 사회를 짊어질 학생들이 머리를 싸매고 공부하고, 기계소리 우렁찬 공장에서 내일의 생활을 만들기 위해 노력하고 있으며, 햇빛 쏟아지는 들에서 가을의 결실을 위해 비지땀을 흘리는 농부도 있다. 이런 행위는 죽음의 문턱을 넘지 않으려는 행동이며 살아있는 동안에 행복지수를 높여보겠다는 행위다. 그러나 자기도 모르게 재물을 탐내다가 저승길로 가는 경우도 있다. 이는 사후에 송장이 되어 산 사람의 짐이 되어도 자신이 아무런 보수도 줄 수 없으며 수고했다는 말 한마디도 할 수 없는 것이 바로 죽음이기 때문이다.

청풍명월 · 12

자동차가 주는 교훈

자동차는 움직이는 기계로서 위험한 동산動産이다. 편리한 교통수단이 되는 차는 한 가정의 재물이자 생활의 도구이며 바쁜 세상의 필수품이자 무거운 짐을 싣고 달구지하며 우리의 경제를 살려주는 보물이다.

불과 수년 전만 해도 먼 길을 고단한 것도 모르고 걸어 다녔다. 도보로 다니면서 생활을 만들어 냈으니 잘살 수가 없었다. 그래도 걸었기 때문에 건강들 했으며 특히 당뇨 환자는 흔하질 않았다. 그 시절에 당뇨병은 재산이 많아서 먹고 노는 부잣집에서나 일어나는 고급 병이라고 했다. 그럼에도 환갑을 넘기지 못하고 모두 죽었다. 의술이 지금같이 발달하지 못했기 때문이다.

해방 전에는 차 한 대만 신작로로 지나가도 너무도 신기해서 산모롱이를 돌아 안보일 때까지 구경을 했다. 그 당시에는 목탄차니 연탄차니 하여 느리기 한이 없었으며 꼬부라진 쇠철로 차 앞에서 엔진을 돌려 어렵게 발동을 거느라고 땀을 뻘뻘 흘리는 것을 보았다.

그래도 운전기사가 인기 있는 직업이었다. 옛날에는 왕이 하늘같이 높고 임금 마음대로 나랏일을 쥐고 뒤흔들면서 세상을 개방하지 않고 정치를 했기 때문에 외래문물을 끌어오지 못해 과학의 문명이 발달하지 못했다.

그래서 불란서 사람이 차를 왕에게 선물했는데 운전할 줄을 몰라서 가마처럼 여러 사람이 둘러메고 다녔다고 한다. 이와 같이 우리도 미개인들처럼 어려운 지경을 겪은 민족이지만 지금은 눈부시게 발전하여 자동차를 한 집에 한 대 이상 소지하고 있다.

스피드 세상이라 모든 일을 신속정확하게 처리해야 사람들로부터 신뢰를 받을 수 있다. 하지만 자동차를 잘 이용하지 못하면 엄청난 피해는 물론 사망할 수도 있다.

차는 우리 인간들과 대화하지 못하는 기계이므로 스스로 교통법규를 정확히 지키면서 딴생각을 하지 말고 정신을 바짝 차려야 한다. 눈을 딴 곳으로 주지 말고 담배를 피우지 말며 전화를 걸거나 받는 행위를 하지 말고 반드시 안전띠를 매야 한다.

일찍이 차량 운선에 대한 욕심이 없어서 뒤늦게 운전면허를 취득했다. 사실 생각지 않은 운전면허를 따는 데 친한 친구가 일조를 했다. 친구는 나에게 현실사회에서는 운전할 줄 모르면 모든 것이 불편할뿐더러 사람노릇을 못하게 된다면서 면허를 취득하라는 성화에 못 이겨 자동차 운전학원을 다녔다. 그러면서도 몇 번을 도중하차하고 싶은 생각이 들었다. 왜냐하면 학과시험에는 1차에 합격했으나 겁이 많은 나로서는 운전석에 앉기만 하면 조마조마해서 도저히 운전을 할 수가 없었다. 차가 조금만 빨리 가도 마치 하늘을 나는 듯해서 몹시 간장이 조여 청심환을 먹어 가면서 운전을 배웠다.

어느 날 새벽에 학원에서 운전연습을 하는데 교습용 차를 몰고 커브를 돌지 못해 학원 울타리를 뚫고 밖으로 튀어 나갔다. 물론 놀래서 운전대를 붙잡고 일어나지도 못하고 있는데 조교가 달려와서 수많은 사람들이 급커브를 돌지 못하고 실수하는 경우가 많

다며 용기를 주었다. 그러면서 운전을 배우면 언제인가는 한번 사고를 내게 되는데 다행히 학원에서 소규모로 사고를 냈으니 잘 때웠다며 안심을 시켰다.

철망 울타리가 파괴되어 미안하고 죄송해서 복구해 놓겠다고 해도 복구는 자기네가 하겠다면서 포기하지 말라는 권유만 했다. 그렇게 해서 결국 운전면허를 획득하게 된 것이다.

운전석에 앉으면 안정감을 가져야 하고 침착한 마음으로 기계 작동을 해야 하며, 가속페달과 제어페달이 몸에 익숙해질 때까지는 조심 또 조심해서 구분을 잘 해야 한다.

면허를 취득했으니 써먹어야겠다 싶어 중고차를 사서 언덕길을 오르는데 기어를 변속하여 오르려는 순간 발동이 꺼진 것도 모르고 앞으로 가려고 가속페달만 꾹 밟고 있으니 올라갈 리가 있겠는가? 차는 후진으로 자꾸만 내려가는데 당황한 나는 가속페달만 사정없이 밟고 있다가 결국은 미끄러져서 남의 담벽을 치고 멈추어 섰다. 대형 사고를 낼 뻔한 것이다. 사실 수리비용이 차값보다 더 들었지만 울며 겨자 먹기로 손해를 보았지만 인명과 재물피해가 없어서 다행이었다.

운전한 지 20년이 넘어서인지 이제는 운전석에 앉으면 마음이 편안하고 판단력이 빨라서 두뇌운동에도 도움이 되는 듯싶다.

앞차를 따라가다 보면 번호판이 눈에 먼저 들어온다. 어떤 트럭은 4989라고 해서 고추장사나 채소장사인 듯싶고, 5252라고 한 것은 오리농장이나 오리 음식점을 하는 듯싶을 때도 있다. 또 번호판 숫자를 보면 3838이라면 3은 양이고 8은 음이니 음과 양이 제대로 있어서 재수 좋은 차로구나 하기도 하며, 화투판에서 셈하듯이 2261이면 226으로 지으면 1이 남으니 따라지구나 하면

서 먼 거리 갈 때는 이것으로 지루함을 달래기도 한다.

내 승용차는 중고 중에도 아주 중고가 되어 자주 고장이 나고 차 값보다 고치는 값이 더 드는 듯했으나, 목돈 마련을 못해 신차를 구입하지 못하고 덜덜거리고 돌아다녔다.

자식들이 내 차를 보고 오래되어 여러모로 불편하고 돈도 많이 들겠다며 걱정들을 하던 끝에 며느리가 없는 돈을 쥐어짜서 시아버지에게 자동차를 선물해 주었다.

며느리가 시아버지에게 차를 사준 사람은 그리 흔하지 않을 것이라고 본다. 미안했지만 당장 아쉬워 받아들여서 잘 타고 다니며 늘 고맙게 생각하고 있다. 오늘도 내리사랑 봉사활동을 하느라고 염치도 없이 며느리가 사준 차를 쌩쌩 몰며 활기차게 돌아다니고 있다. 이제는 차 없으면 살 수 없을 정도로 가정 필수품이 되고 있다. 지금은 차 한 대에 사람 하나꼴 정도일 뿐만 아니라 운전자의 과반수가 여자들이다.

참으로 세상이 너무 많이 변하였다. 올라가는 것은 농산물이나 공산품 값이고 늘어나는 것은 자동차뿐이다. 오늘 제주도에서 수확한 채소가 서울 사람의 아침 식탁에 오르고 새벽 주문진항에서 경매한 오징어가 그날 바로 원주 음식점에서 회를 친다. 이 모든 행위는 차와 비행기가 아니면 해낼 수 없다. 그래서 차는 일상생활에 고마운 존재다. 우리 생활문화가 이와 같이 차로 인해 많이 발전하고 있음이 증명되었으니 귀중하게 여기고 소중하게 관리해야 하겠다.

이렇게 살기 좋은 세상에 지금도 북한에서는 우마차에 의존하고 있을뿐더러 식량이 없어 어려운 생활을 하고 있다니 그들의 장래가 어떻게 될지 자못 궁금하다.

청풍명월 · 13

사군자 기법四君子 技法

뒤늦게나마 사군자를 배우기 위해 유명한 선생을 찾아다녔다. 묵필로 난을 치며 깃을 매듭짓는 가운데 마음을 가다듬게 되고 정신을 차분하게 만들어 주는 묵화야말로 스스로 감동을 불러일으키게 되어 묘미를 느끼는 것이다.

옛 선조들이 다루어 왔던 사군자는 요즘에 와서 그 정신마저 소멸되어 가는 것 같은 감회가 든다. 뿐만 아니라 미술가들이 동양화보다는 서양화에 더 치중하는 경향이 있다. 그 이유는 돈 있는 사람들이 뭔가 더 유식해 보이려고 서양화를 선호하며 유명한 그림을 많이 소장해서 재력을 과시하려 하기 때문이다.

그래서 춥고 배고픈 예술가들이 너도나도 서양화를 그리기 시작했으며 그로 인해 지금은 잘 알지도 못하면서 그림이라면 동양화보다는 서양화가 득세를 하는 판국이다.

그러나 동양예술의 위대한 전통의 하나인 수묵화의 격조 높고 독자적인 미를 재인식함과 동시에 계승 발전시켜야 한다고 본다.

먹과 화선지가 서로 만나 미묘한 침윤과 여백의 미, 선의 운용법을 이용해야 하며 깊이 있는 교육이 필요하다고 생각한다.

내가 배운 기법을 설명한다면 사군자는 선線이 주체가 되는 예술이라고 할 수 있어서 농담, 속도, 강약 등 선이 가지고 있는 함축된 의미를 파악해야지, 무의미한 선의 운용으로 테두리를 두른

지루한 느낌을 주어서는 안 된다고 가르침을 받았다. 그래서 기초가 되는 사군자를 식물이 갖고 있는 외형상의 특징과 생물학적인 내용 그리고 거기에 뒷받침해줄 수 있어야 한다.

대자연의 미를 살리기 위해서는 매梅, 난蘭, 국菊, 죽竹이라고 했으며 봄, 여름, 가을, 겨울의 상징이다. 그럼 내가 배운 것을 수록해 보겠다.

1) 난蘭

난은 심산유곡에 홀로 피어나 고고하다는 뜻으로 '공곡유향空谷幽香 군자가패君子可佩'라는 말이 있으며 그 꽃에는 향이 있어 많은 사람의 사랑을 받아왔다.

난은 크게 동양난과 서양난으로 나눌 수 있는데 동양난은 소심난, 건난 등이 유명하고 풍란은 홍도밖에 없는 귀한 난이다.

묵난을 그릴 때는 자기의 마음을 속이지 않는 것이 제일 중요하다고 했다. 이 말은 어떤 그림도 마찬가지겠지만 특히 난 속에 내포되어 있는 뜻과 의지가 더 중요하기 때문에 자기 자신에게 먼저 진실해야 한다는 뜻이다.

그리고 난을 그릴 때는 기쁜 마음으로 그려야 한다. 운필에 있어서 붓을 들어 화선지에 대고 처음은 가늘게 하고 점차 붓에 힘을 주어 굵게 하다가 중간쯤에 다시 붓을 들어 가늘게 하면 잎이 꼬여 뒤집힌 형태가 된다

아래서 위로 그리는 것을 순필이라 하고, 위에서 좌로 그리기와 아래로 그리는 것을 역필이라 한다.

난꽃은 3장 2단과 화심을 그리고 꽃받침은 농묵으로 그린다. 꽃술은 마음 심心 자가 되도록 함이 좋다.

2) 매화梅花

매화는 추위에도 아랑곳하지 않고 눈과 더불어 피어난다. 청청하며 고고한 자태에는 세정이 아닌 것 같은 느낌을 주면서 모든 꽃 가운데서도 제일 먼저 피어나기 때문에 '화형花兄 화괴花魁'라고 하며 그 청초한 자태를 두고 '빙자옥골冰姿玉骨'이라고도 했다.

화법에는 우석于錫, 등창우滕昌祐, 서희徐熙 등의 구법이 있다.

매화는 지형이나 종류에 따라 달라지는데 풍우에 시달린 매화는 가지가 괴이하고 꽃은 한산해야 한다. 이러하듯이 매화를 그리는 데는 다섯 가지 요령이 있다.

첫째가 체고體古라 하여 몸이 늘고 굵어 오랜 풍상을 겪은 듯해야 하고, 둘째는 간괴幹怪라 하여 줄기가 가는 것과 굵은 것이 뒤틀려 괴이한 모습이 있어야 하며, 셋째가 지청枝淸이니 가지는 말쑥하게 빼어나야 하고, 넷째로는 소건消健인데 이는 가지 끝부분이 건강하며 필세가 명확해야 한다.

매화 그리는 순서는 줄기, 가지, 태점, 꽃, 꽃술, 꽃받침과 꽃자루순이다.

3) 국화菊花

국화는 가을의 대표적인 꽃으로 모든 꽃들이 지는 계절에 홀로 피어나 찬 서리에도 그 모습이 아름답고 향기 또한 그윽해 어떤 꽃보다도 으뜸으로 쳤으며 소나무와 더불어 그 기상을 높이 일컬었다. 꽃의 크기는 대, 중, 소가 있으며 색에도 흰색, 노란색, 붉은색, 자주색 등이 있는데 노란 국화를 제일로 여겨 황화라 하기도 한다. 또한 국화술, 국화차를 담가 즐겨 먹기도 한다.

국화는 꽃잎, 줄기, 뿌리로 구성되고 한 폭의 국화를 그리는 데는 우선 전체적인 구도를 두고 그 뜻을 필묵에 의탁해야 한다.

꽃은 높은 것과 낮은 것, 좌향과 우향, 정향, 배향 등이 서로 섞여 있으면서도 난잡하지 않고 가지는 서로 뒤엉켜 있어도 부잡스러움이 없어야 하며 뿌리는 겹쳐 있으나 늘어서지 않는 것이 좋다. 그리고 잎은 두텁고 윤기가 나서 다른 초목과 달라야 한다.

또한 덜 핀 꽃에서부터 활짝 핀 꽃에 이르기까지 고루 있어야 하며 가지 끝 또한 만개한 것은 무거우니 누워져야 하고, 미개한 것은 가벼우니 일어서게 그리는 것이 자연스런 정취가 살아난다.

그리는 순서는 군자와는 달리 꽃, 잎, 가지나 줄기의 순이다. 대국의 경우는 우선 꽃을 그린다기보다는 꽃봉오리에서부터 점차 피어 나간다는 생각으로 한 잎 한 잎씩 붙여 나가야 된다.

4) 죽竹

대나무는 사시사철 청청불변하는 상록수로서 문인들이 좋아하여 사군자 중 군자로서 귀함을 받아왔다. 문인화에서는 묵죽으로서 수묵에 의해 그려지고 있고 묵죽 묘법의 기원을 이룬 것은 송나라의 문동이라고 하나 확실하지는 않다.

우리나라에서도 죽을 잘 치는 것을 제일로 여기는 관습이 있었다. 대나무를 그릴 때는 맑고 조용한 심경으로 그리며 매룬 분노한 듯이 그려야 좋은 그림이 나온다. 즉 대의 높은 품격을 느끼지 못하고 객관적인 사물의 형태만 묘사한다면 훌륭한 작품이 안 나온다. 옛법을 익히고 대나무를 관찰하여 그리는 것이 바람직하다.

묵죽을 그릴 때는 '묵죽필법사체黙竹筆法四体'라 하여 줄기는 전서篆書, 마디는 예서隷書, 가지는 초서草書와 같이 하고 잎은 해서

偕書에 따라 그리면 좋다고 했다.

대의 잎이 한 개인 것을 고孤葉, 두 개인 것을 병엽竝葉, 세 개인 것을 찬엽纘葉, 다섯 개는 취엽聚葉이라고 한다. 그리고 잎의 형상에 따라서 크게 둘로 나누는데 잎이 아래로 향하는 부엽법俯葉法, 위로 향하는 앙엽법仰葉法이 있다.

아무튼 이 사군자를 배우기 위해 근 십여 년을 묵필로 화상을 그렸지만 아직도 그 근처에 가지 못하는 형편에 있다. 이렇듯이 사군자가 쉬운 듯하면서도 마음대로 되지 않는 예술 중에도 참 예술이라고 생각한다. 힘이 달려 붓을 놓기 전에는 내 마음을 편안하게 해주는 사군자를 그리며 생활의 낙으로 삼을 것이다.

청풍명월 · 14

수지요법을 배우면서

수지요법手指療法 강의를 재미나게 배웠다. 일상생활에서 더러는 속이 알게 모르게 압박을 하고 음식에 체해서 고생을 하며 대단치도 않은 병으로 수시로 병원을 찾아야 할 때가 많다. 그래서 단순요법으로 손 부위에 침을 가하든가 따줌으로써 혈맥이 터지는 수가 있다. 이런 역할을 해주는 것이 수지침 요법인 것이나

고려수지침은 유태우柳泰佑 박사가 개발하고 이름 붙인 것으로서 손 부위에서 상응 요법과 5지의 진단을 하여 자극하고 14기맥과 345개의 중요 자극점에 자극을 주어 질환을 예방 관리하고 인체의 기능을 조절시키는 방법을 말한다. 특히 손의 상응 부위에 가늘고 짧은(침 길이 10mm, 자루 길이 15mm, 굵기는 3번 침 이하) 침을 1~2mm 자입한다고 해서 수지침이라 불렀다.

이런 점을 고려하여 정신을 집중하며 수지침을 배우면서 인체의 생김새를 배우고 5행을 익혔다.

손은 인체의 축소판으로서 인체에 이상이 있을 때는 손 부위에 여러 가지 반응이 일어난다. 그중에서도 제일 많은 반응이 과민압통반응이다. 이런 반응점을 일명 상응점이라 하며, 이 상응점에 자극을 주어 관리 조절하는 것을 상응요법이라고 한다.

수지침에는 한두 가지만 있는 것이 아니라 서암봉, T침, 서암뜸, 수지선사빔, T봉, 서암침, 자기, 구암출혈침, 압박자극 등을

모두 이용하고 있기 때문에 수지침, 수지요법, 수지침요법 등의 여러 가지 명칭을 사용하고 있다.

다섯 손가락은 5장에 배당되어 상처가 있거나 색에 이상이 있는 것 등으로 진단을 하고 압박, 마사지 등으로 자극하여 조절하는 것을 5지의 진단 자극법이라고 한다.

손바닥의 색깔과 손등의 색깔이 다르듯이 바닥은 인체의 앞면이고, 등은 인체의 뒤가 되는 것이다. 그리고 내장의 기능을 조절하기 위해 손등을 양으로, 손바닥을 음으로 정하고 기맥 보사법, 5지 처방법과 팔성 혈보사법을 이용한다. 고전의 체침요법에서는 수혈, 수기혈, 수팔괘 등의 명칭이 있다.

수지침의 모든 이론은 동양학적인 진단으로서 확인 가능하고 아울러 현대의학적으로 증명된 과학적인 학술이라고 한다.

인체 중에서 가운데 손가락을 몸통으로 정하고 3지와 4지를 양팔로 정하며 엄지와 5지를 양다리로 정하여 손을 인체의 축소판으로 정한다고 한다.

사람은 신체적, 정신적, 사회적으로 정상적인 생활을 할 수 있을 때 건강하다고는 하나 의학적 측면에서 구체적으로 지적한다면 즉 생리적으로 건강의 수치에 합당해야 된다고 본다.

우리 인간에게 질환을 일으키는 원인은 대단히 많다. 기후, 음식, 과로, 신경과민, 공해, 중독, 풍토기호, 전염병, 상처, 노쇠현상, 체질적 요인 등으로 인체의 6장 6부의 기능에 이상을 초래하여 전신의 기혈순환에 병적인 변화를 일으켜서 고통증상과 각 기관에 이상을 일으키는 것이라고 한다.

사람은 우선 손과 발이 따듯해야 하고 복대동맥이 정상적으로 박동해야 하며 위장 기능이 항상 정상적이어야 한다고 배웠

다. 사람이 완전한 건강상태는 신체에 어떠한 고통도 느끼지 않고 생리학적으로 이상이 없었을 때를 말한다. 건강의 기준이란 첫째로 고통을 느끼지 않아야 하고, 둘째로 신체의 어느 부분을 압박하더라도 병적인 압통반응점이 없어야 하며, 또한 긴장 대응 결점 등이 있어서는 안 된다. 물론 맥상도 평인의 상태가 되어야 한다.

수지요법에서는 막연하게 자극하면 나을 것이라는 생각에서 무조건 자극을 주는 것이 아니다. 자극을 주었을 경우에는 과민압통이나 긴장대의 해소 그리고 건강상태가 맥상으로 변화되어야 효과 반응이 있다고 하였다.

수지요법에서 수지운동은 꼭 필요하다. 고로 손운동은 곧 혈액순환과 관계가 있다고 한다. 손이 차가워질수록 손으로 내려와야 할 혈액의 양이 줄어든다는 것이다. 손으로 내려와야 할 피는 어느 한쪽으로 집중현상이 생기게 마련이며 손이 냉해지는 강도가 심하면 그만큼 머리로 모이는 혈액이 많아지게 되고 머리가 어지럽고 아프며 심하면 졸도를 하게 된다

이때 뇌혈관의 압력을 내리는 방법은 피를 빼는 것이 가장 좋다. 그 장소는 가운데 손가락 끝의 손톱 바로 위를 찔러 사혈한다. 인사불성이나 쇼크에는 피를 빼기에 앞서 셋째 손가락을 충분히 주물러 주고 사혈할 곳에 서암봉을 붙여준다고 했다.

사람이 삶을 이어가기 위해서는 소화기능이 좋아야 하는데 무병장수의 비결이 바로 여기에 있는 것이다. 수지침을 놓을 때는 우측 병은 우측 손에, 좌측 병은 좌측 손에 놔야 한다. 진단은 촌구맥과 부돌맥을 짚어서 그 맥이 굵고 가늚에 따라 병 증세를 알 수가 있다.

어찌 되었든지 수지침을 배워 내가 내 손에 침을 놓고 효과를 보기 때문에 가정상비약 정도로 침을 구비하고 있다. 식구들이 아플 때 응급처치를 해주면 그런 대로 나으니 답답함을 면할 때도 있다.

청풍명월 · 15

마오리족의 일상

마오리족은 뉴질랜드의 원주민이다. 이 나라는 자연경관이 수려할 뿐만 아니라 해맑은 청정지역으로 집 주변은 물론 도시 전체가 잔디가 깔려 있어서 사람들의 마음까지 평화스럽게 해준다. 공기가 좋고 물이 맑으며 먼지가 없는 나라다.

영국이 호주와 뉴질랜드를 점령하면서 원주민들을 영국인 뜻대로 나루면서 노예생활을 시켰다. 일본이 우리나라를 점령하고 한일합방이라는 허울 좋은 국교를 강제로 맺어서 이완용이가 나라를 팔아먹는 꼴이 되었고, 그들은 한국인을 일본인으로 만들려고 엄하게 일본어를 쓰게 하는 등 가지가지의 고초를 주면서 2차 세계대전의 총알받이로 끌고 가서 죽음을 당하게 한 것과 같이 마오리족도 고통을 당했다.

무시무시한 일본 헌병들이 죄 없는 우리 동포들을 지옥 같은 곳으로 끌고 가서 생체실험까지 했듯이, 영국도 이와 같이 원주민들을 잡아다가 생체실험을 했다.

회색빛 얼굴에 둥글둥글해서 방금 굴속에서 나온 곰처럼 이상하게 생겨 사람취급을 하지 않고 짐승처럼 다루며 산채로 눈, 코, 입, 귀 등을 잘라 실험관에 넣으며 건강하고 깨끗한 살을 떼어내는 등 잔인한 실험을 했다고 한다.

그야말로 힘 있는 나라가 문명이 뒤떨어진 나라를 점령하고 마

음씨 고운 원주민들을 잡아다가 호되고 힘겨운 일을 시키면서 자기들이 시키는 대로 하지 않으면 구타를 하거나 밥을 주지 않았다고 한다. 또한 지하자원을 도굴해 가며 마오리족을 괴롭혔다.

지금도 화산이 터져 나오는 부근 지역으로 몰아넣어 살고 있으며, 관광객들의 구경거리로 삼고 있는 것이다. 유황 냄새가 진동하고, 어떤 곳은 연못처럼 푹 파였는데 땅이 부글부글 끓고 있었으며 하늘로 솟구치는 하얀 수증기가 쏴쏴쏴— 내뿜고 있는 화산 지역에 몰아넣어 나날을 불안 속에서 살고들 있다.

그들은 옛날처럼 추장이 지역을 책임지고 있으면서 대대로 내려오는 풍습을 자랑삼아 유지하고 있으며 이런 모습들을 뉴질랜드 정부가 관광의 볼거리로 삼아 권장하고 있는 것이다.

마오리족이 살고 있는 지역에는 아무나 들어가지 못하도록 하고, 반드시 추장이 마중 나와서 한 사람 한 사람씩 이마에 입맞춤을 해야 들어갈 수 있는 곳이기도 하다.

영국이 점령하면서 원주민들은 영국 법을 따라야 했고, 마음대로 활동할 수 없었으며 말도 영어이다. 그러나 그들은 아직도 영어를 쓰지 않고 그들대로의 말을 한다. 하지만 뉴질랜드 정부는 마오리족을 관광상품화 하고 있는 것이다.

식당에 작은 무대를 만들어 놓고 막간을 이용하여 앞만 가린 나체로 무리를 지어서 춤을 추는 모양은 마치 바다 속에서 문어가 노는 것 같았다.

창을 들고 짐승 잡는 시늉도 하는데 발로 땅을 쾅쾅 밟으면서 우! 와! 우! 와! 소리치며 마치 성난 사자처럼 발광하는 것을 보고 나는 고고했던 원주민들의 위세를 보는 듯했다.

멀리 뉴질랜드까지 가서 온천 한번 하지 않으면 후회할 것 같아서 목욕을 했는데, 때마침 겨울이라 밖은 춥고 탕물은 뜨거워서 그곳에서 감기가 들어 한동안 고생하기도 했다.

그래도 한국말은 어찌 배웠는지 “반갑습니다” 하면서 우리가 가는 곳마다 울려 퍼지는 아리랑 노래가 가슴을 울렸다. 그렇게 해서 관광객의 마음을 사로잡고 있다. 중국인이 오면 중국 노래, 일본인이 오면 일본 노래를 틀어놓아 관광지의 면모를 자아내면서 수입을 올리고 있다.

그들은 나라에서 주는 특별연금으로 생활이 어렵지는 않다고 한다. 그야말로 나라의 상징적 인물이다. 숫자가 많지 않고 한곳에 똘똘 뭉쳐 살기 때문에 찾아가지 않으면 만날 수가 없다.

뉴질랜드의 바닷가 모래는 깨끗하면서 비단결 같았으며 고운

쌀가루처럼 부드럽고도 아름답다. 오랜만에 머나먼 뉴질랜드 모래 위에 누우니 멀리 남태평양 건너 대한민국이 그리워졌다.

아무 곳이나 다니는 붉은 게 하며, 해맑은 바다 위에서 날개 저으며 끼룩거리는 갈매기 떼와 산같이 달려오는 유람선을 바라보다가 무심결에 조개 잡으려고 바다에 뛰어들었으나 달려드는 파도에 휘말려 버렸다.

얼마 후 거센 파도는 밀려갔고, 경비원들이 달려와 떠들어 댔다. 물론 말을 알아듣지 못하지만 그들은 버럭버럭 성질을 내고 있는데 그는 다름 아닌 영국인이었다. 하마터면 당신은 죽을 뻔했다며 다시는 위험한 행동을 하지 말라는 모양이다. 바다를 지키다가 구조해준 해양경비원들에게 고마웠다.

거기서 깨끗한 모래가 탐이 나서 한 주먹 봉투에 싸 가지고 와서 제 지낼 때 쓰려고 향로 바닥에 깔아 두었다.

지구 끝머리 뉴질랜드에서 일주일을 돌아다녀도 구두 위에 먼지 하나 앉지 않았다. 이와 같이 온 나라 전체가 먼지 없이 공기 좋은 곳이 뉴질랜드이다. 빈틈없이 잔디를 깔았기 때문에 먼지가 일지 않고 깨끗하다. 그래서 집 주변의 잔디를 깎지 않아도 벌금을 문다고 한다. 내외지간에 고성으로 다투어도 경찰에 고발되어 잡아가는 나라다. 왜냐하면 소란 공해를 일으켰다는 것이다. 뿐만 아니라 남자는 집안 살림을 하고 여자가 나가서 일하는 곳이라고 했는데 넓은 목장 운영자는 다 남자임을 발견했다.

우리나라로서는 지구 뒤이고 남극 가까이 있으므로 풍습이 다르리라 생각은 된다. 내가 만난 마오리족은 우직하면서도 인정이 많아 보였으며, 머리도 그리 나쁘지는 않은 듯했다.

그런 민족이 왜 외세에 침입을 당하여 나라를 지키지 못하고

지금까지도 알게 모르게 구박을 당하는지 원주민들이 가여워 보였으나 그것은 보는 사람의 생각일 뿐이다. 그들은 불만 없이 평화스럽게 생활하는 소수민족 같은 인상을 남겼고, 명랑한 부족들이었다.

Part. 5

구름이 머물다 간 자리

구름 이름도 가지가지라 먹구름, 비구름, 눈구름, 조개구름, 안개구름,
새털구름, 햇살구름, 소나기구름 등이 있다.
먹구름 하늘 사이로 금빛 햇살이 퍼질 때가 가장 신비스럽다.

구름이 머물다 간 자리 · 01

검정 고무신

오늘도 지는 해그늘이 산등을 넘어가고 있다. 수년 전만 해도 구두통 걸머지고 "구두 딱! 구두 딱!" 소리치며 길거리를 돌아다니는 청소년이 많았다. 이런 아이들을 불우한 청소년이라 했으며, 사람들은 이들을 불쌍히 여기지 않고 그냥 무심하게 보며 지나갔다.

신발이 더러우면 마음이 불편해서 잘 닦아 신고 다닌다. 늙으나 젊으나 구두닦이를 보면 "야! 이리 와 구두 닦아라" 하며 반말들을 했다. 그러나 지금은 나이와는 상관없이 구두 수선집을 차려 놓고 직업적으로 하기 때문에 "내 구두 좀 닦아주세요" 하며 존댓말을 쓰지 않으면 안 된다.

길거리에 조그만 집을 짓고 수선하러 오는 사람을 기다리는 시대다. 그리고 다방 근처나 회사 부근 또는 사람이 많이 왕래하는 곳에다 고급스럽게 가게를 차려놓고 구두를 닦아준다.

물론 농촌 사람이 구두를 닦아 신고 논밭으로 나갈 수 있으련만 그래도 도시생활을 하는 사람은 구두 옆구리에 흙이 묻어 있거나 뿌연 먼지가 있으면 누구나 깨끗이 닦는 것이 예의다.

운동화가 아닌 이상 구두는 반질반질하게 닦아서 신고 다니면 마음도 상쾌하고 제삼자가 보기에도 좋다. 물론 그것도 오늘날에 와서 이야기지 나 어릴 적에는 가죽구두를 구경하기란 꿈에 떡

본 듯 드문 일이었으며 어쩌다 경성(서울)에서 손님이 오면 볼 수 있었다.

그때 그 시절에는 몹시도 가난하고 사회적으로 생활필수품을 만드는 공장이 없었기 때문에 거의가 짚신을 삼아 신고 다녔으며 하루 신으면 떨어져서 버려야만 해서 밤이면 밤마다 짚신 만들기에 여념이 없었고, 짚신마저 없는 날에는 게다(나막신)를 끌고 다니다가 끈이 떨어지면 거의 맨발로 돌아다녀야만 했다.

어머니는 밤새워 목화로 실을 만들어 길쌈을 해서 무명 바지저고리를 만들어 자식들에게 입히고 한 해를 그 옷 한 벌로 나게 하면서 빨래할 때는 벌거숭이로 방안에 꼼짝 못하고 있어야 했다.

아버지는 짚과 왕골을 이용하여 자리를 만들어 장판 대신 이용했다. 짚공예로 삼태미, 멍석, 둥구미, 종드래미 등을 만들어 살림을 하면서 신발은 짚신을 삼아 신고 다니게 했으니 지금 생각하면 눈물 나게 어려웠던 모양이다.

때문에 쉬지 않고 열심히 일을 했으며 손마디는 터져서 엉망이 되었다. 일그러진 초가집에서 나물죽으로 생명을 유지하며 일본인들이 달라는 모든 것을 다 갖다 바쳤다.

얼마나 먹을 것이 없었으면 소나무 속껍질을 베껴서 떡매로 부드럽게 쳐서 먹기도 하고 독한 식물뿌리를 캐서 푹 끓여먹으면 이는 까매져도 배는 불렀다. 칡뿌리를 캐서 녹말을 내어 수제비도 해 먹었으니 지금 같으면 엄청난 보약을 먹은 셈이다.

비가 억수같이 퍼부어도 우산도 없이 짚으로 만든 도랭이를 등허리만 덮고 다녔다. 부모가 그나마도 만들어 주지 않은 학생은 그대로 비를 맞으며 맨발로 다녔으니 책인들 무사하겠는가? 교실에서 책을 펴서 말리느라 공부를 못하는 아이들이 많았다.

문명이 발전할 대로 발전한 오늘날에도 아프리카의 가난한 나라는 과거 우리와 같은 생활을 하고 있다. 그래도 그 시절에는 인심이 좋아서 이웃사촌이란 말이 그때부터 나왔을 것이다.

농사라고 지어 놓으면 왜놈들이 다 빼앗아 갔고, 배고픈 마을 아이들이 패로 몰려다니며 닭서리, 콩서리, 밀서리를 해서 배를 채우기도 했지만 이웃들은 아랑곳하지 않고 빈대떡을 서로 나눠 먹으며 웃음꽃을 피웠었다.

한 가정이 불행한 일을 당했을 때는 온 동민이 다 모여서 위로해 주기도 하고 경사에는 이웃들과 기쁨을 나누었다. 화재를 당해도 지금은 소방관이 끄는 것으로만 알고 일반인은 전혀 끌 생각을 하지 않지만 그 당시에는 온 동민이 다 동원하여 그릇을 있는 대로 들고 나와서 불을 껐다. 불을 끄고 나면 모두가 협심하여 집을 복구해 주었다. 십시일반으로 재목 등 필요한 재료를 가져와서 복구해 주었으니 지금 같으면 어림도 없는 이야기다.

짚신의 이름도 가지가지라 쇠뿔신, 멍석신, 꺼치신, 미투리 등이 있으며 나무로 깎은 나막신, 미루나무 게다 등이 있었다.

지금은 박물관에나 있을지 모르겠으나 소가 귀한 때라서 사람이 끄는 쟁기를 만들어 밭을 일구기도 했으며, 초랭이는 갈대 잎으로 만들었는데 비 올 때 덮어쓰면 가벼울 뿐만 아니라 뜨듯해서 좋았다.

나도 그 당시에는 무명 바지저고리에 짚신 신고 학교에 다녔으니 지금 같으면 가관일 것이다. 이렇게 원시적으로 생활하던 어린 때가 자꾸만 생각이 난다.

일본인들이 난발령을 내려서 상투 튼 사람은 없었고 거의가 삭발이면서 수염이 길어서 40세만 되면 늙어 보였다. 그래서 환갑

만 넘겨도 오래 산다고 했으니 지금과는 비교도 되지 않는다.

1945년 8월 15일 일본이 연합군에 지고 항복함으로써 우리나라는 해방되었으며 일본 사람들은 모두 자기 나라로 물러갔다. 그러면서 수공업 공장이 건설되고 재빠르게 시중에 흐트러진 것이 검정 고무신이다.

나는 학교에서 검정 고무신을 배급받았는데 신지도 않고 책상머리에 올려놓고 신주 모시듯 했고 방을 들락거리며 만져보고 쓰다듬으며 마치 가보처럼 대했다.

나는 친구들에게 자랑하려고 들고 나갔다가 개천에서 피라미를 두어 마리 잡아 고무신에 담아 고기를 키우려고 했다.

나는 그 검정 고무신을 신지 않고 있다가 추석날 신고 집에서 아랫마을도 채 못 가서 신이 찍- 짜개지고 말았다. 아끼느라고 아주까리기름을 칠해서 보관했었는데, 어린 마음이 얼마나 허전하고 안타까웠겠는가?

징징 울면서 신발을 들고 맨발로 집에 오니 어머니가 하얀 무명실로 꾹꾹 꿰매 주었다. 검은 신에다 하얀 실로 꿰매서 다시 신고 나가는데 또다시 찍- 하고 짜개졌다. 나라가 해방됐지만 생고무 원자재를 수입하지 못하고 고물 고무를 수집하여 만드니 모양만 신이지 짚신만도 못하였다.

그러나 현실은 10년을 신어도 떨어지질 않아 일부러 칼로 짜개버리는 시대가 되었으니 과거 내가 자란 시절은 그야말로 우물 안 개구리 같은 세상에서 자라난 것이다.

자고로 인간은 태어나서부터 부모를 잘 만나야 하고, 부모는 세상을 잘 만나야 고생을 덜 하는 법이다. 손바닥만 한 나라가 그것도 둘로 나뉘어 으르렁거리고 북에서는 호시탐탐 남침할 생각

만 가지고 3대째 독재정치로 국민들은 어려운 생활을 하고 있는 것이다. 그들은 문화적인 생활과 사치라는 것 또한 있을 수가 없으며 타 도, 타 시군을 허가를 받아야 내왕할 수 있다고 하니 참으로 답답할 것이다.

북한도 하루 빨리 개방을 해야 할 것이다. 그래야만 과거에 짚신 삼아 신던 시절과 짚신만도 못한 검정 고무신을 처음 만들 때와 같은 세상에서 해방되고 국민은 문화생활을 누릴 수 있을 것이다.

호밀국수

가난했던 시절에는 호밀이 유일한 먹을거리였다. 귀리는 찌그러져서 알맹이가 별로 없지만 그래도 호밀은 굶주린 배를 채우는 데는 손색이 없었으나 너무 독해서 머리가 빠지곤 했다. 그래도 귀리보다 더 좋은 것이 호밀이었다.

일제강점기 시절에는 벼, 보리, 콩 등 농사라고 지어 놓으면 일본이 빼앗아 가고 남는 것이 없어서 초근목피로 생명을 유지해야만 하는 비참한 농촌이었다. 그런데 일본은 귀리나 호밀은 맛이 없어서 빼앗아 가지 않기 때문에 호밀을 재배했다.

호밀을 수확하여 돌 위에다가 둘러 메어쳐 탈곡을 해서 디딜방아에 살짝 껍질을 벗겨 밥을 해먹기도 하고 방앗간에서 가루를 만들어 국수를 만들기도 했다. 호밀가루를 담기 위해 하얀 광목의 이불 홑청을 뜯어서 임시 자루를 만들어 짚 가마니 속에 넣어 가루를 담기도 했으니 엄청 궁색한 살림이었다.

호밀은 비옥하지 않은 토양에서도 잘되고 거름을 많이 하지 않아도 되며 키가 한 길씩 커서 호밀짚으로 지붕을 이으면 오래가고 잘 썩지 않아서 좋았다. 호밀 맛이 떫고 쓰기 때문에 왜놈들이 싫어했고 재배하지 못하게 했지만 뺏어가질 않기 때문에 우리 한국 농촌에서는 많이 재배하여 식량으로 보탬을 했다.

한때는 귀리를 재배했으나 귀리는 피처럼 잘 떨어져서 수확기

를 넘기면 헛농사가 되므로 많이 하지 않았으며 맛도 좋지 않아서 호밀을 대량으로 재배했다. 역시 호밀도 수확량이 적고 그것으로만 먹고 살 수 없을 정도로 독했다. 어린 시절에 부모님이 해주는 대로 먹어야만 했지만 호밀 개떡을 만들면 호밀 속에 들은 콩만 쏙쏙 빼먹었다.

지금이야 목장 용지에 뿌려두면 비료를 하지 않아도 잘 크므로 동물사료로 많이 활용하고 있으며 토박한 농토를 비옥한 토지로 만들기 위해 호밀을 심기도 한다.

나 어린 시절에는 밀개떡 보리개떡을 간식삼아 만들어서 많이 먹었다. 보리개떡은 보리꺼풀로 만든 것으로서 독해서 잘 먹으려 하지 않고 맛있는 과자나 빵을 달리고 울기도 했으니 부모 마음은 얼마나 괴로웠을까 싶다.

쌀밥은 구경할 수 없었고 아버지가 칡뿌리를 캐서 녹말을 내 먹기도 하고, 소나무 껍질을 주식으로 삼고, 쑥을 뜯어다 죽을 만들어 배를 채웠다. 그러면서 보리개떡을 식량대행으로 이용했으며 떡에다가 콩을 넣으면 맛이 좀 나는데 배가 부르기 시작하면 콩만 빼먹고 버리는 철없는 짓을 했다. 뿐만 아니라 호밀가루로 국수를 만들면 참밀처럼 끈기가 덜하여 가락을 굵게 해야 했다.

지금이야 다이어트 식품으로 구하기도 어렵지만 그때는 못 먹어 영양실조에 걸려 하늘이 뱅뱅 돌고 걸음을 잘 걸을 수 없을 정도였다. 아이들에게 그런 과거를 이야기하면 멋도 모르고 아버지는 바보짓을 했다면서 라면도 없었느냐고 원망을 한다.

이렇게 일본은 지독한 나라다. 우리 국민을 괴롭히면서 있는 대로 전부 빼앗아 갔고 도둑고양이처럼 숨겨둔 곡식까지 찾아내어 가져갔다. 뿐만 아니라 우리나라 문화재를 마음대로 가져가서

지금도 돌려주지 않고 있지 않은가? 고대 문화를 증명하는 왕의 투구를 비롯해서 수많은 물건들을 약탈해 갔다. 심지어 무거운 돌석탑까지 자기네 것인 양 박물관에 진열해 놓고 있어서 참으로 분통이 터질 노릇이다.

나이 든 사람은 보국대로 끌고 가서 저 북해도 탄광에서 석탄을 캐게 하고 또 굴속에서 얼마나 많은 사람이 죽었는가?

젊은 사람은 진용으로 끌고 가서 2차 세계대전의 앞잡이로 내보내어 얼마나 많은 청년들이 죽었는가? 악독하게 우리를 괴롭힌 일본을 잘 모르는 젊은 사람들은 일본을 두둔하며 일본 여성을 아내로 맞아들이는 자도 있다.

뿐만 아니라 일본말을 못 배워 안달하며 심지어 늙은이들도 과거를 까맣게 잊어버렸는지 잘날 척하며 일어를 자랑하듯이 하고 있으니 참담한 일이다. 물론 원수를 갚으려면 먼저 적을 알아야 한다고는 하지만 나는 어쩐지 마음에 들지 않는다.

지금도 그들은 영토를 더 넓히기 위해 우리 땅인 독도를 일본 땅이라고 우기며 호시탐탐 뺏을 궁리만 하고 있다. 지진으로 해일 피해를 당해 엄청난 재난을 당했을 때도 배알 없는 자들이 의연금을 걷어 보내는가 하면 그곳에 봉사활동을 하면서 일본을 위로했다. 그러나 그 와중에도 오직 독도는 자기네 땅이라고 하며 일본 교과서에까지 올려 아이들을 가르치고 있지 않은가?

뿐만 아니라 원자력 발전소에서 유해물질인 방사능이 나와 오염되어 먹을 수 없는 고등어를 잡아 우리나라 상인들에게 팔았고, 또 사들여서 국민들에게 아무런 죄책감도 없이 판매하는 장사꾼도 있다. 우리나라 사람들의 정신상태는 아직도 멀고멀었다.

왜놈들이 우리나라 말을 배우려고 애를 써야 하는데 그 몹쓸

일본 나라를 본뜨려고 하는가? 물론 경제적 문화적으로 일본에 뒤지고 있다고 해서 그러하다고는 하지만 호밀국수와 산나물로 연명하며 일본 놈들에 의해 가족을 잃어버렸던 세월은 이미 잊었단 말인가?

나는 다섯 살까지 옷을 입지 못하고 어머니 치마폭에서 살았다. 마치 새가 자기 새끼들을 보호하기 위해 날개를 펴 덮어주듯이 말이다. 지금이야 옷도 가지가지고 색깔도 가지가지여서 바늘 들고 꿰매 입는 시절이 지나고 입다가 지루하면 버리는 세상 아닌가?

지나간 날에는 아이가 똥을 싸면 똥개를 불러 먹게 했다. 이제는 빨아서 다시 쓰는 기저기를 이용하는 사람은 없고 일회용만 사용하는 아수 편리한 세상이다. 이런 세상에 호밀국수가 해당되겠는가? 추억으로 삼키는 호밀국수 맛이 상기되어 마음이 서글퍼진다.

구름이 머물다 간 자리 · 03

금요일에만 열리는 장터

이른 새벽에 부인들이 장바구니를 들고 줄지어 간다. 금요일마다 농협 뒷마당에서 농산물 직거래 장터가 열리기 때문에 싱싱한 채소를 구하기 위해서 아줌마들이 모여드는 것이다.

고추와 마늘, 오이, 호박 등 여러 가지 농산물을 펴놓고 오후 4시까지 장을 보는데, 모두가 본인들이 농사지은 것을 가지고 나와서 직접 팔기 때문에 사려는 사람이 많다.

농촌의 후한 인심이 그대로 장터에까지 따라와서 이웃사촌처럼 이야기하며 덤으로 더 얻는 재미도 쏠쏠하다.

장터로 지고 나온 농민들은 여느 장사꾼처럼 소리치며 팔지도 않고 그냥 물건을 쌓아 놓고 묵묵히 서 있는데, 오히려 사려는 사람들이 더 야단법석을 떨며 야채를 골라댄다. 골라낸 식료품값은 주인을 불러 치러야 하는 형편으로 이런 흐뭇한 광경을 보니 옛날 시골장터 같은 느낌이 든다.

도시에서 떨어진 시골 소재지는 장이 서는 날을 정해놓고 5일 간격으로 열린다. 그래서 오일장이라고 한다. 떠돌이 장사꾼들은 장이 서는 지역을 돌아다니고, 당해 지역 농민들은 오일장이 서기를 기다린다. 장날이 오면 헌옷을 세탁하여 갈아입고 콩이랑 마늘, 고추 등 있는 대로 지고 가서 팔고 그 돈으로 생활필수품 또는 먹을거리를 사기 때문이다.

잡곡을 내다 팔아 돈을 마련하면 옷이랑 신발이며 가전제품 등을 사고 미역이며 김, 고등어 등을 사서 짐을 꾸려 놓고 선술집 목로에서 탁배기 두어 잔 마시면 얼큰한 몸으로 밤늦게 험한 산고개를 넘어다녔다. 뻐꾸기는 앞뒷산을 넘나들며 울어대고 살구꽃이 만발해도 그 화려함을 모른 채 배고파 고개 비틀어지는 보릿고개에는 장날이 와도 내다 팔 곡식이 없어서 대단히 한산했다.

그때는 짐승들도 주워 먹을 것이 없어서 이곳저곳을 배회했는데 사람도 못 먹는 곡식을 하물며 짐승들에게 주겠는가? 하는 수 없이 산야에 흐트러진 풀로 소 돼지를 길렀다. 그러니 닭인들 알을 제때에 잘 낳겠는가? 하루건너 하나 둘 낳은 알을 모아서 꾸러미를 만들어 장에 가서 팔이기지고 소금도 조금 사고 양잿물도 사서 빨래를 하던 어머니 생각이 불현듯 일어난다.

그 시절에도 짓궂게 장난 잘하는 청년들이 종이에다 변을 싸서 새끼 끈으로 묶어 길가에 던져두면 윗마을에 사는 사람들이 장에 갔다 집으로 가다가 이것을 발견하고 양잿물 꾸러미인 줄 알고 누가 보지나 않나 두루 살피면서 들고 가는 것을 숨어서 보고 한바탕 웃어대기도 했다.

사람마다 사는 방식이 다르고 물건도 고르는 방법이 다르며 누구나 제 취향에 맞아야 한다. 잠 잘 때도 항상 같은 잠자리에서 자야 하고 식구가 아무리 많아도 밥을 먹을 때는 언제나 제 수저로 먹어야 한다. 그리고 이불도 제 이불을 덮어야 편한 잠을 잘 수 있듯이 장날에 물건 고르는 것 역기 자기 마음에 들어야 한다.

금요 장터 구경을 하다가 마음에 드는 감자가 있어서 사려고 하니 주인이 그 감자보다는 이 감자가 더 분이 나고 맛이 좋다고 하기에 파는 사람이 더 잘 알겠지 하고 그것을 샀다. 그리고 맛있

는 옥수수를 달라고 하니 주인이 이 옥수수 맛이 제일 좋으니 이것을 사가라며 덤으로 몇 개 더 주었다. 참 장터 인심이 너무도 후했다.

기분 좋게 옥수수 한 포대와 감자 한 포를 사와서 아내에게 자랑했더니 속아 샀다고 아내가 원망을 한다. 왜냐하면 감자는 잘기 때문에 까먹기가 나쁠 뿐만 아니라 분은 고사하고 맛이 없다는 것이며, 옥수수는 찰옥수수가 아닌 씨가 잘고 속이 굵으며 맛이 없는 옥수수라고 했다. 파는 사람은 잘 안 팔리는 것부터 팔아야 하기 때문에 좋지 않은 것을 좋다고 한다. 순박하다는 농민들도 믿을 수 없구나 하는 생각이 들었다.

물론 세상은 속이고 속으며 산다고는 하지만 아내가 나를 물건도 잘 못 사는 바보로 만들려고 하는지는 몰라도 어떤 물건이든 내가 사온 물건은 다 잘못 샀다고 원망을 했으면 했지 칭찬은 하지 않는다. 그래서 나는 시장에 가서 좀처럼 물건을 사지 않는다. 아내 손으로 사야 아무런 말이 없기 때문이다.

내 손으로 옷을 사 보지 못했고 항상 아내가 사다주는 옷만 입었다. 뿐만 아니라 아내 옷을 내가 사준 적도 없다. 그렇기 때문에 아내는 옷 한번 사 주지 않았다며 나를 원망하기도 한다.

이렇게 아내는 나를 세상 물정 모르는 어린아이로 생각하고 살림살이를 모두 자기 혼자 해냈다. 때문에 나는 살림살이에는 바보 아닌 바보짓을 하고 지금까지 살아왔다.

아이들 한참 키울 때도 돈을 아끼느라고 아이들 옷은 사 입히지 않고 만들거나 뜨개질을 해서 입혔다. 애비는 뒷전이고 일거수일투족을 전부 아내가 도맡아 키웠으니 얼마나 힘들었겠는가 싶다. 그때를 생각하면 아내에게 내가 너무 했구나 하는 생각이

들고 너무 미안하고 고마울 뿐이다.

금요일에만 열리는 신토불이 장터 한 귀퉁이에서는 솥을 걸어 놓고 옥수수를 찌느라고 김이 펑펑 피어오르면서 옛 정취를 물씬 풍긴다.

싱싱한 농산물이 지천으로 쌓여 있는 틈에 아내를 끌고 다니며 아내가 사자는 대로 사고 짐보따리만 챙기니 마음이 그렇게 편할 수가 없다. 앞으로는 반드시 둘이서 장을 볼 계획이다.

구름이 머물다 간 자리 · 04

화원花苑을 찾아서

우중충한 하늘에서 싸락눈이 내린다. 개천가에 버들강아지도 눈을 트지 않았는데, 얼음장 속에서는 봄을 알리는 물소리가 졸졸졸거리며 흘러간다.

나이 먹었다는 이유로 한평생 다니던 직장을 그만두니 마음은 홀가분하지만 소일거리가 없어 빈둥빈둥 집에서 허송세월하고 있다. 아직은 일할 수 있는 몸이지만 퇴직 바람이 내 몸을 안고 지붕을 넘어가서 외롭기도 하지만 앞으로 죽을 때까지 어찌 보내야 할지 대안이 없고 걱정이 태산이다.

그래서 찾아간 곳이 노동부에서 추진하고 있는 고용알선 부서다. 물론 실업자의 구직을 도와주는 기관으로서 최대한 노력은 하고 있는 것으로 보였으나 역시 자기들이 직업을 만들어 주는 것이 아니고 대기업이든 중소기업이든 인원이 필요하다고 하면 알선하는 것으로서 책임지고 취직을 해주지는 않는다.

뿐만 아니라 너무나 젊은 실업자들이 지원서와 이력서를 들고 우글거려 말도 못 붙이고 돌아서 나오는데 뒤통수가 부끄러웠다.

구직 박람회도 갔었는데 이곳에는 거의가 늙은이들이고 나와 비슷하게 갓 퇴직한 사람들이 많았다. 어느 부서로 가서 말문을 열까 망설이고 있는데 마침 안내하는 사람 덕분으로 원서를 접수시키고 돌아왔다. 돌아오면서도 재취직에 마음이 들떠서 지나가

는 자동차소리도 잘 들리지 않았다.

그리고 마치 복권을 사가지고 발표하는 날을 기다리듯이 하루하루를 좋은 소식이 들려오기만을 바라며 지나간 세월을 까맣게 잊어버렸다.

그런데 그것 역시 행정기관에서는 추진만 했을 뿐이고 중소기업 인사부에서 나와 사람을 뽑아 갔다. 그래서 어떤 사람은 심판관 앞에서 넙적 엎드려 팔다리 굽혀펴기를 수없이 하며 아직은 힘이 있으니 써 달라고 애원하는 사람도 있고, 늙은이 한 사람은 입을 쩍 벌리더니 모집하러 온 젊은 사람 앞에서 "이보시오. 아직도 나는 이가 한 개도 빠지지 않았다"며 채용해 줄 것을 부탁하는 모습도 보였다.

역시 나도 원서는 써서 몇 군데 제출은 했지만 보기 좋게 낙방해서 뒤돌아서야만 했다. 이유로는 연금이 나오기 때문에 나보다 더 급한 서민들이 얼마든지 많다는 것이다.

그래서 국가에서 알선하는 구직에는 포기하기에 이르렀다. 여하간 혹시 소일거리가 없나 해서 무턱대고 소규모 공장도 가보고 신문도 뒤적거려 봤으나 내 사정에 꼭 맞은 직업은 없었다.

해가 뜨고 하루해가 시작되면 직장에 나가듯이 밖으로 나가야 속이 시원하겠는데, 갈 곳이 없어서 TV 채널이나 돌리지 않으면 신문을 뒤적이다가 잠이 들면 세상사를 잊어버리기도 하지만 때가 되면 밥은 잘 찾아 먹는다. 그래서 직장에서 퇴직하면 5년을 넘기지 못하고 죽는다고 했나 싶었다.

날아다니는 새들도 먹이를 찾아 높은 산등을 넘기도 하는데 하물며 인간이 무의미하게 논다는 것은 달갑지 않은 일이다.

내가 이러고 있는 동안에도 끈을 이어 달려가는 자동차들은 말

없이 각자의 생활을 위해 경쟁을 한다. 털털거리는 중고트럭에 스피커를 달고 "배추 한 포기 3,000원, 열무 한 단 2,000원, 두부 한 모 1,000원!" 하며 고래고래 소리치며 야채장사가 골목을 누빈다.

허리 굽은 꼬부랑 할머니가 박스 하나 주워가지고 꾸부렁꾸부렁 걸어가는 것을 보면서 나도 뭔가 일을 해야겠구나 하는 욕구가 치밀었다. 그래서 친구가 하고 있는 화원을 찾았다. 친구는 반가이 맞이해 주며 자기가 먼저 입을 열어 할 일 없으면 화원에 와서 도와주기도 하고 놀이삼아 오라고 하기에 얼마나 기뻤는지 모른다.

일은 둘째 치고 매일같이 출근하여 이곳에서 놀겠다고 하니 친구는 아주 쾌히 승낙하며 자기와 같이 꽃을 가꿔 보자고 하기에 더욱 감사하게 여기며 화원으로 출근 삼아 놀러가는 것이 소일거리가 되었다.

남을 도와주면서 꽃 가꾸는 것을 배운다는 자부심이 생기고 퇴직 후에 일거리가 없어 따분한 신세를 면하게 되니 중소기업에 취직한 것보다 더 즐거웠다.

바다같이 드넓은 하우스 안은 추운 날씨인데도 온풍기를 틀었기 때문에 여름과 같이 땀이 날 정도였고, 다양한 식물들이 숨 쉬는 곳이라 신선하기 그지없다. 그리고 나도 이 기회에 배워서 화원을 해야겠다고 속으로 다짐했다

하우스 안에서 갖가지 허브식물을 기르며 여러 가지 나무꽃의 순을 잘라 모를 부어 이식에 이르기까지 매우 많은 손이 필요하기 때문에 사람을 사서 손질하는 형편이라서 나도 그 대열에 끼어 화분을 정돈하며 물을 주고 싱싱해지는 꽃을 바라보노라면 하

루해가 언제 가는지 몰랐다.

그러던 어느 날 친구가 중풍으로 쓰러지니 꽃들도 저절로 시들어 피지도 못하고 죽는 현상이 일기 시작했고 친구 없는 하우스는 들여다보기도 싫었다. 식물도 병이 나면 보기 흉하듯이 사람도 병이 들면 움직이지 못해 흉해진다. 친구가 있을 때는 그런 대로 즐거이 보냈으나 이제 친구가 없으니 내 놀이터도 없어지고, 꿈도 깨져 버렸다.

구름이 머물다 간 자리 · 05

구름이 머물다 간 자리

돌개바람이 마을 안을 휩쓸다가 하늘로 올라갔다. 바람이 지나간 자리는 깨끗하게 청소가 되고 그 언저리에는 티끌이 쌓여 온통 수라장이 되었다.

먼 하늘가를 바라보니 구름이 만든 거대한 코끼리가 둥둥 떠가기도 하고, 무지무지하게 큰 거인이 서로 끌어안고 씨름을 하기도 하며, 원숭이가 과자봉지를 들고 도망치는 모습과 공작새가 화려한 날개를 펴는 모습이 있는가 하면, 전통 한복을 입은 사람들이 장구와 북을 치며 춤추는 모양을 만들고 있다.

넓은 하늘 우주공간에서 뭉게구름이 머물다가 간다. 구름은 오묘한 대자연의 신비를 자아내기도 하고 또 한때는 한 점의 하늘 구멍도 남겨 놓지 않은 채 마치 고운 비단이불을 펴듯이 그 넓은 천상天上을 뒤덮기도 한다.

그리고는 오래지 않아서 마치 보자기를 터트린 듯이 하염없이 비가 오는가 하면 쌀가루 같은 눈이 펑펑 퍼붓기도 한다.

날씨의 변화에 따라 사람들의 마음도 변한다. 비 오는 날엔 마음이 저절로 우울해져서 바빴던 일손으로 빈대떡을 부쳐 이웃들과 나눠 먹으며 컬컬한 탁배기에 취하기도 하고, 지붕 처마 끝으로 떨어지는 구슬픈 낙수落水 소리에 졸음을 참지 못하고 낮잠을 자는 일꾼들이 많다.

구름 이름도 가지가지라 먹구름, 비구름, 눈구름, 조개구름, 안개구름, 새털구름, 햇살구름, 소나기구름 등이 있다. 먹구름 하늘 사이로 금빛 햇살이 퍼질 때가 가장 신비스럽다.

소나기구름이 비를 잔뜩 싣고 높은 산봉우리를 감싸 돌다가 자작나무 숲을 후려치면서 세찬 소나기를 퍼붓는다. 갑자기 바가지로 퍼붓다가 그치는 비를 소나기 삼형제라 한다. 바람 불면 부는 대로 하염없이 흘러가면서 세상의 모든 모양을 만들면서 맴돌며 흘러간다.

겨울에 소금 같은 눈이 오면 사람들은 자박자박 걸으면서 즐거워하지만 구름에서 떨어지는 비가 찬 공기로 인해 눈으로 변하는 조화造化를 우리는 무심하게 지나쳐 버린다.

한때 농사를 지었는데 보리를 마당에 깔아놓고 도리깨로 탈곡을 하다가 갑자기 소나기가 퍼부어서 털어놓은 보리가 빗물에 떠내려가서 허둥지둥 황당하기 그지없었다.

그래도 하늘을 미워하지는 않았다. 가을 들판에 곡식을 수확해 쌓아 놓고 비가 올까 걱정되어 밤잠을 자지 못하고 마당에 나와 하늘을 쳐다보곤 했다.

이와 같이 농사는 하늘과 땅이 서로 조화를 이루어야 한다. 소란스럽게 노래하던 매미도 비 올 때는 조용히 느티나무 숲 속에 숨어 있다가 비가 그치고 나면 다시 울지만, 인간은 하루 일기도 제대로 보지 못할 때가 많아 불의의 사고를 당할 수가 있다.

구름은 변화무쌍하게 사람들을 괴롭히기도 하고 가뭄에 비를 보내 통쾌한 기쁨을 자아내기도 한다. 그야말로 지구상에서 가장 필요한 물을 선물한다. 물론 과학적으로는 바닷물이 증발蒸發하여 수증기가 하늘로 올라가 구름이 되어 비를 만들기도 하고 눈

이 되어 내려오기도 하는 것으로 안다. 그러나 과학의 끝머리를 인간의 정서情緖와 부합시켜 본다면 너무도 재미스럽고 문학적 소재가 숨어 있어서 신비스러운 것이다. 구름이 멀리 달아나면 찬란한 태양이 열을 내뿜다가 달이 뜨면 조용히 숨고, 별이 총총하게 매달려 반짝인다.

반면에 사람이 머물다 간 자리에는 어떤 것이 남아 있을까? 인간들도 그 남김을 위해 부단히 노력하며 개개인의 발자취를 세상에 그리며 보람되게 살려고 한다.

자식을 낳아 대를 이으며 명예와 재산을 남겨 놓으려 하고, 잘나나 못나나 배운 자나 못 배운 자나 할 것 없이 모두 제 잘난 멋에 살고들 있는 것이다.

사람보다 못한 동물도 때가 되면 자연히 새끼를 낳아서 기른다. 그리고 식물 역시 꽃을 피워 꿀을 저장해 놓고 벌 나비를 불러들여 교배를 하면 열매가 달리고 번식을 한다.

그리고 같은 유전인자를 가진 보리는 보리, 콩은 콩이 열리며 호랑이는 호랑이를 낳고 사람은 사람을 낳는다. 이 모든 변화는 조물주의 엄청난 조화라고 해야겠다.

구름 그 뒤편에는 신비로운 대우주가 도사리고 있고, 바람이 걷어버리면 드넓은 푸른 하늘이 장엄하게 자리 잡고 있다.

새들도 앉았다 떠날 때는 깃털이 빠지는데, 우리들이 머물렀던 곳에 남은 것이 있다면 돈과 재산이다. 그러나 오래지 않아 없어지고 이름도 세월 속에 묻혀 버리고 말 것이다.

어려서부터 저 구름 위에는 뭐가 있을까 하고 항상 의문을 품고 있었고 그곳이 어떤 곳인지 가보고 싶었다. 그 소원을 성취하여 짜릿하게 하늘을 날았었다. 그것도 낮은 곳이 아니라 아주 높

은 곳에서 말이다. 과학문명이 발달하지 않은 시절에는 사람이 날개를 달고 날아보려 별짓을 다했을 테지만 이제는 편리한 비행기가 날개를 달아준 것이다.

지상에서 제일 높다는 히말라야 산맥을 넘으면서 과학의 힘을 발견했다. 하늘 높이 올라가 지상을 내려다보니 땅을 나 홀로 차지한 듯이 흐뭇했다. 빗속을 뚫고 치솟는 비행기의 위력에 감탄하며 하늘 높이 올라가니 사람 사는 지구는 보이지 않고 널리 깔려 있는 구름바다가 장관이었다.

하늘 위에 올라가니 태양은 쨍쨍하게 빛을 발했고 오직 하늘 속을 날아가는 그 자체가 신비스러웠다. 마치 물고기가 바다 속을 쏜살같이 달려가듯이 비행기는 하늘 속을 꿰뚫으며 날아갔다.

비행기 창밖으로 보이는 구름이 무척 아름다웠다. 목화송이처럼 뭉실뭉실한 구름바다 위를 날아가니 더할 나위 없이 신선이 된 듯싶었다.

높은 산은 잘못이 없는데도 구름으로 얼굴을 가리고 있으며, 하얀 바위는 더러움이 없는데도 빗물로 그 얼굴을 씻어 낸다는 옛 시가 생각난다. 하지만 사람들은 자기 잘못을 덮어두기 위해 갖은 수단을 다 부리며 더러운 발자취를 남기고들 있다.

이슬방울이 풀숲에 구르면 메뚜기와 여치가 신바람이 나는데, 별과 달은 구름 속에 숨어서 간간이 얼굴만 내밀 뿐이다.

긴 장마 속에 세상은 물바다가 되어 수재를 당해 아까운 가전제품과 집을 바다로 보내는가 하면 소중한 인명피해를 당해도 하늘을 원망하지는 않는다.

구름이 괴이한 재주를 부리면 대홍수로 인해 많은 사람들이 수재민水財民이 되어 어려운 생활을 하고, 힘들게 지은 농작물이 유

실流失되어 먹을 것이 없어 고생을 하며, 가족을 잃고 눈물로 세월을 보내야 한다. 겨울이 되어 날씨는 추운데 눈이 많이 와서 비닐하우스가 파괴되고 나무가 쓰러지는 등 설해雪害를 당하기도 하고 교통이 두절되고 통신도 마비되어 생활에 엄청난 불편을 가져올 수도 있다.

구름이 오래 머물러 있으면 햇빛을 차단하여 성장에 장해를 줄 뿐더러 연약한 식물을 만들게 된다. 바람이 역할을 잘해서 구름에 변화를 주어야 만물이 새로운 활기가 생기고 생활에 윤기가 샘솟게 될 것이다.

구름이 머물다 간 자리는 해맑은 창공이 남아 있듯이 인생도 하늘에 구름과 같이 후회 없이 살아야겠다.

구름이 머물다 간 자리 · 06

행복의 비결

세상에 태어나서 건강하게 살면 행복한 것이다. 사람이 사는 데는 여러 가지 방법이 있고 가지각색으로 직업이 다르고 생활이 다르지만 모두가 행복을 누리기 위해 부단히 노력한다. 부자는 돈이 많아 행복할 것이라 생각하겠지만 그 행복 속에도 불행이 잠재되어 있고, 돈이 없는 자도 사람에 따라서 오히려 더 세상을 긍정적으로 보며 웃음으로 세월을 보내는 자는 그 웃음 속에 행복이 있는 것이다.

하지만 어느 정도 재산과 돈이 없으면 괴롭고 고달프며 피곤하다. 곧 이런 것을 불행하다고 하지만 노력의 대가를 얻을 때 행복해지는 것이다. 행복은 멀리 있는 것이 아니고 자기 주변에 있다.

조그만 정원에 한 폭의 꽃을 심고 생생하게 자라나는 싹을 보면서 마음이 행복해진다. 보고 싶은 사람을 오래도록 보지 못하다가 그리운 사람을 만났을 때도 행복감을 느낀다.

이와 같이 가지고 싶은 것을 마음대로 차지할 수 있는 것은 몸이 건강하기 때문이며 돈은 행복과 불행을 만드는 오묘한 존재이다.

어떤 사람은 불행하게도 어머니 배 속에서부터 소아마비로 장애인이 되어 태어나는 사람이 있는가 하면 사고로 인해 불구자가 되어 한평생 고생하는 사람도 있다.

눈이 어두워 앞을 볼 수 없거나 귀는 있으나 들리지 않아 보청

기에 의지하는 사람도 있고 다리가 없어 어렵게 살기도 하며 한평생을 식물인간이 되어 자리에 누워 있는 자도 있다. 이들은 모두가 불행한 삶을 살고 있는 것이다.

하지만 그 불행 속에서도 때로는 즐거움이 있고 명랑하게 생활을 누리는 자도 있다. 몸이 불편해도 오히려 온전한 몸을 가진 사람보다 더 많은 재능을 발휘하는 자도 있다. 그들은 스스로 행복을 만들고 누린다. 그래서 불행 속에서도 행복은 잠재되어 있는 것이다.

반면에 튼튼하고 건강하여 생활을 활기차게 사는 사람은 신체 조건을 생각하지 않고 오직 더 잘살기 위해 남을 속이기도 하고 때로는 주변 사람을 괴롭히기도 하면서 몸을 돌보지 않고 일하다가 남보다 먼저 저세상으로 간다.

인간이 살아가면서 겪어야 할 수많은 행복의 비결에 대해 가슴에 손을 얹고 잠시 생각에 잠긴다.

온전한 사람은 두 눈이 있어서 사물을 볼 수 있으며 귀가 있어서 소리를 듣고 감내할 수 있으며 코가 있어서 냄새와 향기를 맡을 수 있고 입이 있어서 먹고 마시며 말로써 의사표시를 한다.

두 다리가 튼튼하여 마음대로 활보하면서 생활의 활기를 찾을 수 있으며 팔과 손이 있어 물건을 들고 움직일 수 있다. 육체가 완전하고 튼튼하게 다 있는 것은 행복한 것이다. 뇌가 건실하여 생각을 하며 지나간 일을 기억하며 사물을 눈으로 관찰하여 계획을 세워 세상을 살고 있다는 것은 너무나도 행복한 사람이라 하겠다.

이와 같이 몸의 구조를 다 갖추지 못한 사람은 불행하다. 하지만 죽지 않고 살고 있는 것으로도 행복한 줄 알아야 되는데, 세상

만 원망하며 오직 자기만의 이익 추구를 달성하기 위해 걸핏하면 남이 잘되는 것을 시기하며 강도와 강간, 도둑질을 일삼는 자는 대단히 불행한 사람이다.

그런가 하면 자기 몸을 돌볼 여지도 없이 동분서주하며 가족을 위해 열심히 일하는 사람은 흘러가는 세월에 관심도 없이 늘 행복에 빠져 있지만 자기 주제에 맞는 일거리를 찾아보지 않고 늘 빈둥빈둥 노는 사람은 불행 속에서만 살고 있다.

한때 좋은 돌을 찾아서 한강변 자갈밭을 누비고 다녔다. 쉬는 날이면 배낭을 걸머지고 따듯한 햇살 받으며 강변을 뒤적였다.

마치 한가로운 귀족처럼 돌아다니다가 이상하게 생긴 돌 하나를 들고 이리 맞춰 보고 저리 생각하며 마침내는 거북이같이 생겨서 가방에 집어넣으며 작은 행복을 느꼈다.

돌의 모양새가 가치를 말해주는데 어떤 돌은 달팽이같이 생겼고 또 어떤 돌은 부처처럼 생겨서 우아하기도 하다. 그러다가 까만 오석이 모래를 뒤집어쓰고 누워있는 것을 발견하고 파내어 보니 까만 색깔에 하얀 차돌이 대한민국 지도처럼 박혀 있어서 신기했다. 심봤다는 소리가 절로 나왔고 기쁘고 행복했다.

밤나무 아래서 기름진 알밤을 주울 때와 자식들이 옹기종기 몰려와 용돈을 주고 어린 손자들이 고사리 같은 손으로 등을 두들겨 주며 재롱을 부리면 온 가족이 다 행복해진다.

회사에서 높은 사람한테 싫은 소리를 들으며 일해주고 받는 봉급이 가족을 흐뭇하게 만들지만, 쓸 곳이 많아 돈이 모자라면 침울하며 불행해진다. 그래서 행복은 잠시고 불행은 오래 가는 모양이다.

하지만 장애의 불편한 몸이 되어 일하지 못하는 사람이 얼마나

많은가. 건강하여 일할 수 있다는 것은 행복한 것이다.

새벽 등산길에 시각 장애인을 만났다. 그는 하얀 지팡이로 땅바닥을 뚝딱거리며 잘 걸어가면서 빈 깡통을 발길로 걷어차며 허허 웃으며 간다. 앞 못 보는 봉사가 되어 세상이 캄캄해도 갈 곳을 가고자 하는 장애인의 홀로서기 위한 인내력을 보고 감탄만 했지만 그도 나름대로의 행복을 찾고 있을 것이다.

산짐승도 마찬가지로 행복을 찾아다닌다. 산돼지는 칡뿌리 물면 행복할 것이고, 까치는 집을 지으며 새끼를 까면 행복할 것이나 그 집을 다 지을 때까지는 불행하다고 여길 것이다.

사랑하는 사람과 만나서 행복하고 싫은 사람을 만나면 괴롭고 불행하다 할 것이다. 당신의 어머니는 냄새 지독하게 나는 피혁공장에서 가죽 빨래를 하고 당신 아버지는 건축 공사장에서 벽돌 등짐지고 나무계단 휘청휘청 오르며 고된 일을 할 수도 있다.

바로 이런 것이 인간의 삶이지만 생활 속에서 지혜를 만들면 행복해지는 것이다. 21세기의 현실은 빈익빈 부익부의 심화와 막연한 불안감이 도출되어 행복의 꿈을 잡기란 쉽지 않을 것이나, 노력하면서 자기 스스로의 만족함을 쟁취할 때 무한한 행복감을 느낀다. 이것이 바로 행복의 비결이다.

서글픈 인간의 종말

이른 새벽에 요란한 전화벨 소리가 고요한 집안의 적막을 깬다. 잠결에 수화기를 들었으나, 상대방의 힘없는 목소리에 정신을 가다듬어 보니 가장 절친했던 친구가 세상을 떠났다고 한다. 그야말로 청천병력 같은 인간의 종말을 알리는 부고訃告였다.

옛날에는 누구나 사람이 죽으면 부고를 써서 인편으로 선인 부고했으나 세월은 놀고 돌아 이제는 간단하게 전화 한통화로 죽음을 알린다. 참으로 편리한 세상에 살고 있다.

누구나 삶을 마감하는 소식을 들으면 우울해지고 저절로 슬퍼진다. 저 세상으로 떠난 그는 나와 같이 벌거숭이 때부터 같이 자란 친구였을 뿐만 아니라 기쁨과 슬픔을 함께 나누던 사람이며, 성격 또한 유순하여 만인으로부터 칭송을 받던 자였으니 더 애석하였다.

참 좋은 사람이 오늘 새벽에 저승으로 떠났다. 수일 전만 해도 건강한 모습으로 힘차게 걸어 다니며 남에게 좋은 일을 많이 했고, 나와 같이 밤이 늦도록 성자각에 앉아서 세상 이야기하며 놀기도 했었다.

사람이 죽으면 땔감으로 나가는 나무토막만도 못하다. 죽었다 다시 깨어난 사람도 있다고는 하지만 숨이 덜 떨어진 상태에서 깨어나는 것이다.

곧 죽음이란 생각과 감각, 보고 듣고 냄새를 맡으며 먹고 움직이며 말을 하여 자기의 의사를 표현하지 못하며 보기 흉하게 부패된다. 죽으면 살아있는 사람들의 무거운 짐이 되어 땅에 묻히거나 화장하여 가루를 만들어 하늘로 날리기도 하고 수목장을 하는 경우도 있다. 그래도 죽은 자는 불평하지 못하고 아무 말을 할 수 없다.

아무튼 인간들은 예고 없이 터지는 지뢰밭에서 살고 있다. 온갖 사물이 다 폭탄과 같다고 해도 과언은 아닐 것이며 무서운 것은 차량으로부터 시작해서 프로판 가스와 연탄, 그리고 각종 휘발성 기름을 비롯하여 전기와 고층 빌딩에 이르기까지 인간의 생명을 노리고 있는 것이다.

나는 슬퍼하는 유가족을 위로하기 위해 영안실을 찾았다. 분향소 앞에서 통곡하는 여인은 거의 실신 상태였다. 튼튼한 사람이 졸지에 교통사고를 당해 숨을 거둔지라 미망인이 얼마나 놀랬으면 싸늘하게 식은 시체를 끌어안고 뒹굴었겠는가.

나는 죽은 자의 영혼 앞에서 고개 숙여 생각에 잠겼다. 인간의 삶과 죽음 그 갈림길에서 배양하는 산 자들은 나는 아직 건강하다는 듯이 고함소리로 떠들어 댄다.

물론 불교를 믿는 사람은 나름대로 부처님이 모시고 갔으니 왕생극락하고 영생불멸의 세상에서 잘살 것이라며 위로하고 염불을 할 것이고, 예수를 믿는 사람은 복을 받아 하느님 앞에 먼저 가시어 영원불멸의 행복을 누리실거라며 위로할 것이다.

그러나 죽은 자는 말이 없고 산 자들의 머리와 가슴에 슬픔과 외로움만 있어 서글픈 분비물이 흘러 뇌를 자극할 뿐이다.

과거에는 인간이 죽어 흙으로 돌아가기까지 절차가 매우 까다

로웠다. 죽자마자 수세 걷는다며 몸이 굳어지기 전에 팔과 다리를 펴고, 눈을 뜨고 죽은 자는 이제 세상을 생각지 말고 조용히 가시라며 쓰다듬어 감게 하고, 코와 입 그리고 듣지도 말라고 귀까지 약솜으로 막고 칠성판에 올려놓아 둔다.

죽은 자의 적삼을 지붕 위로 던지며 적삼 받아가라고 고함을 지르며 온 마을에 알리고 사주밥을 만들어 문전에 바쳐놓고 신발과 동전을 놔서 사자들이 먹고 신발 신고 여비를 챙겨 가라는 뜻이었다.

그리고 하루가 지나면 염이란 것을 한다. 삼베와 명주감으로 죽음의 옷(수의)을 만들고 시체를 목욕시키듯이 깨끗하게 한 뒤에 손톱 발톱을 꿔아 주머니에 넣고 수의를 제복할 때 일곱 매듭을 하여 칠성을 뜻하면서 번데기처럼 만든다.

그것은 누에처럼 번데기가 되었다가 다시 나비가 되어 환생하는 것 같이 그 어떤 것으로든 다시 태어나게 된다는 뜻으로 번데기처럼 수의 맥을 맺어준다.

그리고 관속에 들어가면 산 자들의 통곡이 자지러지고 관 뚜껑에 못을 박는다. 유가족들의 손에 들려 문지방을 넘을 때 요즈음 총으로 공포 쏘듯이 바가지를 탁 깨고 넘어간다.

상여(영구차)에 실려지고 영결종천 축문이 읽어지면 여러 사람의 무거운 짐이 되어 마지막 길을 떠나고, 지관地官이란 자가 산형에 따라 무슨 혈, 무슨 혈 하며 지남철을 이리저리 돌리면서 땅 파기를 끝내고 나면 마침내 땅속으로 들어가며 인간이 종말을 고한다.

어떤 자식은 치산을 잘하여 각종 석물을 세워 자기들의 삶을 과시하듯이 묘지를 넓고 크게 한다. 모두 산 자들의 욕심이다. 고

래등 같은 봉건에 왕릉같이 묘지를 만들어 자기 삶을 과시하며 죽은 자로부터 더 얻어내려는 마음에서일 뿐이다. 그러나 그렇게 하면 다시 살아난다는 말은 들어보지 못했다. 그러하듯이 한 인간의 죽음은 허망한 것이다. 이제 친구는 산토끼가 놀다가 똥을 싸도 모를 것이고 뻐꾸기가 앞뒷산 오가며 잰 울음을 쳐도 듣지 못할 것이다. 당신이 없어도 여전히 도로에는 자동차가 달려갈 것이고, 두부장수가 소리치며 잠을 깨울 것이다.

죽은 뒤에 영이 없다면 죽음은 억울할 것이며 이것은 조물주의 과제로 보아야 할 것이다.

이 세상을 살면서 돈과 명예 그리고 사랑을 얻기 위해 욕심을 부리다가 잘 안 되면 사리분별 없이 자살하여 죽는다. 많이 가진 자는 많이 잃어버리는 것이며 명예 역시 오래 가지는 못한다. 아무리 높은 자리에 있고 왕을 했어도 그 이름 오래 가질 못하고 역사 속에 남아 있어 공부하는 학생들의 암기거리만 되고 있다. 그렇게 하면 역사 책 속의 한 페이지를 차지할 뿐이고, 사람이 과중한 욕심을 내면 죽음을 부를 뿐이다.

친구가 죽어 들어간 무덤 앞에서 삶의 회의를 느껴 보았다. 인간은 없어져도 흐르는 물은 예나 다름없이 흘러갈 것이고, 봄에 새싹이 올라오면 꽃이 피어 벌 나비를 불러들여 화려하게 지나다 보면 여름에 열매 맺어 가을에 익는 과일도 씨를 퍼트리기 위해 노력한다. 우리 인간도 자연의 과정과 똑같다.

하늘은 무심하게 구름만 떠내 보내고 인간 삶의 소용돌이는 빗발치듯 하다가 억울하다는 죽음으로 변할 것이고 아무도 대리해 주지 않을 것이다.

해는 어느새 산을 넘어가고 상주는 영전을 앞세워 대나무 지팡

이 뚝딱거리며 집으로 가고, 실신한 미망인은 남편을 땅속에 묻어 아픈 가슴을 참고 살면서 그래도 살아있는 자는 먹어야 한다고 맛있는 것을 골라 먹을 것이다.

믿음직한 친구는 유가족에게 슬픔만 남겨둔 채 저 세상으로 훨훨 가버리고 빈 상여만 산모퉁이를 돌아가고 있었다.

구름이 머물다 간 자리 · 08

위내시경 검사

바람이 선들선들 부는데 내 가슴은 답답하다. 큰 병 없이 비교적 건강했는데 요즘 들어서 밥만 먹으면 속이 더부룩하고 시원하게 잘 내려가질 않아서 소화제를 대놓고 먹는다. 그런데다가 온몸이 가렵고 긁어도 시원하지 않기 때문에 영 불편해서 살 수가 없을뿐더러 손바닥이며 발등까지 붉은 반점이 생겨서 겁이 나기 시작했다.

남들이 이야기하기를 암은 소화만 잘 안 되지 아프지는 않다고 하니 더욱 의심이 나서 견딜 수가 없었다. 그래서 병원을 찾아가 위내시경 검사 좀 해달라고 하니 병원에서는 밥을 굶었느냐고 물었다. 나도 그만한 상식은 있었기에 아침밥도 먹지 않고 물도 먹지 않았기에 다행이었다.

내시경 검사실로 안내되어 검사대 위에 반듯이 누워 천장을 쳐다보며 하느님이시든 부처님이시든 도와달라고 마음속으로 빌었다. 얼마동안 시간이 흐른 뒤에 간호사가 문을 펄컥 열고 들어왔다. 그리고는 심전도 검사를 한다며 팔다리를 집게로 집고 가슴에 진단대를 부착하고 기계를 작동시키며 숨을 제대로 쉬라고 하기에 그대로 따라했다.

사람이 사노라면 불행을 겪은 것은 남아 있지만 행복했던 순간은 기억에 잘 안 남는다. 잠이 들려고 하는데 간호사는 부착한 모

든 줄을 풀어 주며 심장은 정상적으로 잘 뛰며 좋다고 했다. 아직은 그렇게 많이 노화된 신체도 아니고 하니 심장이야 좋으리라고 생각하고 있었다.

옛날에는 인생 60에 고려장한다고 했지만 이제는 육십은 젊은 층에 속해야 마땅하다. 물론 100살 넘은 사람도 있지만 손으로 꼽을 정도이고 90 이상은 상당히 많이 살고 있으며 80 넘어도 일을 놓지 않고 부지런을 떠는 사람도 많다.

뿐만 아니라 60에서 80십 사이는 화려한 시절이라고 해서 마음껏 놀고 배우며 인간들 속에서 활발하게 생활하며 나 보란 듯이 살아가고들 있다.

사림이 어느 나이 때 많이 죽는다는 통계는 아직 없지만 아무리 팔팔한 늙은이라 하더라도 79~89세 사이에는 70% 이상이 저 세상으로 가는 것으로 판단된다. 그 밖의 사람은 특별한 유전인자를 받아서 건강 체질의 사람으로 보면 되겠다.

누워서 얼마간 있는데 의사가 들어와서는 "잠자는 것으로 해드릴까요, 일반으로 할까요?" 질문을 하기에 그냥 일반으로 합시다 하니 바로 입에 재갈 비슷한 것을 물리고 내시경 준비를 하여 앞에 불을 단 줄을 들고 목구멍 안으로 집어넣는다.

불이 확 눈에 뜨이는 순간 목이 꿀꺽 하면서 요동을 치기에 염치불구하고 억 하는 소리가 저절로 나왔다. 의사는 어깨에 힘을 주지 말고 잠깐만 참으라고 하지만 고통을 도저히 이겨낼 수가 없었다.

인간들이 모두가 다 이런 고통을 참으며 내시경 검사를 했을 것이다. 해본 사람은 다 그런 고통을 겪었을 터인데 나라고 소소한 고통을 못 참겠는가 싶어 참으려 했지만 체질적으로 인해 저

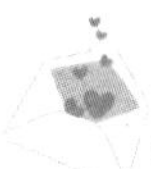

절로 구역질이 올라옴을 어찌하랴?

의사는 모든 나의 추태를 다 받아들이고 나서야 줄을 밥통에서 빼내며 "수고했습니다"라고 했다. 수면 내시경을 하지 않은 것을 후회했지만 그래도 그 고통을 포기하지 않고 끝까지 견디어 내니 홀가분하고 대견한 마음이 들었다.

죽을 때는 그보다 더 큰 고통을 참아내야 하고 아픔을 모를 때 목숨이 끊어지는 것이 아니겠는가 싶다. 그러면서도 한편으로는 되도록 자식들이나 아내에게까지 내 고통을 나누면 안 될 것이라 생각한다. 그래서 나는 죽음이 임박했을 때 나에 대한 후손들의 처분을 선언으로 남기려 한다.

첫째, 내 병이 현대의학으로 완치될 수 없고 곧 죽음이 임박했다고 한다면 죽음의 시간을 연장시키는 행위는 하지 마라.

둘째, 다만 그런 경우 고통과 아픔을 완화시키는 행위는 최대한 해주길 바란다. 예를 들어 마약 등의 투약으로 죽음을 일찍 맞는다 해도 상관없다.

셋째, 내가 식물인간이 되어 수개월 동안 일어나지 못한다면 생명을 인위적으로 유지시키지 마라.

한참을 대기실에서 대기하는데 이름을 불러 진찰실로 들어가면서도 '만약 암이라면 어떻게 하나' 하며 아찔아찔함을 느꼈다.

마침내 의사 앞에 앉아 결과를 기다리는데 그 순간이 불과 몇 초지만 왜 그렇게도 초조감이 드는지. '만약 암이라면 바른 대로 의사가 나에게 암이라고 말해줄까?'

보호자라도 같이 따라왔다면 보호자를 불러 말해줄 것이지만

나 홀로 대담하게 병원을 찾은 것이다. 언제나 그러했지만 아내가 아플 때는 반드시 내가 인솔하여 진료를 받도록 하고 결과를 내가 먼저 알았지만 내가 아프면 아내는 마음이 약해서 병원이 무섭다고 같이 따라오지 않았다.

드디어 의사는 말문을 열어 "암은 없습니다"라고 했다. 다만 과거에 아픈 자리인 십이지장에 이상이 생겨서 먹은 밥이 내려가지 않고 그대로 쌓여 있어 늘 배가 그득하다는 것이며 위산이 목까지 찼다고 했다. 어쨌든 암은 아니라니까 고마웠고 병은 있지만 천만다행이라고 생각했다.

구름이 머물다 간 자리 · 09

물과 불의 위력偉力

사람이 살아가는 데 있어 물과 불은 끊을 수 없는 인연을 맺고 있다. 그래서 물과 불은 원수라고 하지 않는다. 인체에 물이 없으면 바로 죽는다. 마찬가지로 불도 없으면 일상생활을 누릴 수 없으며 불은 일정한 틀 안에 있어야 제구실을 할 수 있다. 하지만 그 범위를 벗어나면 엄청난 화재로 재난을 당하기 때문에 항상 주의해야 하고 잠시라도 불을 방심하면 큰 불행을 겪어야 한다.

그런 불을 만들기 위해 구석기 시대에는 풀잎을 말려 부수고 야문 돌로 쳐서 불을 만들었다. 그것을 부싯돌이라 했고 나무와 나무를 심하게 마찰하여 불을 피우기도 했으며 옛날에는 씨불이라고 해서 화로에 불을 꺼트리면 난감했었다. 이사를 갈 때는 반드시 불을 먼저 가지고 가야 했고 늘 성냥을 준비하고 다녔으나 오늘날에는 성냥도 없어졌다.

아무리 큰 화재를 당했어도 불을 피워 음식을 해야 하고 물을 먹어야 산다. 불로 겨울에 온돌방을 따뜻하게 만들며 물로 밥을 지어 인간의 건강을 유지시키는 위력을 가지고 있다.

어두운 밤에 잠시라도 불이 없으면 살 수가 없고 전기제품 모두가 불의 원리에 의해 작동하는 것으로서 인간의 주변을 맴돌고 있다.

물 또한 마찬가지다. 여름에 큰 장마로 인해 뜻하지 않게 산이

무너져서 흙속에 사람을 비롯한 재물이 파손되는 손해를 보고 해일로 인해 엄청난 수해水害를 당해서 귀중한 생명을 빼앗아가고 건물은 물론 농토가 유실되며 농사는 엉망이 되어 먹을 것이 없게 만들어 놔도 물이 원수라는 말하지 않는다. 바로 이런 것을 천재지변天災地變이라고 했다.

대홍수로 인해 재산과 인명피해를 주고도 강물은 말없이 유유히 흘러가면서 다시는 돌아오지 않는다. 하지만 사람들은 또다시 물로 밥을 만들고 손과 발, 몸을 씻으며 갈증을 해소해야만 한다. 짐승도 마찬가지로 물을 먹지 못하면 죽음을 면치 못할 것이다. 불과 물은 지나치면 손해를 보지만 적당할 땐 가장 고마운 존재로서 반드시 있어야 생명을 보호하는 주체主體가 된다.

나무와 탄은 불의 원료가 되지만 화재가 나면 무엇이든 안 타는 것이 없다. 나무가 아궁이에서 탁탁 타는 소리는 무척 한가롭지만 연탄은 불이 붙어 피어오르면 포근하고 아늑한 행복감에 젖어드는 것이 우리 인간들의 마음이다.

검고 무거운 연탄에 불이 붙을 때까지는 장작개비나 번개탄으로 밑불을 피우며 정성으로 달래야 비로소 불이 붙어 붉은 연탄이 되어 음식을 끓이든가 방을 따듯하게 만든다. 그러나 다 타고 나면 하얀 탄이 되어 가볍게 쓰레기장으로 간다.

눈바람 몰아치는 추운 겨울에 탄 한 장을 새끼줄에 끼워 대롱대롱 들고 자취방으로 와서 싸늘하게 꺼진 연탄을 보면 쓸쓸했다. 그러나 번개탄으로 다시 살려낼 때 숨 막히는 가스냄새가 아직도 코를 찌르는 듯하다.

한편 색깔이 검으면 천내받을 확률이 높다. 과거에 미국에서는 백인이 흑인을 멸시하는 인종차별이 대단했을 뿐만 아니라 얼굴

이 연탄처럼 검다는 이유 하나만으로 엄청난 차별대우를 했으며 백인은 곳대를 세워 흑인을 마구 구타하면서 짐승 다루듯이 일을 시켜도 흑인은 설움을 참으며 백인이 명령하는 대로 노예생활을 했다.

그러나 비록 검을지라도 그 자체는 소박하고 검소하며 집중력이 강하며 무언無言 중에도 단결력이 있다. 검은색은 흡수력이 강해서 배합이 잘되고 배려하는 마음이 있으며 진취력進就力이 있는 반면에 일단 열이 오르면 무거운 쇠붙이도 슬슬 놓이는 열정이 있다. 타는 연탄이야말로 정열적이다.

검은 탄은 별 냄새가 없어도 붉은 탄으로 변하면서 지독한 가스가 나오기 때문에 아무도 근접할 수 없도록 방사진을 친다.

연탄가스로 인해 지워지지 않는 일이 있었다. 한참 젊은 시절 모 회사에서 사원모집이 있어서 이곳에 원서를 내고 시험을 보기 위해 회사 근처의 여인숙에 투숙하게 되었다.

푹 자고 시험에 임해야겠다 싶어 일찍 잠자리에 들었다. 그런데 한참을 자고 일어나려 하니 어지러워서 몸을 가누기가 힘들었다. 억지로 참고 화장실까지는 갔으나 그만 화장실 시멘트 바닥에 코를 박고 넘어지고 말았다.

얼마 후 정신을 차렸으나 여인숙 주인을 원망하지 않았으며 주인이 퍼다 주는 동치미 국물만 한 대접 먹고 견디었다. 온통 얼굴이 까져서 말이 아니었지만 그 꼴로 필기시험을 보고 면접시험을 보게 되었다. 면접장에서 시험관이 웃으면서 "어젯밤에 술을 과하게 드셨군요?" 하면서 주량을 물어서 사실을 이야기했으나 보기 좋게 낙방을 했다.

사실 연탄불로 인해 그때 사망했을지도 모른다. 그 시절에는

아궁이 속으로 밀어넣는 연탄 부엌이기 때문에 방바닥에 틈만 있으면 가스가 새어 올라왔다.

이와 같이 연탄은 위험한 존재임에도 땔감으로 한몫을 했고 없으면 아쉽고 소중한 물건이었다. 그러나 현실 사회는 나무와 탄의 시대가 지나가고 새로운 에너지원이 공급되어 가스와 전기가 생활의 주된 몫이 되어 끊임없이 풍부하게 사용할 수 있으며 더욱 고급화되어 깨끗하고 편리한 문화를 누리고 있다. 물 또한 마찬가지다. 상수도원에서 깨끗하게 정수하여 각 가정으로 보내줌으로써 아주 편리하게 사용하고 있다.

이제는 수돗물과 전기가 없으면 잠시도 살기 어려운 시대가 됨으로써 삶의 질이 고도화되고 있다. 이 얼마나 행복한 사회에 살고 있는가? 과거에는 나무가 유일한 땔감이었기 때문에 마을 주변 산은 흙과 바위만 남아 있어서 조금만 비가 와도 홍수가 나서 피해를 당하는 일이 빈번했으나 국가의 재정이 빈약하여 복구는 할 수 없었고 지원요청도 들어주지 않았다.

그리 멀지 않은 과거에도 연탄으로 온돌을 뜨겁게 할 줄 몰랐고, 고작 연구한 것이 아궁이를 작게 만들어서 화목이 많이 들지 않도록 하라는 시책만 있었다.

차차 연탄의 활용도가 개발되고 시골까지 공급됨으로써 산은 푸르기 시작했고 오늘날 울창한 숲을 이루게 된 것이다.

전기와 가스가 한동안 득세를 하더니 에너지원의 고가高價로 인해 득과 실을 따지는 업소에서는 연탄난로가 다시 등장하고 영세민 골목엔 탄재가 쌓여지고 있다.

이것은 사회 경제가 어렵다는 증거이다. 정부는 서민경제를 위해 더 구상하고 연구하여 보급하는 정책을 펼쳐야 할 것이다.

구름이 머물다 간 자리 · 10

메주

"비로봉에 소나기 넘어온다. 장항아리 덮어라."

할머니의 목소리가 아직도 귀에 쟁쟁하게 남아 있어서 그리운 향수가 뇌리를 뒤흔든다. 산돼지가 진을 치고 독수리가 망 보는 정겨운 시골이지만 젊은 사람은 모두 공장이나 회사에 취직을 하여 도시로 가고 늙은이들만 남아 어렵고 힘든 농사일을 한다.

봄에 콩을 심어 여름에 땀 흘려 일하면서 풋콩에 북을 주고 잡초를 뽑아내며 가꾸면 가을에 주렁주렁 콩이 열리고 푸짐한 수확을 본다. 콩은 자연적으로 뿌리에 비료공장이 있어서 별도로 금비를 주지 않아도 잘 된다. 다만 퇴비를 하고 손질을 잘 해주어야 콩이 많이 달린다. 이와 같이 밭에서 나는 고기가 바로 콩이다.

노인들은 옛날 방식대로 장을 담가 양지바른 장독대에 보관해 놓고 보통 2~3년 묵힐 작정을 한다. 그래야 제맛이 나기 때문이다. 그러나 며느리와 딸들이 퍼가기 때문에 묵힐 새가 없지만 그런 대로 주는 재미도 쏠쏠하다.

공장에서 대량으로 만드는 된장이나 소위 말하는 외간장은 그 맛이 개운치가 않다며 부모가 만든 된장이나 간장을 선호하므로 어머니는 자식들에게 주기 위해 장을 많이 담근다.

부모를 뵈려고 오는 사람도 있겠지만 겸사겸사 와서 된장, 고추장, 마늘 등등의 반찬거리를 얻어 가며 흐뭇해한다. 그래서 어

머니는 더욱 맛깔나게 장을 만든다.

꾀꼬리 우는 봄부터 가을 기러기가 올 때까지 콩밭을 가꾸는 늙은이들은 힘든 줄도 모르고 자식들에게 주는 재미로 산다.

무더운 여름에 매미도 옷을 훌훌 벗어 나뭇가지에 걸어놓고 신명나게 노래하지만 노인들은 쉴 새도 없이 콩밭에서 산다.

농촌 농민들은 가을 결실을 보기 위해 구슬땀을 흙에 뿌리며 아픈 허리를 견디면서 농사의 전 책임을 지고 있다.

가을 서리밭에서 거둔 콩을 타작하면 수확의 즐거움에 흠뻑 빠지고, 알알이 포대 포대에 담겨 비었던 광을 채우면 흐뭇한 마음이 든다. 그리고는 콩으로 두부도 하고 콩국수도 만들어 먹고 콩나물도 길러서 국을 끓이면 해장국이 되어 숙취에도 도움이 되며 담북장의 구수한 맛에 반하기도 한다.

콩이 가마솥에서 무르익으면 옹기그릇에 담고 짚을 콩 속에 넣어 따듯한 안방에 보관해 놓으면 숙성이 잘되어 끈적끈적한 진이 나온다. 이것이 담북장이다. 절구통에 살짝 찧어 두부 썰어 넣고 양념하여 뽀글뽀글 끓이면 맛있는 청국장이 된다.

이밖에도 별별 음식을 다 만들어 먹지만 그 중에서도 한 가정의 음식맛을 좌우하는 장맛의 근본이 되는 메주 쑤는 일은 큰 행사가 되고 있다. 메주는 좋은 콩을 만나야 한다.

좋은 콩을 구입하려고 재래시장을 갔는데 마침 시골에서 가져왔다며 새해 콩이라고 하면서 콩 포대를 손으로 휘저었는데 알이 굵고 또릿또릿하기에 두 말도 하지 않고 얼른 샀다.

그리고 메주를 끓이고 보니 좋기는커녕 끈기도 없고 푸실푸실했다. 그리고 메주를 말리려고 베란다에 걸어놨는데 생각지도 않은 좀이 먹었다. 그래서 메주를 버리고 다시 끓인 적이 있다.

알고 보니 바로 그 콩이 외국에서 들어온 콩이었다. 시골 사람처럼 분장한 장사꾼이 속여 콩을 팔아먹은 것이다. 뿐만 아니라 시골 관광지에서는 수입콩을 마당에 쏟아놓고 그 위에서 콩타작을 한단다. 그러면 지나가다 보고 타작마당에서 속지 않고 직거래를 했다고 장담하니 도대체 누굴 믿고 농산물을 사서 먹을 것인지 참으로 인심 험악한 세상이다.

그렇지만 양심 있는 농민은 쭉정이나 잡티를 제거하며 썩은 콩을 골라내고 깨끗하게 손질하여 시장에 가지고 오는 농민도 있다. 잘 여문 것을 따로 골라서 깨끗하게 씻은 콩을 커다란 가마솥에 붓고 장작불을 지피면 탁탁 타는 소리가 한가롭게 퍼지고 불앞에 앉은 누렁개도 눈만 깜박이다가는 결국 기다림을 참지 못하고 코 잠을 잔다.

가마솥에 푹 익은 콩을 그대로 두고 열두 시간 지나고 나면 빨갛게 물러 먹음직스럽다. 콩물을 짜내고 절구통에 담아 쿵쿵 찧어 나무통에 담아 발로 꾹꾹 다져서 네모 또는 둥글게 만들어 짚으로 동여매서 지붕 처마 끝에 달아둔다. 그러면 장의 원료가 되는 메주가 되고 장맛이 좋아지는 것이다.

메주는 햇빛과 바람에 잘 말려야 반찬의 근원이 되는 장과 장물이 되며, 오래 묵을수록 항암성분이 많다고 한다. 이것이 우리들의 건강을 유지해 준다. 동양인에게는 없어서는 안 되는 반찬원료로서 옛 선조들이 얼마나 메주에 대하여 연구했는가를 말해준다.

그러나 못난 사람을 보고 메주라고 부르기도 하지만 메주를 아주 귀하게 여기면서 장을 담글 때는 말날이 좋은 날이라고 해서 그날을 받아서 메주를 담그기도 한다.

메주를 담그기 전에 소금을 푸는데 달걀이 물 위로 동전만큼 보이도록 풀어 담그고 숯과 대추 그리고 고추와 참깨를 같이 넣는다. 옻이 안 타는 집안에서는 옻나무와 엄나무를 넣기도 한다.

그리고 부정 타지 말라고 왼 새끼를 꽈서 항아리 주둥이에 동여매고 매운 고추를 매달며 정화수를 떠다놓고 절을 하며 정성을 다하는 토속 풍습이 지금까지도 전해지고 있다.

과학문명이 극도로 발전한 현재도 장맛이 좋으면 그 집안이 잘 될 것이고 장맛이 떫고 쓰거나 하면 그 집안은 잘 안될 것이라 하며 장맛으로 점을 치기도 했다.

서양인들은 장 냄새가 나면 질색을 하고 피하지만 동양인은 장이 음식맛을 좌지우지할 정도로 귀중한 반찬거리다. 보릿고개에도 장이 없으면 살 수 없을 정도였으며 나물도 장과 같이 버무려야 맛이 나고 해물은 물론이고 고기찌개류도 장과 같이 끓여야 제맛이 난다.

이와 같이 장은 모든 음식의 맛을 내주는 역할을 한다. 메주는 사람의 건강과 밀접한 관계를 맺고 있으며 부식 원료로서 귀중한 보물이다.

벌초

매년 추석이 임박하게 되면 묘소에 벌초伐草를 하느라고 바쁘다. 처서處暑가 지나고 가을이 오니 무딘 낫을 갈아서 각자 자기 조상의 묘소를 찾아간다. 그때는 천리도 멀지 않고 고속도로가 막혀도 말없이 참고 기다린다. 고생 끝에 묘소를 찾아가서 성묘와 벌초를 하며 가족들의 건강과 하는 일이 잘되기를 마음속으로 빌고 돌아온다.

젊고 많이 배워 좋은 직장에 있는 사람일수록 더 벌초를 하지 못하는 경향이 많다. 왜냐하면 시간이 없어서가 아니라 평생을 낫질 한번 하지 않고 손으로 흙 한번 만져 보지 못한 자손들이 많기 때문에 벌초를 할 엄두를 못 내는 사람이 많다는 것이다.

물론 다 그러하다는 것은 아니다. 바야흐로 세대는 돌고 돌아서 사람이 죽으면 90% 이상이 화장을 해서 납골당에 안치하지 않으면 수목장을 하든가 그것도 여의치 못하면 물에 버리지 않으면 공중으로 연기처럼 날리거나 산에 뿌리기 때문에 새로 쓰는 묘지는 그리 흔하지 않다.

이와 같이 인생의 종말은 흔적 없는 뜬구름이요, 물거품 꺼지듯이 없어져서 허무한 것이다.

과학의 문명이 극도로 발달했기 때문에 죽은 자의 영혼은 물론이고 혼백도 없다고 생각하는 사람이 많다.

죽어 시체가 되면 썩어 없어지고 아무런 쓸모가 없다. 그것은 당연한 이치인데도 커다란 행사로만 여기며 부모가 죽어도 슬픔보다 무서움이 더 교차되어 삭막한 세상이 되고 있는 것이다.

부모의 묘소라도 있다면 찾아가서 성묘도 하며 사랑 받았던 과거를 뉘우치면서 차분한 마음을 가지고 이웃을 사랑하게 되고 남을 배려할 줄 알게 된다.

부모의 시신을 재로 만들어 뿌리고 나면 찾아갈 곳이 없다. 죽은 자는 말이 없고 억울함을 하소연할 수도 없다.

이 사실은 높은 자리에 있던 자나 재벌가도 세상에 나왔다가 한 번은 꼭 죽게 되고 그 이름마저도 없어지면서 결국은 역사의 뒤안길로 물러나세 되는 것이나.

당신 죽어 없어져도 고속도로 자동차는 쌩쌩 달려갈 것이고 두부장수는 여전히 소리치며 골목을 누빌 것이다.

내 부모 묘지는 비석 하나 없이 초라하기 그지없다. 그러나 주변에 알지 못하는 묘지는 대궐처럼 넓고 망부석과 비석을 세워서 그 자손들이 경제적 우월감을 과시하던 묘가 근자에는 벌초하는 사람이 없어 우거진 숲 속에 망부석과 비석만 우뚝 서 있어서 보기에 좋지 않다.

옛말에도 묘지가 명당이면 솔밭이 된다고 했듯이 그 자손들이 너무 많이 배워 좋은 자리에 있지 않나 싶다. 물론 다 그렇다는 것은 아니지만 지금 세태가 그렇게 흘러가고 있는 듯하다.

자손들이 묘지를 돌보지 않아서 비석이 풀 속에 숨어 있어서 남이 보기에도 좋지 않기 때문에 석물은 세우지 않는 것이 바람직하다고 생각한다.

TV 채널을 돌리다가 깜짝 놀란 일이 있다. 자식이 부모를 살해

하고 시치미를 떼며 도망치는 자가 있는가 하면 건장한 자식이 엄연히 있는데도 돌보지 않아 정부에서 세금으로 먹여 살리는 독거노인들이 많다. 그러니 홀로 살다가 혼자 죽어도 아무도 알지 못하고 이웃에서 시체 썩는 냄새가 나기 때문에 발견했다는 뉴스였다.

동민들이 자식의 주소를 추적하여 사망소식을 전하니 자기는 가지 않겠다고 하며, 마치 강 건너 불 보듯이 전화 건 사람에게 처분대로 하라고 했다니, 아무리 충효사상이 땅에 떨어졌다 해도 이럴 수가 있겠는가 싶다.

뿐만 아니라 자살하는 늙은이가 얼마나 많은가? 하는 수 없이 관계기관에서는 무연고 처리를 했다고 한다.

정부에서 운영하는 공원묘지 납골당에는 이런 무연고 자들의 뼈를 모셔 놓은 것이 많다는 뉴스를 보았다.

아! 참혹한 세상이 되었구나 하며 한숨을 쉬지 않을 수 없었다.

시대의 변천에 따라 벌초하는 방법도 달라지고 있다. 수년 전만 해도 온 친척들이 한곳에 다 모여 밥을 해 먹어 가면서 벌초를 했고, 모인 사람이 많아 묘지에 가득하면 그 집안은 대단히 번창한 집안이라고 했다. 그런 집안은 남들이 감히 얕보지 못했고 부러워했다.

그러나 지금은 제각각 자기 조상 묘지만 벌초하는 경향이 많아 족벌체계도 무너진 지 오래다. 뿐만 아니라 과거처럼 낫을 들고 풀을 베는 일은 별로 없고 거의 제초기를 사용하기 때문에 쉬울 뿐만 아니라 더 깨끗하게 묘지를 만들어 놓는다. 하지만 제초기는 위험할 뿐더러 기계소리가 대단하여 산천이 떠나갈 듯이 왕왕거리니 귀신이 있다면 놀라서 도망갔을 것이다.

이 모든 일련의 행사는 산 사람들의 마음이며 벌초를 함으로써 마음도 개운해진다. 사실 이런 일 저런 일 상관없이 조상의 묘소를 벌초하지 않는다면 짐승과 다를 바 없다고 본다.

이웃나라 대만은 묘지를 한 부락처럼 만들어 놨다. 적은 건물을 아름답게 건축하여 집단화했다. 우리나라는 공동묘지에 작은 건물 하나 없이 올망졸망한 봉우리 잔디밭으로서 작은 표석이 고작이다. 하지만 대만은 수시로 별장처럼 들락거리며 산 사람 대하듯이 한다니 우리와는 대조적이다.

홀로 벌초를 하려고 산소를 찾았지만 아버지 어머니는 '너 왔느냐'란 말이 없고 시원한 산바람이 가슴을 파고드는데, 소쩍새만 서글프게 울뿐이었다.

벌조는 한 가속의 연중행사로서 그때마다 일가친척들이 모여서 담소도 하고 친족 간에 우애를 더욱 돈독히 하는 기회가 됐으면 좋겠다.

인간관리

기업경영의 성패는 인간관리人間管理가 좌우한다. 대기업이나 중소기업이건 간에 회장부터 말단 직원에 이르기까지 위계질서가 원만하고 상경 우애하는 마음으로 서로가 도움을 주고 정을 베풀면 어려운 역경도 슬기롭게 버텨 나가게 될 것이다.

그러나 기업의 성공을 위해 투철한 사명감을 가지고 자기 직장을 위하는 마음 없이는 발전할 수 없으며, 관리자나 관리를 당하는 자들이 서로 믿고 단결하여 열심히 일하지 않으면 기업은 망하고 직원들도 일자리를 잃게 될 것이다.

집에서 키우는 짐승도 마찬가지다. 관리를 잘 하지 않으면 뜻대로 부려먹을 수 없을뿐더러 보살펴주는 척도에 따라서 오래 또는 짧게 살 수도 있다. 그래서 사람이 사람을 다루는 것을 '관리한다'고 하고, 짐승은 '길들인다'고 한다.

짐승들은 관리를 잘 하지 못하면 사람의 말을 알지 못하고 재주도 부리지 못하는 하나의 똥개나 돼지처럼 마침내는 인간들의 먹거리가 되고 만다. 하지만 관리만 잘한다면 우둔한 소도 사람의 말을 알아듣고 밭갈이도 하고 우마차도 끌고 다닌다.

말은 사람을 등에 태우고 다니는 재주를 가지고 있고, 더욱이 말 잘 듣는 진돗개 같은 것은 관리자의 말을 다 알아듣고 시키는대로 척척 해내기도 한다.

기업도 인간관리를 잘하면 생산성을 높일 수 있지만 관리를 잘못하면 생산은 고사하고 퇴보할 수밖에 없다. 부려먹는 사람일수록 하부조직을 구슬리면서 교육을 잘 해두어야 소기의 목적을 달성할 수 있다. 이는 하나의 과학적 인술이라고 생각할 수 있다.

짐승은 오랜 훈련을 시키며 맛 좋은 먹이를 가지고 잘하면 주고 잘못하면 주지 않음으로써 어리석은 두뇌로도 이를 감내하고 잘 따르게 된다. 사람도 마찬가지다. 흡족한 보수와 더불어 일을 즐겁게 생각하도록 하면 관리는 더욱 쉬워지고 잘 따르게 될 것이다. 하지만 사람을 짐승에 비유해서는 안 된다.

먹이를 위해 따르는 짐승보다 이를 관리하는 사람이 더 힘들지만 오랜 세월 동안 훈련을 해야 말을 듣는다.

우둔한 짐승은 마음대로 부려먹을 수 있고 때에 따라서는 마구 채찍질을 하며 관리할 수 있지만, 만물의 영장인 인간에게는 그러면 안 된다. 인간을 짐승같이 훈련하여 꼭두각시처럼 만든다는 것은 공산 독재정치에서나 있을 법한 일이지만 적어도 민주주의 국가에서는 획일적으로 인간을 관리할 수 없다.

사람을 물건이나 짐승 다루듯이 한다고 기업이 잘 돌아가는 것은 아니며 오히려 그렇게 사람을 다루다가는 파산할 수밖에 없다. 사람의 마음은 천 층 만 층이며, 각자 제일이라는 우월감을 가지고 있고, 개성이 다 다르므로 관리자 마음대로 다룰 수 없는 것이다. 자유와 인권이 존중되는 사회에서의 인간관리란 더욱 어려운 것이며 정신을 통일하기란 더더욱 어려운 것이다

일개 기업의 관리자가 아무리 직원들의 후생복지에 심혈을 기울인다고 해도 개중에는 불만과 불평이 있어서 무리를 모아 법으로 사실화하면서 각종 시위도구를 들고 고지대에 올라가 자살을

시도하려는 위협을 주며 밤에는 촛불시위를 하면서 군중화 한다.

그것이 정치적이건 개인들의 욕구이건 간에 신바람 나게 시위에 가담하여 불만을 토해낸다. 그들의 행위가 정당하건 정당하지 않건 간에 상관이 없고 오직 욕구충족을 위한 수단이기도 하지만 시위를 업으로 하는 무리도 있다고 한다.

정치적 시위자들은 밤낮으로 시위만 해도 먹고 산다. 참으로 요상한 세상이다. 그들을 지휘하는 자들은 물적인 뒷받침을 하면서 뒷전에서 팔짱 끼고 바라보는 것이 아닌가 싶다.

어려운 사람을 도와주고자 하는 행위에 대해서는 동참하기 어려워도 사회적으로 물의를 일으키는 악한 일에는 동참을 잘한다.

세상을 살아가자면 크고 작은 악에 부딪치면서 또 그 악을 이겨나가려고 하는데, 그중에도 가장 사악邪惡한 것은 거짓말이다.

그런데 정직한 말이 어떨 때는 원수가 될 때도 있다. 6.25전쟁 당시 내 살던 곳도 북한군이 점령하여 공산 치안대들이 득세를 하고 돌아다니며 반동분자 색출에 혈안이 되어 있었다.

그 무렵 경찰을 하다가 미처 후퇴하지 못하고 자기 집 부엌 바닥을 파서 피신하고 있었는데, 경찰 가족이라서 반동분자의 집이라 했다. 그래서 수없이 수색을 당했으나 들키지 않고 잘 넘어갔다. 그런데 하루는 보안소 사람들이 와서 그의 처에게 당신 남편 어디 있느냐고 다그쳤으나, 그의 처는 집 나간 지 오래되고 소식도 모른다고 거짓말을 했다. 그런데 느닷없이 천진난만한 어린 딸이 순진하게도 우리 아버지 부엌에 있다고 말해서 잡아다가 총살한 사실이 있다.

거짓말로 사태를 모면하려 했으나 바른 말을 한 어린것 때문에 한 사람이 죽었다. 이것은 딸의 잘못이라기보다는 아이를 관리하

는 엄마의 탓이 아닌가 싶다. 미리 어린 딸에게 교육을 잘했다면 아이가 바른 말을 했을까 싶다.

거짓말이 선이 되고 바른 말이 악이 되는 경우가 왕왕 있다. 인간세상은 자기들만의 욕구를 충족시키기 위해 부단히 노력을 한다. 그리고 못 가진 자는 가진 자를 시기하며 더 달라고 아우성을 친다. 머리에 붉은 띠를 매고 단체로 모여 휴업을 하며 기물을 파괴하면서 기업주를 향해 반항을 하는 것이다. 민주주의 국가에서는 이것이 상설화되어 인정해 주고 또 그렇게 해야만 자기들의 요망사항이 해결되기 때문이다.

그러나 공산주의 세상에서는 어림도 없는 짓들이다. 인간개조人間改造란 말은 공산주의 국가에서 일어났던 일이다. 사람을 기계적으로 만들겠다는 하나의 슬로건으로 북한의 천리마 운동이란 것도 이것에 비유할 수가 있다.

획일적인 인간을 만들기 위해서는 인조두뇌人造頭腦를 만들어서 로봇 장치를 하는 것밖엔 없다. 요즘은 기계의 범주를 넘어서 독창의 기능을 만들어 활용함으로써 로봇의 두뇌는 무한 창조력을 발휘하는 시대가 되었다.

이렇게 되면 사람들의 할 일이 없어지고 장차 로봇이 득세를 하게 되면 사람들은 빈둥빈둥 놀면서 소득이나 더 많이 챙기려 할 것이다. 몸으로 움직였던 기계공장에서 버튼만 손끝으로 누르면 작동되어 물건이 생산되는 공장이 우후죽순雨後竹筍처럼 생기고 있어서 인간들의 두뇌는 더 고차원적으로 발전하고 있다.

이와 같이 골머리 아픈 인간관리를 누가 더 소중하게 여기느냐에 따라서 부흥復興하는 실마리가 된다고 본다.

구름이 머물다 간 자리 · 13

비바람 치던 억수계곡

억수같이 비가 쏟아진다. 먹구름이 문수봉을 휘감아 돌면서 세찬 바람을 동반한 소나기가 갈참나무 숲을 후려치며 퍼붓는데, 그 소리는 마치 사자가 으르렁거리듯 무섭게 소용돌이친다.

그리고는 오래지 않아서 바위고개 넘는 물은 콸콸 쏴쏴 거리며 힘차게 흘러가고, 험한 산허리에는 늙은 소나무가 하늘 높이 용틀임을 치며 우뚝 솟아 있고, 굴피나무도 속살을 찌우면서 바람에 흔들흔들 서 있다.

참나무는 도토리로 다람쥐 밥을 주는데, 부엉이만 처량하게 울고, 딱따구리도 쿵쿵쿵 억수계곡을 울리며 나무진찰을 한다. 선선한 계곡바람에 살찐 궁노루도 산고개를 넘어가면서 하얀 엉덩이를 자랑한다.

문수봉에서 뻗어 내린 억수계곡은 그 길이만도 30리라서 그야말로 험하고 깊은 산중이다. 타고 가는 자동차도 산판길을 따라 붕붕거리며 대굴대굴 굴러가며 숨이 찬다. 하지만 거만하게 팔짱을 끼고 앉아서 눈앞에 펼쳐지는 경치를 보며 마음이 흐뭇해짐을 느꼈다.

그런데 순간적으로 계곡물이 불어나고 돌덩이가 물과 같이 굴러가기 때문에 도저히 건널 수 없게 되었고, 물살이 세기 때문에 더욱 사나워진 개천을 감당할 수가 없어서 자동차도 좁은 산길을

힘겹게 가다가 서버렸다.

가는 곳마다 경관이 다 좋지만 그중에서도 넓은 마당바위가 깔려 있고 주변으로 맑은 물이 흘러서 산중의 섬을 이루고 있을 뿐만 아니라 나무가 우거져서 피서객들이 이곳에서 야영하며 한여름을 보내고 있었다.

갑자기 쏟아지는 비로 인해 냇물이 불어나서 빠져나온 사람과 못 빠져나온 사람들이 뒤엉켜 수라장이 되고 있었다. 겨울에는 사람 하나 구경할 수 없는 외롭고 험난한 산중이지만 여름만 되면 야영객들이 득세를 하는 곳이 바로 억수계곡이다.

장마로 인해 물은 많이 불었지만 산을 돌면 그곳을 나올 수 있는 지역인데도 노력도 하지 않고 그냥 앉아서 119가 와서 꺼내줄 때만 바라고 있는 것이다.

지역 책임자로서 직원을 대동하고 현지에 도착하니 마침 점심때라 갇힌 곳에서 음식을 해먹고 있는 중이었다.

용감한 소방대원이 나무에 올라가 줄을 던져 연결하고 한 사람씩 건너오도록 조치를 했다. 그런데 빨리 구조를 받아야 할 사람들이 태연하게도 밥이나 먹고 건너겠다고 소리를 지른다.

좀 있으면 고립은 고사하고 물이 차서 잠길 위치인데도 나올 준비를 하지 않고 있으니 그들의 행동에 불쾌했지만 꾹 참고 모두 무사히 구조해 냈다.

구조하는 동안에도 어떤 사람은 보따리부터 먼저 보내겠다고 아우성쳤다. 어린 아기를 안고 줄에 매달려 건너오면서 죽는 것 같다고 하며 애도 울고 어른도 울면서 발이 물에 닿기만 하면 죽겠다고 고래고래 소리를 쳤다.

공직자는 주민을 위한 봉사정신이 투철해야 한다. 그리고 참을

인忍 자를 이마에 써 붙이고 다니면서 진정으로 위민봉사爲民奉仕를 해야 한다고 생각한다.

공무원은 매를 맞아도 참아야 하고, 진정으로 주민을 위하는 가치를 느끼면서 일하면 스스로 보람을 얻게 된다.

민원인은 누구나 할 것 없이 자기 마음에 안 들면 무조건 모가지를 떼어 놓는다는 욕설을 퍼부었다. 지금은 그런 예는 없는 줄로 알고 있지만 예전에는 이런 욕설들이 비일비재했다.

인명구조가 끝나면서 비는 멈추고 억수계곡에 물안개만 자욱했다. 임무를 무사히 끝마치고 굽이굽이 산허리를 돌고 험한 고개를 넘어 아담한 광천 마을에 들어섰다.

그런데 여기 저기 비닐하우스 속에서 아낙들의 웃음소리가 들리고 빈대떡 부치는 냄새가 진동했다. 중늙은이패 몇 명이 개울가에서 돼지를 도살하여 다리 하나씩 들고 나에게 자랑을 하더니 개울가에 걸어 놓은 가마솥에 집어넣고 불을 때며 둘러앉아서 구수한 이야기를 한다.

선선한 강변에서 탁탁탁 장작불 소리도 무척 한가롭게 들린다. 마침 광천 동네에 팔순잔치가 있어서 동민들이 모여 일을 도와주고 있었다. 이렇게 시골은 이웃사촌이 되어 남의 일을 자기 일처럼 하는 후한 인심을 지니고 있다.

이곳에서 텁텁한 막걸리 한잔으로 삭막했던 마음이 풀려서 좋은 일을 사고 없이 잘 해냈구나 생각하며 동민들과 어울려 즐거운 한때를 보냈다.

늙은이들만 살고 있는 산골마을에 복스러운 개들이 설렁거리며 뛰놀고 있는데, 해는 서산 잔등에 걸려 하늘을 붉게 물들였다.

구름이 머물다 간 자리 · 14

화산이 폭발할 것 같은 일본 땅

금방이라도 터질듯이 열기를 내뿜고 있는 규슈 지방은 산만하다. 일본은 동아시아에 위치하고 있으며, 남북으로 2,800km로 길게 늘어져 있고 4개의 큰 육지로 혼슈本州, 시코쿠四國, 규슈九州와 홋가이도北海道이고 4,000여 개의 섬나라다.

세상은 넓고 할 일도 많다지만 여생을 어떻게 하면 더 보람되고 가치 있는 일을 하며 여유로운 마음을 가질 수 있을까 하면서 아들이 마련해준 나들이길에 올랐다.

바로 그 길은 일본 규슈지방인 후쿠오카시, 오이타시, 구마모도시를 돌아보기로 하고 비행기에 몸을 실었다.

잠시 일본을 소개하자면 지리적으로 우리와 가까울 뿐만 아니라 호된 역사와 정치, 경제, 사회적으로 밀접한 관계를 가지고 있다. 일본인들은 우리와는 색다르게 아기가 태어나면 먼저 신사에 가서 아기의 건강을 빌고 절에다가 입적을 하는 경향이 많다.

불교가 국교인 관계로 장례식은 절에서 의식을 치르며 납골당도 도심 한복판에 두는 곳이 많다. 이처럼 동서양의 문화가 융합되어 행사를 치른다.

또한 곳곳에 화산의 뒷불이 치솟고 있어서 골골마다 구름 같은 하얀 연기로 뒤덮여 있으며 화산이 터질 것 같은 지방에서 도사리고 살고들 있다. 그래서 집들은 거의 나무집이며 기둥을 서로

의지하도록 말목을 단단히 치고 있다. 물론 도쿄나 신주구시 같은 곳은 화산이 많이 식은 곳으로 고층빌딩이 도심을 이루고 온천으로 유명하다. 호텔이든 여관이든 온천탕이 없는 집이 없을 정도로 땅속에서 뜨거운 물이 흘러나오는 특색 있는 나라다.

일본은 총면적이 380㎢로 섬나라로서는 큰 나라다. 나라 대부분이 산지로 이루어져 있어 농촌도 경작이 가능한 면적이 고작 16% 정도다. 행정구역상으로는 47도이고 도와 부, 현으로 나뉘었으며 동경도, 북해도, 경도부, 대판부 등과 43개의 현으로서 지방자치가 활발히 운영되고 있다.

종교는 토착신앙인 신도神道다. 씨족신과 고장의 수호신을 섬기는 신사신도 외에 국가신도, 황실신도, 학과신도 등이 있다.

정치적으로는 수상을 중심으로 하는 의원내각제를 채택하고 있으며 천황은 상징적 원수로 일본 헌법에는 일본국 및 일본 국민의 통합의 상징으로 규정돼 있다.

우리나라와 환율 차이가 크기 때문에 모든 물가가 비싸다는 생각이 든다. 국민은 인사성이 있고 음식메뉴가 깨끗하다. 일본의 큰 섬들 중에 가장 아래에 위치해 있는 규슈는 후쿠오카와 오이타, 나가사키, 사가와, 구마모토 등을 통틀어서 기타규슈北九州로 칭하고 있다.

후쿠오카는 연평균 기온이 16.3도로 1년 내내 따뜻하며 무역항이 발달해 해외문화를 받아들이는 요지이며 4대 공업지대의 하나로 자리 잡고 있고, 하카다항에서는 미국, 아시아, 오스트리아, 중동 등에 철, 시멘트, 화학제품 및 고무제품을 수출하고 있다.

나가강을 중심으로 동부지방을 하카다, 서부지방을 후쿠오카라고 하는데, 하카다 지역은 무역 도시로 상업무역의 중심지이며

에도시대 구로다 장군이 통치한 곳으로 외국의 공관과 외국기관이 자리 잡고 있다. 1889년 정치 문화권의 중심지인 하카다를 합쳐 현재의 후쿠오카로 통일했다.

인공 운하에 형형색색의 조명이 화려하고, 음악의 리듬에 맞춰 치솟는 분수와 더불어 휘황찬란한 불빛의 아름다운 관경을 만들어 놓고 사람들의 마음을 홀리고 있다.

학문과 문화의 신을 모신 다자이후 텐만구太宰府天滿宮는 왕인박사의 후학이었던 학자이며 철학자인 스가와라노 미치자네菅原道眞를 학문의 신으로 모신 곳으로 905년에 건립되었다.

스가와라노 미치자네는 왕의 친애를 받아 일찍 높은 지위에 올랐기 때문에 사람들의 시기와 질투를 받아서 규슈의 디자이후에 귀양을 왔고, 그가 죽은 날 매화나부 가지가 교토에서 규슈로 날아와 하룻밤 사이에 6천 그루나 꽃을 피웠다는 설이 있고 바로 그 본전 앞에 매화나무가 전설을 지닌 나무다.

이곳의 매화는 다른 지역보다 먼저 피기로 유명하다고 해서 우매가에 모치라는 떡을 길가에서 많이 판다. 그 떡을 먹으면 병마를 물리치고 정신도 맑아지며 모든 시험에 딱 붙는다는 이야기가 있어 많이 사먹는 것을 볼 수 있다.

선물가게와 잡화점이 늘어선 곳을 지나면 소가 앉아 있는 동상을 만나게 되는데, 그 소의 코를 쓰다듬고 바로 자기 아픈 곳을 쓰다듬으면 신기하게 병이 낫는다는 설화가 있어서 사람들이 열심히 쓰다듬어 준다.

스가와라노 미치자네가 죽은 뒤 행상을 우마차가 끌고가다가 갑자기 꼼짝 않고 서 있어서 그곳에 무덤을 썼다고 한다. 그런 뒤에 그를 좌천시키기로 공모한 자들은 병들어 죽었다고 한다.

연못에는 커다란 잉어가 유유히 노는 것을 볼 수 있으며 매년 시험 때가 되면 많은 인파가 몰려와 합격을 기원하는 곳으로 학문의 신을 모시는 신사로서 유명한 곳이다. 아무튼 일본인들은 신을 무척 위하고 믿는 나라다.

오이타현에 위치하고 있는 벳부시는 우리나라에도 잘 알려진 유명한 온천지역으로서 온천이 2,848개소나 되며 세계제일의 용출량을 자랑한다.

벳부의 온천은 벳부, 묘반, 하마외키, 시바세키, 칸나와, 칸가이지, 호리타, 가메가와 등의 8개 온천지역으로 이루어져 있으며, 그중 다케가와라 온천은 120년 전 개발되어 그대로 전래되고 있는데 지붕이 대나무로 이어졌다. 벳부시는 우리나라 목포시와 자매결연을 맺은 도시이며 12만 인구를 가지고 있다. 곳곳에서 터져 올라오는 수증기의 용출구가 무려 114곳이라고 한다. 산과 들 그리고 도심 한복판에 이르기까지 많은 수증기가 쏴쏴– 소리 내며 분출하고 있다.

유노하나(유황으로 만든 약)는 약용효과가 뛰어난 입욕재료로서 각종 피부병과 무좀, 류머티즘, 관절염, 근육통, 신경통에 효과가 있다고 하며 겨울에 몸을 따듯하게 해주고 여름에는 상쾌한 기분을 느끼는 약이라고 한다.

유노하나는 벳부 온천 중에서도 알려진 지 300년이 넘었다고 하며 순수한 전통방식에 의해 생산되는 순수 온천 성분으로 산화칼슘, 산화나트륨, 산화마그네슘, 산화철, 망강, 산화 실리콘, 수분 등이 함유되어 있어서 피부질환에 좋다고 한다.

벳부만의 아늑한 항구에는 우리나라를 비롯하여 각국 선박이 들어오는 광경을 볼 수 있고, 수많은 지하굴에서 내뿜는 수증기

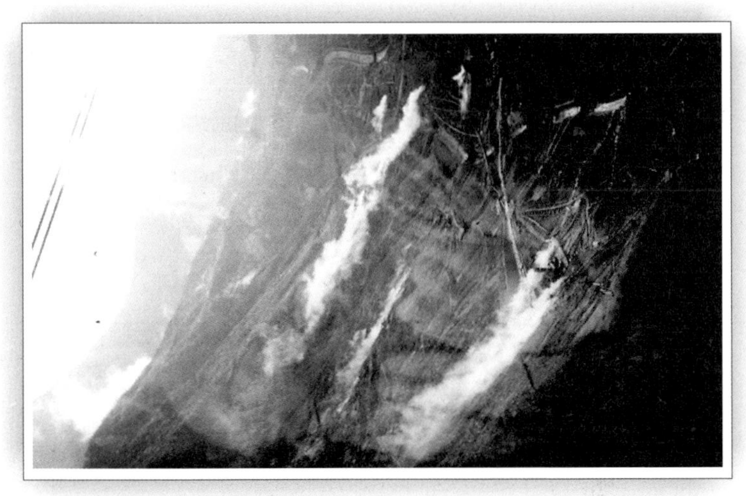

속에서도 아담한 집들이 즐비해 있다.

수증기는 마치 옛날 기차화통에서 뿜어져 나오듯이 쉬쉬- 엉엉- 하는 소리를 내는데, 땅속에서 나오는 수증기를 이용하여 달걀을 5분 내에 삶기도 한다. 고여 있는 연못의 빛깔은 초록색이며 붉은빛을 띤 물의 온도는 98도나 되어 손도 넣을 수가 없다.

이와 같이 일본 땅은 머지않아 폭발할 것만 같다. 그래서 일본에서는 이런 곳의 이름을 스님지옥, 산지옥, 가마도지옥, 하얀연못지옥, 귀신지옥, 혈지옥, 용지영옥 등의 이름을 붙이고 있다. 최근 화산폭발을 했던 아소산은 세계 최대의 칼데라caldera로 이루어신 화산이다. 아소산은 멀리서 보면 마치 열반한 부처님같이 보인다.

동서 18km, 남북 24km, 둘레 128km이며 아소산의 화산폭발은 3천만 년 전부터 계속되고 있으며, 현재의 모습도 10만 년 전의 대화산 폭발로 만들어진 것이다.

지금도 뿌연 연기를 힘차게 내뿜는 모습을 바라보는 마음은 장엄하기만 하고 용출하는 불덩이가 세상을 녹여버릴 것만 같아서 가슴이 찡하다.

유로인이란 민속촌은 사무라이 마을로서 오이타현에 위치하고 있으며 기즈키시는 북쪽과 남쪽의 대지 사이에 돌층층이가 넓고 길게 이어진 옛 도시이며 사무라이 무인들이 살고 있었던 도시다. 경치가 아름답고 영화스러운 곳으로서 흔적이 그대로 남아 있다. 명소인 기즈키성은 기즈키요리나오가 1394년에 축성했으나 1970년에 복원했다고 한다.

규슈지방에서 3번째로 큰 구마모토현은 500년 전부터 성이 있는 도시로 발전해 왔으며 세계 제1의 칼데라 화산이 있어서 조용하고 단정한 느낌을 준다. 지금도 시내 한복판을 지나가는 전차

가 볼거리를 제공한다. 인구는 63만 명이고 불의 도시로 불리며 성곽 도시로서 유명하다.

구마모토성은 조선의 축성 기술에 의하여 가등청정이 1601년부터 7년 동안 건립했다고 한다. 주변에 은행나무를 심고 전망대보다 더 높이 크면 전쟁이 일어난다고 했다는데, 그 후 일본 서남전쟁이 일어나 치열하게 싸웠다고 하며 가등청정이 집권한 곳으로 대소천수각은 서남전쟁이 일어나기 3일 전에 불명의 화재로 소실되고 현재의 것은 1960년에 복원한 것이다.

천수각은 지상 6층, 지하 1층으로서 돌담 위로부터 높이가 약 30m이다. 두 가지 모양의 돌담은 전국적으로 붐이 일자 기술혁신이 일어나 서로 다투며 건립했다고 하며 일본국가 지정 중요문화재로서 웅대하게 축성해 놨다.

지금 당장이라도 화산이 폭발할 것만 같은 일본을 휘 둘러보고 대재앙이 없었던 내 나라가 무척이나 평화스럽기만 했다.

구름이 머물다 간 자리 · 15

무역왕 장보고 대사의 숨결

고래실논에서 개구리가 울고, 우수와 경칩이 지난 지 오래인데 까만 하늘에서는 하얀 눈이 펑펑 내리고 있다.

일기가 대단히 불순하지만 친구들과 같이 중국 산동성을 방문하여 무역왕 장보고 대사의 숨결을 찾아보기로 약속했기 때문에 간단한 보따리를 챙겼다.

비행기를 타고 간다 해도 다시 수천 리를 차로 이동해야 하기 때문에 여객선을 타기로 했다. 서해에서 해물을 잡아내는 어선들이 장사진을 치고 있는데 짙게 물든 노을이 아름답다.

평택항에서 중국 배에 승선하니 배 안에는 아늑하게 꾸민 숙소가 따로따로 있어서 지정된 숙박실로 들어가 여장을 풀었다. 선상으로 올라가니 찬 바닷바람에 얼굴이 에이는 듯했지만 컴컴한 수평선 저 멀리 떠나온 평택의 가로등 불빛이 반짝이고, 쏜살같이 달려가는 경비정이 서해를 지키고 있으며, 총총한 별빛이 항해를 인도해 주는 듯하다.

캄캄한 하늘엔 손톱 같은 초승달이 바다 위에 너울거리고 산 같은 배는 구슬프게 울어댄다. 6,000명 이상 타는 거대한 배이지만 거센 파도에 밀려 다소 일렁거리기도 한다.

배 안에 간단한 숙소를 만들어 그런대로 이층침대에서 눈을 감았다가 뜬듯한데 벌써 하루가 지나 이른 아침에 산동성 부두에

입항을 했다. 꿈에 부풀던 영성 땅을 힘차게 밟으며 신기한 이국 풍경을 눈 빠지도록 살뜰히 바라보았다.

1200년 전에 해상왕국을 이룩했던 장보고 대사의 역사적 배경이 숨어있는 산동성은 아직도 무역항으로서의 면모를 그대로 간직하고 있었다. 뱃길을 통해서 신라의 모든 것을 전수하며 활발하게 무역을 했던 발자취를 더듬어 본다.

약 1300년 전 당나라 당태종 황제는 무측척의 손자였고, 그는 법화경을 믿었기 때문에 불교를 숭상했다. 이 무렵에 장보고가 진출하여 사찰을 훌륭하게 지어주고 무역세(지금의 관세)를 면제받았다고 한다. 그래서 그 시절에 산동성 법화원은 신라 사람들이 교화를 하는 곳이며 서로 만남의 장소로 이용했다고 한다.

법화원 북쪽에는 적신이 솟아있고, 서남쪽은 낮은 산들이 병풍처럼 둘러져 있다. 내가 찾았을 때도 적산법화원이 온통 붉게 물들어 있었는데 적산신赤山神이 오가는 선박들의 안전을 도모해 준다고 해서 많은 사람들이 와서 불공을 드린다.

이곳에 해상 무역왕 장보고 대사의 영정이 있다. 대사의 탁월한 업적과 신라를 위했다는 영정을 보며 애국충성을 다한 분의 혼백을 기리면서 참배를 드렸다. 그 옛날 위험을 무릅쓰고 목선을 이용하여 무역을 잘해서 신라를 부흥케 하였다는데 더욱 감탄하지 않을 수 없었다.

맞은편에는 전두환 전 대통령과 김영삼 전 대통령의 친필로 쓴 장보고 기념탑이 한·중 양국 간의 화합을 의미하는 두 개의 기둥으로 세워져 우의를 다짐하고 있었다.

동아시아의 해상왕국을 건설한 신라인 장보고 대사의 개척정신과 애국사상을 몸소 느끼며 이국땅에서 이룩한 우리 조상들의 위대한 업적을 돌아보고 감개무량했다.

석도진石島珍 사람들은 90%가 어민이라고 하며 바람이 심하게 불고 먼지가 많이 일어나서 항상 외투를 입고 작업을 한다고 하는데 무척 둔해 보였다. 해상왕 장보고 대사를 주제로 한 드라마 '해신'의 주거지 적산법화원이 우리나라 완도 세트장에서 그 빛을 발했었다. 불과 몇 년 전에는 고구려 역사를 중국의 역사로 호도하려는 거짓이 드러나서 대단히 안타까운 일이었으나, 현실 정치

가 중국과 유대를 잘하는 관계로 그런 날조된 말은 지금 하지 않고 있다.

중국은 15억 인구를 가지고 있는 거대한 나라로서 아직은 일부만 개방하여 반민주주의를 하고 있으며 절반은 독재적인 공산주의를 모토로 하는 정치와 행정을 하고 있는 나라다. 인구가 너무 많아서 쌍둥이를 낳으면 상당한 벌금을 물린다고 한다. 우리도 못살던 시절에는 산아제한을 했었고 강제 수술까지 받았었다.

넓은 땅을 가지고 있는 중국에는 56개 소수민족이 살고 있으며, 그중 조선족도 포함되어 있다. 그래서 풍습과 생활 상태가 가지각색이고 지금도 문명의 혜택을 받지 못하고 어렵게 사는 곳이 많다. 하지만 세계 어느 곳보다 더 발전한 큰 도시도 있다. 그리니 빈부격차가 심하고 문화적으로 차이가 많은 나라가 바로 중국이다.

뿐만 아니라 사람의 생명에 대한 존엄성이 전혀 없는 듯하다. 교통사고를 당해도 당한 자만 억울할 정도로 보상받기가 어렵고 보험제도가 활성화되지 않았다. 길거리도 사람 위주가 아닌 차 위주이다. 즉 사람이 차를 피해 다녀야 할 형편이고 비포장도로가 허다하다.

개혁개방은 되었지만 공산 독재정치를 하는 실정이며 그래서 북한을 옹호하고 물자지원을 하고 있다. 동시에 북한도 중국에 의지하며 지원을 받고 있는 실정이다.

모든 국토는 국가 소유이며 다만 토지를 50년 동안 주민들에게 임대하여 주고 상당한 임대료를 받아들인다. 그래서 북한보다는 한발 더 앞섰다고 할 수 있다.

동시에 상업이 발달하여 세계를 주름 잡을 듯이 번져가고 있고

무역이 잘되어 중국 물건이 안 가는 나라가 없을 정도로 상술이 다양하다. 우리나라도 중국 물건 빼면 허전할 정도고 중국 물자가 많이 들어오고 있다. 국산만 판매된다면 값이 다락같이 올라가서 서민경제는 더욱 어려울 것으로 생각된다.

고속도로 같은 신도로를 닦아도 보상 없이 정부 마음대로 할 수가 있다. 중국은 방대한 땅을 가지고 있어서 미개척한 지역이 많고, 도로 역시 기술부족으로 굴곡이 심하여 좋은 차도 자연 털털거리며 어렵게 차를 몰고 다니는 형편이다. 물론 좋은 지역은 나름대로 잘 해놔서 다니기도 좋지만 지역 간 차이가 크다.

중국 돈 위엔화로 바꾸지 않아도 우리나라 돈으로 물건을 구입할 수가 있어서 상당히 편리하다. 그들이 말하기는 평택에서 닭이 울면 그 소리를 듣고 영성 닭이 운다고 할 정도로 친숙하다는 말들을 했다. 이곳은 태산이 있고, 강태공이 살던 곳으로서 역사적으로 유명한 곳이기도 하다. 근자에도 장보고 대사와 같이 국가를 진실로 위하는 위인이 있다면 얼마나 좋겠는가 싶다.

이런 저런 생각을 하면서 산같이 웅장한 대룡 훼리호에 올라 구슬픈 뱃고동 소리를 눈감고 새기면서 거센 파도를 넘어 다시 평택항에서 끼룩거리는 내 나라 갈매기를 맞이했다.

공원 의자

초판 1쇄 인쇄 2014년 4월 20일
초판 1쇄 발행 2014년 4월 25일

지은이 | 정용운
펴낸이 | 金泰奉
펴낸곳 | 한솜미디어
등 록 | 제5-213호

편 집 | 박창서, 김수정
마케팅 | 김명준
홍 보 | 김태일

주 소 | (우143-200) 서울시 광진구 구의동 243-22
전 화 | (02)454-0492
팩 스 | (02)454-0493
이메일 hansom@hansom.co.kr
홈페이지 www.hansom.co.kr

값 15,000원
ISBN 978-89-5959-389-7 (03810)

JN410807